礼教文明

中国礼教的现代性

司马云杰 著

自 序

中国近现代以来的批判运动,也许再没有比对礼教的批判更激烈、更彻底的了。"礼教吃人"不仅已成为很多人认同的说法,而且几乎成了人们挂在嘴边的口头禅。现在提出恢复重建礼教,不能不使许多人感到错然愕然、不可理解。

其实,每一个古老民族进入文明时期时,不仅从宇宙结构秩序的均衡对称中获得了真理、正义、大美、崇高及自然法、国家等观念,凭着先天道德本性,从形上世界发展起了道德精神,而且发现了人性存在着与生俱来的弱点,即贪婪的物欲与情欲,于是为建立公共秩序,发展起了一种可改变这种弱点的教化形式。这在西方是基督教,在中国就是礼教。

基督教就是为了抑制人的物欲、情欲而制定的宗教。它通过使人向上帝忏悔,以抑制人性之恶,并通过心向上帝,提升人的宗教精神世界。虽然后来西方发展出科教文明,杀死了上帝,但由于支撑科教文明的实证科学本身存在着两大坎陷:一是实证科学所讲的一大堆话都是关于生物物理世界的,而在人生意义这一根本问题上,一句话都没讲。因此,科教文明虽创造了庞大的物质世界,但却造成了人的精神危机;二是实证科学的知识都是在封闭条件下获得的,它用来开物成务,虽取得了很大成就,然却制造出大量不能生、不能化的物质元素抛向自然界,打破元素周期平衡,造成了生态危机。坎陷,即失落,即塌陷,即过失,即陷入困难险阻。现在人类社会所面临的种种困境,大多是原于科教文明的坎陷,原于科教文明所造成的精神危机和生态危机。这就是说,科教文明发展,杀死上帝,并没救活人;相反,它向生物物理世界的生杀掠夺,不仅打破自然界平衡,造成生态危机,而且造成人的物欲极度膨胀,情欲性欲野蛮复归,使人性之恶像魔鬼一样挡住了历史道路。于是西方不得不重新恢复宗教,重建上帝信仰。此西方离不开宗教者也。

上古时期,中国也是经过了宗教文明阶段的,但由于中国文化早熟,隐退了上帝,超越宗教文明,发展出一种礼教文明。这种礼教文明,到西周时期，已发展出一套以《诗》、《书》、《礼》、《乐》教化为根本内容的完备制度。礼者，理也，"大乐与天地同和，大礼与天地同节"。因此，礼教就是以天道法则、宇宙法则作为人的生命法则，使人获得性命之理，懂得做人的道理。它不仅以天道形上存在提升人的精神世界，使之"耳目聪明，血气和平"，而且抑制人性之恶，使人"奸声乱色，不留聪明，淫乐慝礼，不接心术，惰慢邪辟之气，不设于身体"①。因此，面对天下之乱，正如西方离不开宗教一样，中国也是离不开礼教的。远在孔子之前，管子就把"礼、义、廉、耻"作为国之四维，讲"一维绝则倾，二维绝则危，三维绝则覆，四维绝则灭。倾可正也，危可安也，覆可起也，灭不可复错也"②。孔子继管子之后讲："礼之所兴，众之所治也；礼之所废，众之所乱也。"③ 孔子之后，荀子更说："礼者，人道之极也"；"从之者治，不从者乱；从之者安，不从者危；从之者存，不从者亡"④。

礼教者，人生之大端，国家之大柄也，讲信修睦，治人情，序人伦，建立秩序，和平天下，不可或缺者也。故《左传》讲"礼，经国家，定社稷，序民人，利后嗣者也"⑤；《礼记》讲"礼之于正国也，犹衡之于轻重也，绳墨之于曲直也，规矩之于方圆"⑥。有个学生问孔子为什么如此急于礼治？孔子正是基于国家治理与人性教化之不可少，说"夫礼，先王以承天之道，以治人之情。故失之者死，得之者生。《诗》曰：'相鼠有体，人而无礼；人而无礼，胡不遄死！'夫礼本于天，圣人以礼示之，故天下国家可得而正也"；并从修身齐家治平的重要性上说，如要"坏国，丧家，亡人，必先去其礼"⑦。由上也就可以看出，中国几千年的治理，是怎么样离不开礼教，离不开仁义礼智之教的！

提倡礼治，并非反对法制；恰恰相反，礼治与法制是相辅相成的。"礼者，法之大分，类之纲纪也；学至乎礼而止矣，是之谓道德之极"⑧。

---

① 《礼记·乐记》。
② 《管子·牧民》。
③ 《礼记·孔子闲居》。
④ 《荀子·礼论》。
⑤ 《左传》隐公11年。
⑥ 《礼记·经解》。
⑦ 《礼记·礼运》。
⑧ 《荀子·劝学》。

儒家提倡德治、礼治，并不反对法制。孟子讲："徒善不足以为政，徒法不能以自行。"① 只讲礼教，只靠道德，而没有法律，是任何人都治不了国、平不了天下的。这也正是中国自上古就讲"强弗友，刚克"，"燮友，柔克"② 的原因所在。中国文化的礼法，皆是原于天道本体的，"天叙有典"、"天秩有礼"与"天命有德，天讨有罪"，皆出于天道法则秩序，人之为政，不过是"天工人其代之"③；能代之者，惟获天道至德者方可。治国平天下，即使实行法治，亦"法不仁不可以为法"；惟以"天之行广而无私，其施厚而不德"④ 者，方可为天下大法。此法者，德法也，它们在本体大用上是一致的。故我在《盛衰论》中讲"德法同原，大用一体"⑤。德者，本也。法者，为治之具也。因此，实行法治，并不是像申、韩那样一切皆断于法，实行"严而少恩"的统治，而仍然是以隆礼尊贤、重法爱民为其根本的。因此，德治、礼治与法制是互补的，并不是矛盾冲突的。

几千年来，西方离开宗教不能治，中国离开礼教不能治。本书站在哲学人类学与文化社会学高度，将中国礼教视为人类文明发展的一种类型，从本体论、价值论与最高知识论，研究了礼教文明的性质、类型，及它在人性教化、道德提升、灵魂净化与人文疏解、秩序重建上的本体大用。本书的撰写，希望能在格致诚正、修齐治平方面有点用处，但能不能有用，尚有许多不可知的因素。书是写出来了，而且是与"吃人"之说相背而行的，有用无用、是好是坏，只好任人评说了。序此志此。

司马云杰

2014年11月5日于天通苑淡泊居

---

① 《孟子·离娄上》。
② 《尚书·洪范》。
③ 《尚书·皋陶谟》。
④ 《墨子·法仪》。
⑤ 《盛衰论》第317页，华夏出版社2012年版。

目 录

第一章 绪论 …………………………………………… (1)
    一 国无礼不治，人无礼不行 ……………………… (1)
    二 辩证之至治，强国之根本 ……………………… (4)
    三 礼教：积重难返的回归之路 …………………… (7)

第二章 礼教是什么？ ………………………………… (11)
    一 礼教是以道所设之教 …………………………… (12)
    二 礼教是安身立命之教 …………………………… (17)
    三 礼教是仁义礼智之教 …………………………… (20)
    四 礼教是圣制人性教典 …………………………… (23)
    五 礼教是一套文化制度 …………………………… (26)
    六 礼教是一种文明进步 …………………………… (29)

第三章 论礼教文明与宗教文明 ……………………… (33)
    一 文明发展类型 …………………………………… (34)
    二 西方宗教文明 …………………………………… (37)
    三 中国礼教文明 …………………………………… (40)
    四 礼教是高级阶段文明 …………………………… (43)
    五 礼教兴起的历史地位 …………………………… (46)

第四章 科教文明的危机与出路 ……………………… (51)
    一 科教文明的两大坎陷 …………………………… (52)
    二 两大坎陷与两大危机 …………………………… (54)
    三 礼教广大悉备的知识体系 ……………………… (57)
    四 将小思维融入大思维 …………………………… (60)

五　回归万物浑然一体存在 …………………………………… (65)

第五章　以礼教疏解人文焦虑 ………………………………………… (69)
　　　一　礼教疏解与宗教疏解 …………………………………… (70)
　　　二　有效疏解与无效疏解 …………………………………… (75)
　　　三　性命之理的知觉与重建 ………………………………… (78)
　　　四　大德化民，醇厚民风 …………………………………… (81)
　　　五　礼乐净化心灵大用 ……………………………………… (83)

第六章　礼教文明与社会秩序 ………………………………………… (89)
　　　一　社会秩序与人性发展 …………………………………… (89)
　　　二　彝伦攸叙是秩序根本 …………………………………… (93)
　　　三　社会秩序与绝对精神 …………………………………… (96)
　　　四　德法同原，大用一体 …………………………………… (101)
　　　五　各安其位，消弭争斗 …………………………………… (105)

第七章　修身齐家与治国平天下 ……………………………………… (111)
　　　一　家庭：深远文化背景 …………………………………… (112)
　　　二　家国一体的社会存在 …………………………………… (114)
　　　三　修身为齐家治平之本 …………………………………… (117)
　　　四　不修身齐家天下可治乎？ ……………………………… (121)
　　　五　关键是自我的格致诚正 ………………………………… (125)

第八章　礼教文明与婚姻家庭 ………………………………………… (129)
　　　一　夫妇之道即天地之道 …………………………………… (130)
　　　二　论礼教本于大一存在 …………………………………… (134)
　　　三　论夫妇为人伦之大纲 …………………………………… (137)
　　　四　礼教文明与婚姻的意义 ………………………………… (140)
　　　五　夫妇互敬的礼教教义 …………………………………… (144)
　　　六　婚礼废则夫妇之道苦 …………………………………… (148)

第九章 君子与淑女的人格魅力 …………………………………… (153)
    一　《关雎》的诗教意义 ………………………………………… (154)
    二　何谓君子淑女的人格 ………………………………………… (157)
    三　相互倾慕的君子淑女 ………………………………………… (164)
    四　传统审美类型的意义 ………………………………………… (169)

第十章 由礼教开出现代文明 …………………………………… (173)
    一　重新定义现代文明性质 ……………………………………… (174)
    二　开出现代文明谁更有发言权？ ……………………………… (178)
    三　礼教开出何种现代文明 ……………………………………… (181)
    四　以德主导各种力量运演 ……………………………………… (186)
    五　"廖天一"高处安排去化 …………………………………… (189)
    六　礼法合治，重建文明秩序 …………………………………… (193)

附录一　礼教与宗教 ……………………………………………… (199)
附录二　诗书礼乐教化是国民教育当务之急 …………………… (207)
主要参考用书 ……………………………………………………… (211)

第一章 绪 论

——诗书礼乐之教势在必行

中国近现代以来,关于传统文化,也许再也没有比礼教更被诅咒、被毁弃、被蹧塌、被凌辱、被骂得狗血喷头的事了。"礼教吃人"几乎成了不问自明的真理,批判礼教几乎成了天经地义的事情。"打倒孔老二,砸毁孔家店!"也是因为孔子提倡礼教,所以该打该毁。然礼教是一种文明,一种比宗教文明更高级的文明!礼教被毁,则是野蛮的复归、文明的扫地;礼教丧失,则是文明的丧失、国格人格的丧失!毁灭礼教,即是毁灭圣道,毁灭仁义礼智之教,毁灭政道与治道,毁灭中国文化之根本!专以利为本,以追求利益最大化为经世之道,以经济增长多少为政治指标,以贪利为人生普遍追求,以崇尚豪华为天下风尚,必然造成失本苟妄。此所以官民争利、官夺民利、民遏夺而相攘者也,以至于发展到了官以武力相威慑、奸佞小人肆意妄为而不避祸患。物欲的贪婪,造成了精神虚脱;虚妄的追求,使人失去了信仰和信念!此礼教破坏,世风日下,天下所以难治者也。

一 国无礼不治,人无礼不行

中国文化的价值取向,虽然主张蓄养,主张大畜,但这大畜,乃是应乎天以济天下者也。它必须立于中正之道,立于无妄之道的基础上。故曰:"有无妄而后可畜,故受之以《大畜》。"① 无妄,就是实有是理。大畜,就是蓄养大道、正道,道德内充,享天禄而利施天下,并非独谋一身之利。因此,中国文化自古反对单纯地聚敛财富,反对剥削别人劳动价值

---

① 《周易·序卦传》。

的所谓资本积累，而主张刚健、笃实、光辉、日新其德的蓄养之道，主张居正位，修政教，以刚健文明的礼教，抑制天下邪恶之心。故曰："修礼者王，为政者强，取民者安，聚敛者亡。聚敛以招寇，积财以肥敌，危身亡国之道也，故明君不踏也。"① 此亦是我讲"国无礼不治，人无礼不行"② 者也。

为什么"国无礼不治，人无礼不行"呢？因为治国、安民、平天下，并不只是盖几间房子、修几条马路、钱粮税收如何一类的事，也不只是经济增长、国防建设一类的事，而是通天下之志、安天下之业、断天下之疑、解天下之惑的事。要通天下之志，就要知道人民想什么，要求什么。这不仅要开物成务，以安天下之业，更要使人在宇宙浩浩大化中，于知觉主宰处，获得天道性命之理，解决信仰信念问题，以断天下之疑、定天下之惑。惟此，才治得了国，安得了民，平得了天下。这种解惑断疑的治国、安民、平天下，恰恰是个"以道立教"问题，是与礼教精神联系在一起的。毁掉了礼教，就等于毁掉了中国文化的最高哲学，毁掉了国家民族的根本精神，毁掉了中华民族几千年性命之理和安身立命之地，毁掉了他们寄托信仰与信念的精神世界。一个没有性命之理的民族，一个没有信仰信念的民族，一个没有精神世界的民族，于何处安身、何处立命都不知道，精神上如何能不虚脱！一个精神上虚脱的民族，则是没有根底的，不能刚健、文明、光辉、笃实生存的。古代有聚敛之君、取民之君、为政之君、修礼之君。为政不修礼，虽可以强，而不能安康。单纯发展经济而不修礼，单纯以税收如何、经济增长如何、GDP 增长如何为治世之道，无异于单纯地聚敛财富！单纯地聚敛财富而不修礼教，就会造成"聚敛以招寇，积财以肥敌"③，造成腐败堕落，造成乱天下而难治的局面。此即韩诗所说"修礼者王，为政者强，取民者安，聚敛者亡"④ 的道理。惟有修礼以统朝政，正法以齐百官，政平下齐，德泽乎海内，福祉归乎万民，才能国治、民安、天下平，建立起持久的社会法则秩序。故曰"国无礼不治，人无礼不行"。

人虽有"好是懿德"的道德本性，有追求自由、美好的先天本性，有

---

① 《韩诗外传》卷3。
② 见《大道哲学通书》第3卷第294～304页，华夏出版社2012年版。
③ 《韩诗外传》卷3。
④ 同上注。

此本质的规定性,但人的这种本质规定性若不经过道德涵养扩充,不经过《诗》、《书》、《礼》、《乐》教化,还是不能成为道德人,成为有美好精神的存在者。这就像茧之性,虽可为丝,若不得女工沸汤缲理,抽其统绪,还是不能成为丝的存在;或鸡蛋之性,虽可为雏,若不得母鸡孵育,积之时日,不能成为鸡雏儿一样。因此,人虽有先天道德本性,但若不得圣贤明哲扶携,不得《诗》、《书》、《礼》、《乐》教化,扩充以道,涵养以精神,则是不能成为大人君子、成为精神文明者的。故《诗经》不仅讲"天生烝民,有物有则;民之秉彝,好是懿德"①,更讲"天生烝民,其命匪谌,靡不有初,鲜克有终"②。人之先天道德本性,惟有经过《诗》、《书》、《礼》、《乐》教化,涵养扩充其道德精神,才能成有道德的人,成为刚健、文明、光辉、笃实的存在者。故曰"国无礼不治,人无礼不行"。

人不仅有先天道德本性,亦有先天气质之性。人为天生,以天为本原,以纯粹天道法则为美好本性,但人之生也,若不和气相结合,不与气的质料相结合,则不能成为生命;而气则是有阴阳、清浊、刚柔、美恶的,人的生命一旦与气相结合,从结合那一刹那,从降生那天开始,其为先天本性,就是包含着阴阳、清浊、刚柔、善恶的。这就是说,人不仅有追求美好事物的道德本性,亦有七情六欲,有目欲视色、耳欲听声、口欲察味、鼻欲嗅香、体欲安而不作、衣欲文绣而轻暖的种种物欲情欲。它作为人的生存需要,无疑具有天然合理性,然其一旦陷入穷奢极欲的非理性,则转化为恶,转化为邪,转化为"内心黑势力",转化为狂暴不羁的野性;而为了"恶"之实现,进而转化为腐败、堕落、淫乱,转化为社会恶行,转化为恶势力,以致发展为暴力、奸邪、无恶不作。因此,人的存在,如何使道德本性胜于气质之性,或者说,如何使气质之性成为道德精神气质,不仅有一个道德修养问题,亦有一个礼乐教化问题。若是人的德性不能胜于血气,处主导地位,而是处处以血气统之,人人听命于气,受血气支配,处于非理性状态,则社会必然总是处于追情逐物、呼啸狂奔、欲望扩张之中,处于沸沸扬扬、充满着矛盾与冲突之中,并演化为歪风邪气与种种罪恶。惟有德胜气,人的生命才听命于道德,使美好追求处于主宰地位,人人欲静、心平、气和,社会才能进入和平、稳定、祥和的状

---

① 《诗经·大雅·烝民》。
② 《诗经·大雅·荡》。

态。此即张子所说"德不胜气,性命于气;德胜其气,性命于德"① 者也。治国者,要使人人"德胜其气,性命于德",就必须加强《诗》、《书》、《礼》、《乐》教化。故董仲舒对汉武帝说:"凡以教化不立而万民不正也。夫万民之从利也,如水之走下,不以教化堤防之,不能止也。是故教化立而奸邪皆止者,其堤防完也。教化废而奸邪并出,刑罚不能胜者,其堤防坏也。古之王者明于此,是故南面而治天下,莫不以教化为大务。立太学以教于国,设庠序以化于邑,渐民以仁,摩民以谊,节民以礼,故其刑罚甚轻而禁不犯者,教化行而习俗美也。圣王之继乱世也,扫除其迹而悉去之,复修教化而崇起之。教化已明,习俗已成,子孙循之,行五六百岁尚未败也。"② 此可知"国无礼不治,人无礼不行"之重要也。

　　正是因为礼教有此顺性命之理、止人心邪妄的大用,故礼教文明是不可废的。礼教废,则物无统摄,事无机会,欲无以制,情无以节,亿兆之众,陷入物欲情欲汹汹的非理性,则天下不可治矣。此秦之时,非礼义,弃《诗》、《书》,略古昔,大灭圣道,专为苟妄,以贪利为俗,以告密为化,而造成天下大乱者也。

二　辩证之至治,强国之根本

　　治国究竟追求什么,现代化究竟怎么个化法?治国仅仅是追求自由、民主与法治吗?仅仅是追求经济增长、富国强兵吗?仅仅是建立市场经济制度之现代国家吗?仅仅是建设法制化市场经济与国际接轨吗?难道这样就是无可争议的现代文明,照此就能建成世界一流的富强国家吗?

　　中国有五千年文明、五千年政治经验、五千年政治制度。一部《通典》未读,一部《通志》未阅,一部《文献通考》未看,仅凭对西方一知半解的自由、民主、法制,就妄想建立中国现代政治体制,建立所谓自由、民主、法治的国家,并断言"制度领域传统文化没有发言权",不觉得自己浅薄吗?按照现在流行的理论与说法,礼教还有什么地位,简直是腐儒之见或一派书呆子气的胡言!要恢复礼教治国,对此理论与说法不可不深思,不可不明辨。

---

① 《正蒙·诚明篇》。
② 《汉书·董仲舒传》。

治国平天下，不是骚人墨客的抒情，但也不是无知者的妄谈。中国文化没有"自由"的概念，但中国文化有追求"逍遥"、"自在"的传统，而且达到了"忘我"、"忘物"、"忘忘"的一往情深程度。它不是沉迷于无益的欲望之中，而是进入了"吾丧我"的崇高精神境界。中国文化没有西方简单粗糙的"选票式"民主，但中国文化有"选于民，荐于天"的神圣民主。至于法治，中国自古就不单纯追求法治，而是德治、礼治与法治相结合，坚持刚健、文明、正直之道，根据不同历史情势，实行"刚克"或"柔克"。至于法制，《通典》、《通志》、《文献通考》所载，即是历代法典制度。它虽然不一定完全适合现代社会，然知变化之道，"穷则变，变则通"啊！

至于市场经济与市场经济制度，自从有了"日中为市，交易而退，各得其所"[①]的贸易交换，就有了市场经济；随着市场经济发展，就有了市场经济制度。虽然古代没有今天发达，但市场经济与制度之建立，则并非自今日始。虽然现在商品经济发达，但世界上并没有统一的国际市场与制度，世贸组织所讲不过是一般贸易法则。现在国与国、地区与地区之间的各种自由贸易谈判还在艰难地进行，有的国家政治上捞到了好处，但在产品准入方面就是死死顶住不肯让步！哪来统一的国际市场与制度？既然没有统一的国际市场与制度，中国经济如何国际化，与谁接轨呢？这些理论说穿了，就是要中国经济与某个大国经济接轨，把中国经济变为大国的附属经济，把中国的存在变为大国的附庸；而所谓"国际化"、"全球化"云云，不过是"全盘西化"的翻版；而所谓自由、民主制度，不过是为少数所谓的社会精英或新权贵争取权力地位而已，并非真正要"政出于民"。中国完成这样的转型，不但国不能治，民不能安，华夏民族的伟大复兴尽废，整个中国则变成了一个现代版的殖民国家矣。

中国要实现民族复兴，无疑要发展经济、富国强兵，不然，就要受人欺负，更不要说实行诗书礼乐之教了。此乃立国之基础也。故曰"仓廪实则知礼节，衣食足而知荣辱"[②]。但国家真正的强大，不在于仅仅财税积累、国防强大，而在于施行仁政，以诗书礼乐教化天下。有国有天下者，克宽克仁，礼教及身而行修，及国而政通人和，政治清明，天下太平，人

---

① 《周易·系辞下传》。
② 《管子·牧民》。

民幸福，德行天下，刑错不用，彰信兆民，兆民永怀，名扬四方，天下归之，成为人人向往的国度，像孟子说的那样："使天下仕者皆欲立于王之朝，耕者皆欲耕于王之野，商贾皆欲藏于王之市，行旅皆欲出于王之途，天下之欲疾其君者，皆欲赴愬于王"①，那才是真正最为强大的。故《诗经》说："有觉德行，四国顺之。"②

若单纯发展经济，加强财税积累、国防建设，而不以礼教化成天下，则并不一定能保证长治久安、国运长存。中国历史上，有弱而亡者，有贫而亡者，然也有富且强而亡者，秦、隋即是其例。秦毁礼教，焚《诗》、《书》，践华为城，因河为池，据亿丈之城，临不测之渊以为固；良将劲弩，守要害之塞；信臣精卒，陈利兵而谁何？然而待陈涉斩木为兵，揭竿为旗，天下英雄云集而响应，山东豪俊并起，而亡秦又何其速也。隋朝赋税积累不能说不富，唐朝之盛，直到贞观之治，仓廪之富，尚比不过隋时。然隋无仁者之心与诚天下之意，用苏威假《周礼》以钳天下清议之口，散虎狼千万以攫贫弱之民，殚民之膏于权贵私囊，腐败堕落，人伦大逆，矫情悖理，暴虐天下，天下怨之，遂群起亡之。可知单纯发展经济，以财税积累、国防建设为要务，皆非治国平天下之根本。过去是这样，今天也是这样，将来也是这样。仅靠枪炮不足以维稳也，仅靠保安不足以安定天下也。没有礼教，没有《诗》、《书》、《礼》、《乐》教化，单纯发展经济，以财税积累、国防建设为要务，不仅会走向聚敛天下财富，导致"召寇、肥敌、亡国、危身之道"③，而且，没有礼教，没有仁义礼智之心，富而骄，必定走向腐败，强而骄，必定走向暴虐。

刘邦以三尺剑取天下，陆贾在他面前时时称《诗》、《书》。刘邦骂之曰："乃公居马上而得之，安事《诗》、《书》！"陆贾回答了他一句很重要的话，那就是："居马上得之，宁可以马上治之乎？"④ 暴虐之时，为天下万民争生死，固然离不开武力。然取得天下之后，治天下时，总不能老是停留于战争时期的思维。刘邦破项羽，还军定陶，驰夺韩信兵权，拔抗命之权，塞动乱之源，天下始才安宁。文帝时，建立了以陈平为首的文官政

---

① 《孟子·梁惠王上》。
② 《诗经·大雅·抑》。
③ 《荀子·王制篇》。
④ 《史记·陆贾列传》。

府，完成了由军事体制到文官体制的转变，天下始有太平。武帝时"罢黜百家，独尊儒术"，由韩、申之术，回归中国主流文化儒家礼乐之教，完成文化转型，始有汉朝四百年天下。这就是叔孙通告诉汉高祖"儒者难与进取，可与守成"①的道理。

武力只是权力更替的工具，而治天下，理万民，没有化成天下的礼教，没有维系人际关系的礼乐文明，化民心于仁义礼智，沛然成风成俗，使天下彝伦攸叙、万事亨通，国家是不能长治久安的。民主、法制是很重要的，不然就不能保证政出于民与社会秩序，但"不顾一切过分追求自由的结果，破坏了民主社会的基础，导致了极权政治的需要"②。因此，不要以为有了民主法制，天下就可治了，许多亵渎文明的事照样发生，法律管不了，但礼教可以管。市场经济与市场经济制度是很重要的，"日中为市，致天下之民，聚天下之货，交易而退，各得其所"，是中国自上古以来的传统，但不要以为有市场经济与市场经济制度，经济发展、商业活动就有序了，投机倒把、哄抬物价、暗箱操作、牟取暴利，依然存在，没有礼教的商业伦理精神，还是管不了的。发展经济，富裕人民，是很重要的，因为中国文化自古就讲"守位曰仁，聚人曰财"。但不要以为经济发展了，人们富裕了，就太平盛世了！没有礼教，没有礼教的教化与涵养，开着豪华车，穿戴珠光宝气，住着豪宅别墅，照样粗野，照样不文明，照样制造罪恶。因此，中国文化不仅讲"守位曰仁，聚人曰财"，更讲"理财正辞，禁民为非曰义"③。自古以来，欲为政而存国家社稷，坚甲利兵不足以为武，高城深池不足以为固，严令繁刑不足以为威，惟行礼教，方可化成天下而经久不衰，由之则治，失之则乱；其道行，天下则治，其道废，则天下陷入乱世。故《韩诗》说："礼者，治辩之极也，强国之本也。"④

三 礼教：积重难返的回归之路

以礼教化成天下，不仅由之则治，失之则乱，而且是拯救社会积重难

---

① 《史记·叔孙通传》。
② 〔古希腊〕柏拉图《理想国》第340页，商务印书馆1986年版。
③ 《周易·系辞下传》。
④ 《韩诗外传》卷4。

返的必由之路。

中国历史上，遇暴虐之政，为天下万民争生死，当然需要武力；蓄养天下，恢复生机，自然要发展经济；禁暴止乱，惩恶治邪，固然少不了法律，但因长期的战争杀戮、世积离乱、社会不公等所造成的风衰俗怨、思想混乱与人性扭曲，则必须以盛德化钧、礼教化淳。没有大德施行天下，没有礼教化淳民风民俗，整个伦理道德、社会风气是不会有根本改变的。不论是在古代历史上，还是在今日的社会，这都是一样的。不同的社会问题，救治之道是不一样的：战争之危，军队救之；经济之危，资本救之；人心之危，礼教救之。

中国历代圣贤明哲治理天下，一般不曰"治天下"，而曰"化成天下"。中国文化虽讲"变化"，但实际上"变"与"化"是非常不同的：变则有形，化则无声。沧海桑田、阴阳消长、四时八节、逆顺得失，皆有形之变也；然其几微之变，不测之神，形不可以目睹，声不可以耳听，至精至神，妙万物而不可言者，无形之化也。圣人以礼教化成天下，乃是其顺阴阳之序，适人情性之宜，通本末之理，合天人之际，神而不速，缓而不急，潜移默化，润物无声，小德川流，大德敦化之治。此即董仲舒说武帝，礼乐教化"所以变民风，化民俗也，其变民也易，其化人也著，声发于和而本于情，接于肌肤，臧于骨髓"者也。礼教虽无刑法之威、兵家之强、商家之富，然其化人，则深入骨髓，浸入肺腑，则有不见乎显微而有化成天下之大用。故董仲舒说："圣王之继乱世也，扫除其迹而悉去之，复修教化而崇起之。教化已明，习俗已成，子孙循之，行五六百岁尚未败也。"① 特别是对一个积重难返的社会，《诗》、《书》、《礼》、《乐》教化，乃是拯救的必由之路。

当今之世，虽然没有贾谊上疏文帝，陈政事，言天下之势，"可为痛哭者一，可为流涕者二，可为长太息者六"，天下若"抱火厝之积薪之下而寝其上"② 那么严重，但积重难返之势，亦是俨然存在的：改革开放，虽然经济上取得了很大成就，然在改革中，一味儿地"向钱看"，造成天下之俗，贪财贱义，好声色，薄廉耻，淫辟意纵，社会失序，亲情之恩日薄，功利之求大隆。一切都苟合侥幸，以身设利，人谋之，我亦谋之，整

---

① 以上均见《汉书·董仲舒传》。
② 《汉书·贾谊传》。

个社会以利为尚，以钱为支撑，哪里还有道德的天地！经济高速发展以糟蹋资源为代价，造成了生态破坏、空气污染、水污染，严重威胁到人的生存；恶劣的掺假造成食品不安全，更直接威胁到人的生命，使人安全感丧失，危机感随之而生；而改革中资源的垄断和市场的权力运作，造成财富极度不均、社会迅速贫富分化、权力地位悬殊、社会公平尽失；加上侈靡腐败堕落，社会公信力丧失殆尽，更加重了政治危机与信任危机。此乃这些年社会危机所以不断、群体事件所以频发者也。特别是长期的文化批判，拔本塞源，断绝文化精神源头，使国家民族于浩浩大化中，已不知于何处安身、何处立命矣。西方性恶衍生的野性文化大规模入侵，更使中国几千年礼教文明丧失，而淫荡邪僻公开肆行：裸露不以为羞，苟合不以为耻，文明扫地，野蛮复归，已到了《韩诗》说的"肢体之序与禽兽同节，言语之暴与夷不殊"[①] 的程度。总之，中国原本是一个仁义礼智的民族，变成了粗野蛮横的存在；一个怀着仁心、浑然与万物同体的民族，变成了一个自私自利、只讲究个人利益的群体；一个刚健、中正、诚信的民族，变成了一个造假、自私、没有诚信的社会；一个高度文明、受人尊敬的民族，变成了一个不文明、粗俗、无礼、遭人鄙视的低俗存在者。凡此种种，皆不是浅层次的社会现象，而是社会深层文明出了问题，心性教化出了问题。不要为那点儿GDP增长沾沾自喜，虚荣、奢侈与浮夸已经造成了社会存在的没根没底，失去了文化的支柱与人心的鼎力，已经到了积重难返的地步。再不回复礼教文明，培植国家民族的品格，重塑国家民族的精神，中华民族真的到了"非常危险"的时候！

世界上没有一个国家民族丢掉教育、毁灭文化而可以成为强大的国家民族的；特别是维系他们国家民族之生存根基与生命精神的文化，是一刻也不能割断的，就像一枝美丽的鲜花不能割断根系一样，割断了，生命之花就枯萎了。礼教就是中华民族的根系。天下之治，就像西方几千年治理没离开过宗教一样，中国几千年治理也没有离开过礼教。西方离开了宗教治不了社会，中国离开了礼教也治不了国家。中国现在的改革，随着经济转型，必须完成文化转型。这种转型，不是"全盘西化"，不是全面与西方文化接轨，而是回到中国"刚中而应，大亨以正"的文化价值体系上来，回到《诗》、《书》、《礼》、《乐》教化的治道上来，回到几千年礼教

---

① 《韩诗外传》卷4。

文明上来。这就是董仲舒对汉武帝所说的"更化"："当更化而不更化，虽有大贤不能善治也。常欲善治而至今不可善治者，失之于当更化而不更化也。古人有言曰'临渊羡鱼，不如退而结网'"，愿治久已，"不如退而更化。更化则可善治，善治则灾害日去，福禄日来"①。礼教，乃续统垂业之本者也。因此，国家领导人、治国平天下者，作为最高政治群体，是否遵守礼教法则，是非常重要的。故汉代匡衡说："朝廷者，天下之桢干也。公卿大夫相与循礼恭让，则民不争；好仁乐施，则下不暴；上义高节，则民兴行；宽柔和惠，则众相爱。四者，明王之所以不严而成化也。"②

中国文化，"《六经》之道同归，而《礼》、《乐》之用为急。治身者斯须忘礼，则暴嫚入之矣。为国者一朝失礼，则荒乱及之矣"③。但恢复礼教文明，以《诗》、《书》、《礼》、《乐》教化治天下，也不是机械地照搬古代礼教教规，回到进退腾挪、作揖叩首的礼仪上去，而是把礼教仁义礼智的精神、温柔敦厚的《诗》教精神、疏通知远的《书》教精神、广博易良的《乐》教精神、洁静精微的《易》教精神、恭俭庄敬的《礼》教精神、说话做事不乱的《春秋》精神，贯彻到社会生活、文化生活与精神生活中去，贯彻到整个国民教育中去，使国家民族的一举一动、一言一行，重新回归礼教文明，成为一个有教养、有品质、有道德、有精神、受人尊重的国家民族。故礼教之用，时为大！礼教要以其根本精神适应不同的时代需要而变化实行之。这就是汉代严安上书引《邹子》的话，所讲"政教文质者，所以云救也，当时则用，过则舍之，有易则易之"④的道理。

礼教随时而变，与世推移，但礼教不是没有它的本质的。什么是礼教文明，它是怎么产生的，礼教文明与宗教文明有什么不同？以及它们是怎样影响文明发展的？弄清这些问题，对于归复礼教文明是非常重要的。这就是本书下面几章所要讲的内容。

---

① 《汉书·董仲舒传》。
② 《汉书·匡衡传》。
③ 《汉书·礼乐志》。
④ 《汉书·严安传》。

第二章 礼教是什么？

公元前1700年的巴比伦时期，为了解决社会纠纷，采取"以眼还眼，以牙还牙"的方法，产生了《汉谟拉比》法典；公元1世纪30年代，犹太人为反抗罗马帝国统治，以耶稣死而复活升天及重新降临的神话，创立了原始基督教；而中国在公元前2300多年的唐虞时代，则从宇宙法则秩序中领悟到"天叙有典，天秩有礼"①，产生了礼教。若据《史记》所说黄帝"举风后、力牧、常先、大鸿以治民，顺天地之纪，幽明之占，死生之说"②，《史记·正义》曰"此谓仪制礼则"，黄帝即位于公元前2697年③，那么，中国礼教的产生则将近5000年矣。再往前追溯，郑玄《六艺论》说："《易》者阴阳之象，天地所以变化，政教之所以生。人皇初起，伏羲画卦。"由此可知，7000多年前的伏羲氏族时期，"仰观象于天，俯察法于地"而作《八卦》，司察天地运转、日月往来，以其晦明变化、阴阳消长的大哲理，教化天下，以顺万民矣。伏羲时制嫁娶，以俪皮以为礼④，就是最早的婚嫁之礼。由上可知，中国的礼教远比巴比伦法典、西方宗教的产生久远。

那么，近代以来被诅咒为"吃人"的礼教，究竟具有一种怎样的本质

---

① 《尚书·皋陶谟》。
② 《史记·五帝本纪》。
③ 见《辞源》附录《世界大事年表》，商务印书馆1936年版。若依暨南大学出版社1999年出版的董立章先生所著《三皇五帝史断代》所附《三皇五帝夏商周年代表》，黄帝朝终始年代为公元前3701年~前3302年，黄帝"仪制礼则"，则已五千多年矣。
④ 《礼记·月令》"正义"引《世本》："伏羲制嫁娶，以俪皮为礼。"《拾遗记》："始嫁娶以修人道。"

呢？它是"吃人"的魔鬼，还是人类必须遵循的宇宙法则？是为统治阶级服务的工具，还是人生真理性的无限存在？是文明进步的发展，还是文化愚昧落后的表现？不弄清这些问题，讲礼教文明，讲恢复礼教，讲重新以礼教化成天下，都是无法让人信服的。而要回答这些问题，就不能不首先从礼教依何而产生说起。

一　礼教是以道所设之教

美国尼尔·唐纳·沃许（Neale Donald Walsch）写过三部《与神的对话》的著作，通过此书，他从宇宙高度演化及创造历程，广泛深刻地揭示了从人际关系到终极存在的诸多真相，研究了社会生活中的对与错、罪与罚、神与人、精神与宗教、神话与伦理、灵魂、神性、爱的本质，涉及婚姻、爱情、家庭、政治、经济、教育、生态、生机、生计、就业及时间、物理等诸多问题。他谈到三部书的写作顺序是：

> 个人的真理
> 全球的真理
> 宇宙的真理[1]

个人的真理，就是自我的真理。什么是自我呢？自我的概念，在西方古代希腊哲学家苏格拉底那里是"追求美德的人"，在柏拉图那里是"快乐与痛苦"的统一体，在亚里士多德那里是"第一实体"；在罗马中世纪的奥古斯丁那里，是从"现实的我"到"真正的你"；在西方近代哲学家那里，"自我"的概念，莱布尼兹定义为"单子"，笛卡儿定义为"思维着的实体"、"有理性的灵魂"等；发展到18、19世纪德国古典哲学，自我在康德的著作中是一个思维着的不可识的自在之物，费希特则把康德的不可知论彻底引向了纯粹主观：自我成了唯一主体、绝对存在，成了普遍的人类意识或超出个人经验的存在，即"纯粹自我"或"绝对自我"；而到了黑格尔哲学，自我就是自我意识，意识、理性、精神、绝对精神只是无限的自我意识。所有德国古典哲学家，皆从自我、自我意识，讲知识论

---

[1] 尼尔·唐纳·沃许（Neale Donald Walsch）著《与神的对话》Ⅲ，第5页，孟祥森、曹又方译，台北方智出版社1999年版。

与最高真理的存在。但是,这自我、自我意识所获得的真理,有那么可靠吗?不论是苏格拉底的"追求美德的人"、柏拉图的"快乐与痛苦"的统一体,还是笛卡儿的"思维着的实体"、"有理性的灵魂",自我意识只是个体意识,自我真理只是个体真理。它不仅有无限的自我主观,而且受各种特定环境、情景、情势、文化氛围、生活细节以及群体参与、互动的影响。凡此,怎么能保证自我意识或个人意识具有无限真理性或成为"绝对真理"的存在呢?不管把个人思想说得多么正确,多么伟大,都是不能保证他的思想没有随意主观成分、具有绝对真理性和无限价值存在的。此个人的真理之不可靠也。"自我"只有在印度梵文化中作为"神我"或"大梵神"的存在,才属于超越性真理存在;不过,它不属于尼尔·唐纳·沃许所讲的"个人真理"。

全球的真理,即人类的真理,或者说人类社会历史的真理。到目前为止,西方关于人类社会历史哲学及其真理性的研究,还是从各种理论假设出发,赋予不同价值的。奥古斯丁的《上帝的城市》,以庞大的历史哲学框架所揭示的惟一、神圣、大公的真理,不过是以神学赋予宗教史的精致价值模式。孔多塞的《人类进化图解》把人类史划分为11个阶段,孔德的《实证哲学教程》把人类整个智力的发展划分为神学的、形而上学的和科学实证的三个时期,马克思把人类史划分为原始社会、奴隶社会、封建社会、资本主义社会与共产主义社会五种形态,谁更具有真理性呢?其实他们也不过是根据研究需要所进行的历史分期划分,各以其历史哲学研究为基础所得出的不同结论。这在中国文化历史上也是一样的。庄子批评战国时期"贤圣不明,道德不一,天下多得一察焉以自好";"百家往而不反,后世之学者,不幸不见天地之纯,古人之大体,道术将为天下裂"①;荀子非十二子"饰邪说,文奸言,以枭乱天下,矞宇嵬琐,使天下混然不知是非治乱之所存";"纵情性,安恣睢,禽兽行,不足以合文通治"②,就是说百家学说不具最高真理性。可知不论西方还是东方,关于全球真理性,关于人类真理性或社会真理性的种种说法都是靠不住的。现在"全盘西化"的真理、"全球化"的真理,也仍然是靠不住的,是不足以设教、建立信仰和信念的。

---

① 《庄子·天下篇》。
② 《荀子·非十二子》。

宇宙真理，即宇宙法则秩序的真理，即天的真理。读过社会学、文化人类学史的人都知道，世界各古老文明民族的宗教神话，都是从宇宙结构法则秩序的对称、均衡、和谐、美好出发，获得人类社会应有的真理、正义、和平、至善、大美、自然法及国家观念的。《旧约全书》第1章《创世纪》，讲耶和华神创造天地、水、光、空气、海洋、白天黑夜、各种生物，最后创造了人，这是一个按照宇宙法则创造世界万物的秩序。印度文化讲由"梵天"大神或"永恒智慧"的般若，创立诸天、化生大地及万物，也是按照宇宙法则创造世界万物秩序的。宇宙、天地、日、月、星、辰，乃是人类诞生所面临的最为浩瀚光明的世界，其为法则秩序，自然有无限真理性。它的存在，乃是"独立而不改，周行而不殆"① 的；是"周流乎诸世界兮，周遍群有；尽诸方与诸极兮，无不周遝"② 的存在。这就难怪世界各古老文明民族的宗教神话从宇宙结构法则秩序的对称、均衡、和谐、美好，建立人类社会应有的真理、正义、和平、至善、大美、自然法及国家观念了。犹太教、基督教、印度教之教理，最初应该说皆是依照宇宙法则，即宇宙真理建立起来的。

中国的礼教也是这样。唐虞时期，皋陶讲"天叙有典，天秩有礼"，其实讲的就是礼教产生于宇宙法则秩序，即依照宇宙真理设教：

> 天叙有典，敕我五典五惇哉！天秩有礼，自我五礼有庸哉！同寅协恭和衷哉！③

典，即常也。"天叙有典"，即天之所出，有常道法则秩序。"敕我五典五惇"，天之所出，敕我父义、母慈、兄友、弟恭、子孝的五常之教，使父、母、兄、弟、子皆惇厚有常也。礼，即理也，即天道、天理也。"天秩有礼"，即天之所出的法则秩序，有道有理。庸，常也。"自我五礼有庸"，即自我遵照天道法则秩序，使五礼有常。五礼，郑玄解释为"天子、诸侯、卿大夫、士、庶民"之礼；王肃解释为"王、公、卿、大夫、士"五个等级之礼。这些解释，恐有偏见。唐虞时期，虽有共工、驩兜、

---

① 《老子》第25章。
② 《摩诃那罗衍那奥义书》第一部分，《五十奥义书》第317~318页，徐梵澄译，中国社会科学出版1995年版。
③ 《尚书·皋陶谟》。

三苗、鲧之不肖子弟扰乱社会秩序，但尚未形成阶级、等级。当时虽存在"蛮夷猾夏，寇、贼、奸、宄"的威胁，制定刑法，如"鞭作官刑，扑作教刑"；社会伦理出现了"百姓不亲，五品不逊"的情况，故帝舜命契"作司徒，敬敷五教，在宽"①。但若就唐虞时期的社会属性而言，尚不属于严格的阶级、等级之社会，而是尚属于"天下为公"的时代。因此，讲"天子、诸侯、卿大夫、士、庶民"之礼或"王、公、卿、大夫、士"之礼，以等级论之，似显牵强。五礼，实乃《尚书·舜典》所说"修五礼"，亦即《史记·五帝本纪》《集解》马融所说修"吉、凶、宾、军、嘉"之礼也。

中国是一个以天为本的民族。天，在无限时空意义上，就是宇宙。天叙，即天之所叙、所显现的。天秩，即天道法则秩序，即天道义理的存在，即宇宙法则、宇宙原理的存在，亦即宇宙间生生相续之理。"天叙有典，天秩有礼"，就是说天的存在显示常道法则秩序、宇宙间的真理，此即是礼教之所在。"礼者，理也"②，理即是天理，即是天道法则，即是宇宙生生相续之理。天下之教理，则是何种教理？以神为宗，即是宗教；以道为理，即是礼教。故礼教者，以理为教者也。以理为教，就是以天道义理设教，以宇宙原理设教，以天道法则制礼；以此制礼，教化天下，就是礼教；以此设教，五礼大用，就能实现大和谐！故曰："同寅协恭和衷哉！"故《礼记》讲："礼者，天地之序也。"③ 由此可知，中国的礼教并非出于宗教迷狂，乃是出于真实无妄的天道法则，出于宇宙生生相续之理。礼教以天道设教，即是以宇宙真理设教。

个人真理，出于主观者多，且其义狭窄；人类真理，出于群体偏执者多，难得大全之奥。只有超越自我、群体之上，旁日月，携宇宙，站在"廖天一"高处，透视整个宇宙万物奥秘，去此去彼，去芜去杂，去掉一切具体时空的存在，去掉一切偏见偏执，去掉站在不同视野所获得的观点、观念、看法、意见及此亦一是非、彼亦一是非的存在，"参万岁而一成纯，万物尽然而以是相蕴"④，所获得的纯粹法则，才能决大疑，存大

---

① 《尚书·舜典》。
② 《礼记·经解》。
③ 《礼记,乐记》。
④ 《庄子·齐物论》。

理，辨大是非。以此立教，才能正天下之不正，一天下之不一，建立最高的信仰和信念。《管子》对此称之为"宙合"，即符合宇宙真理："宙合之意，上通于天之上，下泉于地之下，外出于四海之外，合络天地，以为一裹。大之无外，小之无内，故曰有橐天地。"惟做到宙合，才能"博而不失，备能而无遗"；"章道以教，明法以期"，才可以教天下，使万民兴善。故曰"圣人参于天地"[1]。

个人真理不足以立教，人类真理不足以立教，就是墨子讲的法其父母不足为法，法其所学不足为法，法其君不足为法。为什么，因为"天下之父母者众，而仁者寡，若皆法其父母，此法不仁也。天下之为学者众，而仁者寡，若皆法其学，此法不仁也。天下之为君者众，而仁者寡，若皆法其君，此法不仁也"。父母不足法、所学不足法、君不足法，那么，以什么为法而立教天下呢？就是法天。故曰："莫若法天。天之行广而无私，其施厚而不德，其明久而不衰，故圣王法之。"[2] 法天，就是以天的法则立教，以宇宙法则立教。天下万象纷纭的存在，只有天的法则、宇宙法则，才是其行广而无私，其施厚而不德，其明久而不衰的。以此立教，才具有永恒广大高明的真理性。

天道形而上学存在，不仅构成了对称、均衡、和谐、美好的秩序，也构成了生化一切、运行一切、统摄一切的大法则。正因为中国礼教是本于天道大法则、本于宇宙法则制定的，所以中国的一切政道与治道，一切体统纲领，一切体国经野，设官分职，为民立极，一切出入利用，通变化裁，创造不已，皆是以礼教法则为法则，以礼教教理为最高原理的。由此可知礼教对于中国、对中华民族是多么重要和不可或缺了。中华民族失却礼教，就失却性命之理，失却生命源头，生存于天地间，就若浮萍一样变得没根没底，没有源头了；同时，也就失去了天道义理，失去了宇宙原理，失去了生生相续之理，失去了根本法则与根本义理，失去了日日新，又日新，生生不息、创化不已的哲学大原，而讲大匡大济，就没有宇宙本体论根据了。今天讲政治体制改革，讲这种制度那种制度，这个道路那个道路，最为根本的，还是应该思考它在本体论上站得住站不住，是以宇宙法则，以天道真实无妄之理为根据，还是以虚妄的价值设定为依据？离开

---

[1] 《管子·宙合》。
[2] 《墨子·法仪》。

礼教的宇宙原理，离开礼教的最高原理，离开礼教的最高本体论存在，讲这种制度那种制度、这个道路那个道路，皆是舍本逐末，舍却大法则而于细枝末节上追求，成为无大依据的论述。

正因为中国礼教是以天道法则制定的，以宇宙间生生相续之理制定的，所以它才能成为人的性命之理，成为安身立命之教。

二 礼教是安身立命之教

我有本书叫《大道运行论》。当时，写完该书的"天书"部分，转入"人学"时，脑子里总是萦回着一个假想的问题，即天地开辟，原始初造，一个人孤零零地来到茫茫宇宙，环顾四周，全是空空荡荡，全是无边无际的死寂，他没有凭仗，没有依托，没有着落处，没有扎根的地方，没有信仰或信念的支撑，也感觉不到同类的存在，心里该是多么的恐慌，多么的不安！由此我也想到现代人的生存应该具有怎样的文化基础，应该以什么样的强大哲学建立理想、信仰和信念；否则，他不也会感到同样的恐慌和不安吗？[1]

实际上，人在宇宙浩浩大化中，是不能没有一个自家安宅，一个知觉主宰处，一个安身立命的地方的。这个安宅，这个知觉主宰处，这个安身立命的地方，就是信仰，就是精神家园。而要找到这个知觉主宰处，这个安身立命的地方，要建立信仰，建立精神家园，就离不开形而上学，离不开宇宙大原，离不开创造人类、生化万物的本原存在。这个大原本原的存在，西方文化称之为"上帝"，中国文化称之为"天"。故西方人有难时，总是呼唤"上帝啊"！中国人有难时，总是呼唤"天啊"！

不是说西方宗教与中国礼教都是源于宇宙法则、宇宙原理吗？为什么知觉主宰处有此差别呢？这是因为中国文化是早熟的。当西方及世界其他民族尚处于蒙昧野蛮时期时，中国文化已经成熟，进入了高度文明时期。中国上古时期，也是有"昊天上帝"[2]、"皇矣上帝"[3]或"皇天上帝"[4]

---

[1] 见《大道运行论》第247页，华夏出版社2012年版。
[2] 《诗经·大雅·云汉》。
[3] 《诗经·大雅·皇矣》。
[4] 《尚书·诏诰》。

的存在的。但它乃是华夏民族对皓旰光明上天的称呼，而且一直保留在唐虞之后的《诗》、《书》中。中国文化是本于天的，祖先及祖先神皆本于天，为天所生。因此，称呼"昊天"或"皇天"，仍然含有祖先及祖先神所在的意思。但由于中国文化早熟，渐渐隐退了"上帝"，代之以"天"或"天道"存在，讲"昊天上帝"或"皇矣上帝"，虽然仍具有神圣性，但已经不具有"帝"的人格神意义，而变为纯粹天道法则了。如《诗经》讲"上天之载，无声无臭"①；"维天之命，于穆不已"② 就是这样。这种文化成熟，自然有一个漫长的文化历史过程，但中国文化毕竟在其他民族尚处于蒙昧野蛮时期，就隐退了"上帝"，代之以"天"或"天道"存在了。中国以"天"或"天道"立教，而不是像西方那样以"上帝"立教，所以西方人有难呼唤"上帝"，中国人有难则呼唤"天"。

中国文化隐退"上帝"，代之以"天"或"天道"立教，实乃是以道体形而上学代替神性形而上学，以哲学本体论代替神学本体论。中国文化有了这种成熟，以"天"或"天道"立教，讲"昊天有成命"③，虽然仍有神圣性，但讲"有命自天，命此文王"④，其讲"昊天"或"皇天"一类的存在，已经不是上帝人格神的神秘存在，而是"倬彼云汉，为章于天"的天道法则了。其讲"勉勉我王"，使其"纲纪四方"⑤，也是天道法则，而不是上帝人格神。中国文化，由唐虞时期发展到周代，文化的成熟、礼教的设立，已进入一个《诗》、《书》、《礼》、《乐》文明的时代。因此，讲知觉主宰处，讲性命之理，已发展为形而上学道德修养，而不是神性祈求了。《诗经》讲"文王在上，于昭于天"；"穆穆文王，于缉熙敬止"⑥；"维天之命，于穆不已，于乎不显，文王之德之纯，假以溢我，我其收之"⑦，就是凭着纯粹的道德理性直觉，领悟"天"或"天道"的形而上学存在，获得知觉主宰与性命之理，建立精神家园的。

---

① 《诗经·大雅·文王》。
② 《诗经·周颂·维天之命》。
③ 《诗经·大雅·昊天有成命》。
④ 《诗经·大雅·大明》。
⑤ 《诗经·大雅·棫朴》。
⑥ 《诗经·大雅·文王》。
⑦ 《诗经·周颂·维天之命》。

人之知觉主宰获得性命之理，只能于本原处去讲，而不能在物的存在、枝枝节节的存在上讲。因为只有本原处才能引出性命之理，引出生它养它的原理。西方人所以呼唤"上帝"，因为西方宗教认为，人与万物皆是上帝创造的，故他们从上帝存在引出性命之理，引出整个宗教哲学与人生哲学。中国人所以呼唤"苍天"，悲愤激越时甚至"呼天抢地"，因为中国文化认为，人与万物皆为天生，为天地之道、乾坤之理所创造。故张载讲"乾称父，坤称母"，然后从天地之道、乾坤之理，引出"天地之塞吾其体；天地之帅吾其性"①的性命之理。《易传》所说"大哉乾元，万物资始，乃统天。乾道变化，各正性命。保合大和，乃利贞。首出庶物，万国咸宁"；"至哉坤元，万物资生，乃顺承天。坤厚载物，德合无疆。含弘光大，品物咸亨"②，就是讲的天地之道、乾坤之理，讲的"乾道变化，各正性命"的存在，"含弘光大，品物咸亨"的存在。天地歙合，乾坤运转，不仅构成了天地间的大生之德和广生之德，也构成了一种大化流行、生生不息的宇宙原理。礼教就是以此天地之道、乾坤之理设教，宇宙原理设教，从此处引出性命之理的。故《礼记》说"大乐与天地同和，大礼与天地同节"③。中国人、中华民族呼唤苍天，立此礼教，实乃是向天、向本原处呼唤性命之理，以安身立命。

礼教讲知觉主宰获得性命之理，不仅是在本原处讲的，更是会通玄极之道，在道体形上的至精至神处讲的。因为只有会通玄极之道，于至精至神处讲知觉主宰，所获得的才是精神性存在，其为道也理，才能成为安身立命的性命之理。中国文化隐退"上帝"，代之以"天"或"天道"立教，其为道体形而上学存在，虽然已不具人格神性质，但它在玄通至极处讲，仍然是至精至神的存在。《易传》讲"无有远近幽深，遂知来物"的至精之道；讲"通其变，极其数"的至变之道；讲"无思也，无为也，寂然不动，感而遂通"④的至神之道，就是在形上之道的"唯几"、"唯神"存在上讲的。惟其至精，才能于吉凶之故，动静之由，顺逆消长之微而无不察；惟其至变，才能参伍以变，错综其数，通其变，遂成天下之文，极

---

① 《正蒙·乾称》。
② 《周易·彖上传》。
③ 《礼记·乐记》。
④ 《周易·系辞上传》。

其数,遂定天下之象,才能极深而研几,以通天下之志,成天下之务,天下之事,无不可为,天下之物,无不可用,成为开物成务之道;惟其至神,感而遂通,为知觉主宰,才能解天下之惑,断天下之疑,建立起信仰和信念。故曰"以神道立教而天下服"①。人之一生,能感通至极之道,阴阳消长、刚柔动静之萌而无不察,一念之动,有善有恶,几微幽深而无不辨,则性命之理得矣;心怀无妄之理而诚之,虽寂然不动,然于体用相因之际,知大常之变,则得失吉凶祸福,于我无妄矣。此即礼教以天道性命之理为人生立教,为国家民族立教也。

天道于形而上学处讲,虽然是至精至神的存在,但它并不是上帝的彼岸世界存在,而是"体用一源,显微无间"②的存在。形上之道于日用流行处讲,则无处不是感之能通,触之能觉,浑然一体。应而不穷者,无不是天命流行、生生不息之机,无不是妙万物而为神者;一日之间,万起万灭,归于寂然者,则无不是本体于流行处寂然者。人的一生,不能于浩浩大化之中,一家自有一个安宅,有一个知觉主宰处,作为自家安身立命之理,那就必然像朱子所说的那样,"为大化所驱,如在洪涛巨浪之中,不容少顷停泊"③;接应事物,要不流于急迫粗粝,而有宽裕雍容之气,通过礼教所立性命之理,使知觉要有个主宰,方能以立大本,以行达道。

礼教为安身立命之教,那么,所立性命之理是什么样的呢?人怎样以此安身,以此立命呢?这就是礼教之谓仁义礼智之教者。

三 礼教是仁义礼智之教

礼教就其教理而言,就是以仁、义、礼、智之常教化天下。仁、义、礼、智之理,体现在《诗》、《书》、《礼》、《乐》的教典中,故又被称为《诗》、《书》、《礼》、《乐》之教。《诗》、《书》、《礼》、《乐》是礼教的教典,它的根本教义,是仁、义、礼、智之理。

因此,仁、义、礼、智之教,是以天道本体为根据的。仁、义、礼、智是常,也是理。常,即伦常,即常性。它们加上"信",即诚信之义,

---

① 《周易·象上传》。
② 〔宋〕程颐《易传》序,《二程集》第689页,中华书局1981年版。
③ 《答张敬夫》,《朱子文集》卷32。

称为五常。理,即道,即天理,即"大哉乾元"的存在,即元、亨、利、贞之四德,即乾道本体大用。可知,仁、义、礼、智之教是本于天的,以天道本体为根据,以"大哉乾元"的存在见诸元、亨、利、贞之四德本体大用的。这就是说,天之乾道本体大用,有元、亨、利、贞之四德,以乾道本体的自性、属性、常性而言之,则有仁、义、礼、智之性。元、亨、利、贞之德,仁、义、礼、智之性,皆是形而上者,皆是天道义理的存在。此礼教以天道立教之根本义理也。

《周易》《乾》卦辞说:"乾:元、亨、利、贞。"那么,何谓元、亨、利、贞呢?《易传》说:"元者,善之长也;亨者,嘉之会也;利者,义之和也;贞者,事之干也。"又说:"君子体仁,足以长人;嘉会,足以合礼;利物,足以和义;贞固,足以干事。君子行此四德者,故曰'乾:元、亨、利、贞。'"①

所谓"元者,善之长也",即元为众善之长,是一切善的总汇,是贯通一切、旁通一切、弥漫一切、统摄一切的众善本体存在。这个本体存在,就是"仁",就是生意,就是大化流行、生生不息的本原存在,就是往者过,来者化的天地之道、乾坤之理,就是《易经》所说的"天地之大德曰生"②的存在。说破《易经》,指陈玄门造化及儒门《论》、《孟》教典,一个字即可说的那就是"仁"。明儒罗近芳先生说:"天地之大德曰生。夫盈天地间只是一个大生,则浑然亦只是一个仁,中间又何纤毫间隔?故孔门宗旨,惟是一个仁字。"③仁即天地间的大道真脉,即儒门教典之真精神。体仁,即体悟天地间大道真脉的存在,体悟儒门教典真精神的存在,亦即体悟"天地之大德曰仁"的存在,体悟天地之仁的本体大用。体得此,悟得此,反诸身,涵诸心,生化浑融,纯一不二,就是一个仁者。故曰"君子体仁,足以长人"。这就是《中庸》所说的"天命之谓性,率性之谓道,修道之谓教"④。

因此,中国的仁、义、礼、智之教,亦可简称为"仁教",即以天地本体之大仁来教化天下。天之大德,元、亨、利、贞,是以"元"为首

---

① 《周易·文言传》。
② 《周易·系辞下传》。
③ 《明儒学案》卷34,《黄宗羲全集》第8册第36页。
④ 《中庸》首章。

的。元者，始也，万物之始也，而亨、利、贞之德，则是元的本始发展与大用；若就常性言之，仁、义、礼、智之常性，仁是本体，是天地之大德，是天理之体统者，而义、礼、智之性，则是仁之本体大用。由此可以看出，中国文化的仁、义、礼、智之教，是以"仁"为根本的礼教。仁教，即以天之大仁为教；人修之，则为仁心，为安身立命、仁爱天下之心。天不仁，生生之道绝，即走向死寂，走向毁灭，走向末世，走向万劫不复的境地；而人无仁心，恻隐之心不存，即走向不善，走向凶恶，走向死亡，走向罪恶深渊。人之所以把握不住自己，只是内心不仁。故人欲安身立命，不可不以天之大仁为教，修得仁心。惟修得仁心，才能茂对时，育万物，享亨通之理，无妄而雷行天下，也才能具天地之大德，而为一个仁者。惟此，才安得了身，立得了命，在宇宙浩浩大化中，与天地合其德，享大亨之理，走无妄之道，成为大亨的存在者。

正如天之大德，元、亨、利、贞之四德大用浑然一体一样，仁之本体，也是兼义、礼、智而言之的，是不可分割的。义者，宜也，体仁之宜也；礼者，理也，天理见于行事者也；智者，仁之成己成物者也。这皆是与本体之仁的存在联系在一起的。朱子讲"仁者，仁之本体；礼者，仁之节文；义者，仁之断制；知者，仁之分别"①，也是讲仁义礼智不可分割的意思，分割了，就不成其为仁之本体大用了。故程子伊川说"《乾》有元亨利贞四德，缺却一个，便不是《乾》"②。因此，仁教者，仁义礼智之教也。仁是天理之体统，仁义礼智是天道浑然一体之大用，百行万善，天地节文，皆从这里流出；人修之以为教，仁义礼智根于心，满心而发，充塞宇宙，无非此理；然后廓然、昭然、坦然、广居、正位、大道、安宅、正路，当恻隐则恻隐，当辞让则辞让，亲亲、仁民、爱物，推广到枝叶处去，四端万善，皆天之所予，不劳装点。人生活到这个份上，才是大世界之次第，才是仁义礼智之世界，才是以天命为性，万理昭然，以安命之情。

礼教者，"天命之谓性，率性之谓道，修道之谓教"者也，仁义礼智根于心，以修性命之理者也。可知，礼教是以天命之性为根基的，以人的先天道德本性为基础的。这种先天道德本性，就是《诗经》所说的"天生

---

① 《朱子语类》卷6。
② 《河南程氏遗书》卷19。

烝民，有物有则；民之秉彝，好是懿德"①；孟子所说的"仁义礼智，非由外铄我，我固有之也"②的存在。它虽然是人与动物的"几希"差别，几微细小的差别，然却是"人之所异于禽兽"③者。天命之谓性者，人之天然本性也；率性之谓道者，循天然之性即是道也；修道之谓教者，修天然道德本性以为教也。"仁义礼智根于心"，修之以道，积盛德以固之，修到"生色也睟然"，修到"见于面，盎于背"，及至施于四体，则动作威仪，"不言而喻"④矣。因此，礼教者，乃圣制人性之教典也。

四　礼教是圣制人性教典

人无疑有仁义礼智的先天道德本性，有"不学而能"、"不虑而知"的良知良能，有"无不知爱其亲，无不知敬其兄"⑤的先天知性能力。没有这种道德本性，没有这种知性能力，礼教也就无从建立了。这也是至今任何动物世界都不能建立礼教的原因。但人的道德本性与知性能力并不是不可改变的，而是《三字经》所说的"人之初，性本善，苟不教，性乃迁"的。孟子所讲的"君子所性，虽大行不加焉，穷居不损"，是在"分定"上讲的，是礼教加之，"仁义礼智根于心"，使之然的；而"生色睟然"，"见于面，盎于背"，也是性之四德，扎根于心所致。故程子说："睟面盎背，皆积德致然。"⑥

人本于天，为天所生，以纯粹天理为性，具先天道德本性，但其生也，不与气相结合，也是不能成为生命的。如前所说，气是有阴阳、清浊、刚柔、善恶的，天之性理一旦与气相结合，它作为人的气质之性，也是包含着气的清浊之分与性之美恶的。人持此气质之性，感物而动，无穷追求而不能节制自己的欲望，就会走向非理性。圣人治天下，是为道之不乱，控制人的非理性，它也就是因人性而制教。故《礼记》讲：

---

① 《诗经·大雅·烝民》。
② 《孟子·告子上》。
③ 《孟子·离娄上》。
④ 《孟子·尽心上》。
⑤ 同上注。
⑥ 见《四书集注·孟子集注》卷7。

> 人生而静，天之性也；感于物而动，性之欲也。物至知知，然后好恶形焉。好恶无节于内，知诱于外，不能反躬，天理灭矣。夫物之感人无穷，而人之好恶无节，则是物至而人化物也。人化物也者，灭天理而穷人欲者也。于是有悖逆诈伪之心，有淫佚作乱之事。是故强者胁弱，众者暴寡，知者诈愚，勇者苦怯，疾病不养，老幼孤独不得其所，此大乱之道也。是故先王之制礼乐，礼节民心，乐和民声，政以行之，刑以防之。礼乐刑政，四达而不悖，则王道备矣。①

人感物无穷，好恶无节，不能控制自己走向非理性，及至"物至而人化物"，则失却了自我，失却了自我的道德本性，异化为物的存在；追求那些不应该追求的东西，为达到目的而穷其所欲，不惜灭天理良知本性，自然也就会悖逆诈伪之心起，淫乱邪辟之性生。因此，圣人之治天下，为防人性之乱而制礼教也。故孔子说："礼者，因人之情而为之节文，以为民之坊者也。"这话的意思就是说，要以礼义之教节制人之非理性行为，以道德之堤防控制人的感情洪水，目的是"使民富不足以骄，贫不至于约，贵不慊于上"②，使人的追求回归理性，回归道德本性，使社会秩序井然，天下大治。"礼者，因人之情而为之节文"，就是为人性教化而制定礼教。

为什么礼教能教化人性，使之好恶有节，不走向非理性呢？中国文化认为，人性就像圣人的田地一样，是不可不以仁义的礼教耕种的：

> 故人情者，圣王之田也。修礼以耕之，陈义以种之，讲学以耨之，本仁以聚之，播乐以安之……故礼也者，义之实也。故治国不以礼，犹无耜而耕也。为礼不本于义，犹耕而弗种也。为义而不讲之以学，犹种而弗耨也。讲之于学而不合之以仁，犹耨而弗获也。合之以仁而不安之以乐，犹获而弗食也。安之以乐而不达于顺，犹食而弗肥也。③

这里所讲的人情，即人性，就是前面所讲的"人生而静，天之性也；感于物而动，性之欲"的存在。这种人性，就像圣人的田地一样，必须

---

① 《礼记·乐记》。

② 《礼记·坊记》。

③ 《礼记·礼运》。

"修礼以耕之,陈义以种之,讲学以耨之,本仁以聚之,播乐以安之"才行,惟有以礼义熏陶教化,以仁义道德耕种蓄养,使其安乐,使其归于本善,然后才能融洽和谐,与大义不乖。面对着人性"感物无穷,好恶无节"的非理性,而若"治国不以礼,犹无耜而耕也;为礼不本于义,犹耕而弗种也;为义而不讲之以学,犹种而弗耨也;讲之于学而不合之以仁,犹耨而弗获也"。这就是说,人性之田,虽有道德本性,若不耕种,不以礼义教化,不以仁义道德蓄养培育,还将是一片荒芜之地,长出荆棘,长出毒草,出现沙漠化或野性的蛮荒,从而坏人国,毁人家园。"是故,先王本之情性,稽之度数,制之礼义,合生气之和,道五常之行,使之阳而不散,阴而不密,刚气不怒,柔气不慑,四畅交于中,而发作于外,皆安其位而不相夺也。"①

这种圣人通过礼教耕种人性之田,使之归于本善,与大义不乖,荀子视之为陶化:"夫圣人之于礼义也,辟则陶埏而生之也。"荀子认为,"今人之性,生而有好利焉,顺是,故争夺生而辞让亡焉;生而有疾恶焉,顺是,故残贼生而忠信亡焉;生而有耳目之欲,有好声色焉,顺是,故淫乱生而礼义文理亡焉。从人之性,顺人之情,必出于争夺,合于犯分乱理而归于暴"。这就是他所说的"人无礼义则乱,不知礼义则悖"。为了制止这种悖乱,安定天下,使人性或美或恶、或厚或薄、或逸乐或劳苦者,皆贯通仁的道理,表现为仁的文明形式,必须"有师法之化,礼义之道,然后出于辞让,合于文理,而归于治"。这就是荀子的礼教"化性起伪"之说,即"圣人化性起伪而生礼义"②。

"圣人化性起伪而生礼义",即圣人为人性教化而制定礼教。它就是《礼记》所说的"先王本之情性,稽之度数制之礼义"③;《史记》所说的"缘人情而制礼,依人性而作仪"④。中国文化,中国圣贤明哲,制定礼教,发展文化哲学,一开始便紧盯住人性这个根本问题,可知其多么有为治之眼光了。孔子一生,晚年把全部精力用来删《诗》、《书》,定《礼》、《乐》,编《春秋》,传《周易》,祖述尧舜,宪章文武,皆是为人性教化

---

① 《礼记·礼运》。
② 《荀子·性恶篇》。
③ 《礼记·乐记》。
④ 《史记·乐书》。

而制定教典。荀子说:"礼者法之大兮,类之纲纪也。夫是之谓道德之极。《礼》之敬文也,《乐》之中和也,《诗》、《书》之博也,《春秋》之微也,在天地之间者毕矣。"① 这就是说,孔子删《诗》、《书》,定《礼》、《乐》,编《春秋》,传《周易》,所作的人性教典,乃是"法之大兮,类之纲纪,道德之极"的存在,是大法则、大纲纪、最高道德存在。

礼教作为人性教典,虽在于化性起伪,但从根本上说乃在于使人归于本善。人性之田,虽不教容易荒芜,但它的本性仍然是善的、美好的。这就像田间禾苗,虽容易荒芜,但它的本质仍是庄稼禾苗,而不是野草的存在一样;不然的话,不管怎样耕种,怎样耜耨,也是收获不了庄稼的。因此,礼教作为人性教典,虽在于化性起伪,但它并不是违背人的本性本质的强制性外在规范,而是依照人的本性制定的教典,使人性通于仁的道理,表现为仁的文明形式,追求"道德之极"的存在。

因此,礼教不仅是人性教典,而且它作为大法则、大纲纪、最高道德,亦乃是为人类制定的一整套文化制度。

五　礼教是一套文化制度

人为天生,依天道而有常性。因此,天即人,人即天,人之常性,即天之常道法则。人之生也,追求常道法则,追求和乐、美好、有序,以及追求真理、正义等,乃是最为本质的表现!试想,谁不希望天道有常?谁不想天下太平、和乐、美好?谁不想社会充满公平、真理、正义?以及谁不想彝伦攸叙、家庭和睦、夫妇幸福美满?中国远在虞夏时期,即讲"敕天之命,惟时惟几"②;"日月有常,星辰有行;四时顺经,万姓允诚"③;"唯彼陶唐,帅彼天常"④。可以说,希望天道有常,渴望人生和乐、美好、有序,是人性最为本质的追求。

中国唐虞时期,人的个性与品质,一方面诚实、笃厚、宽容、大度、和睦、肃敬、懿美、通达事物、勤于公职等优秀品质已经发展起来,出现

---

① 《荀子·劝学篇》。
② 《帝舜歌》,《尚书·皋陶谟》。
③ 《帝载歌》,《尚书大传》卷1。
④ 《左传》哀公六年。

了大禹、皋陶、契、后稷、伯夷、夔、龙、倕、益、彭祖等一大批圣贤明哲，"齐圣广渊，明允笃诚"的"八恺"，"忠肃共懿，宣慈惠和"的"八元"①，也是这个时期出现的人物；但另一方面，残暴、凶顽、贪鄙、毁信弃义、蛮横无礼等邪恶乖戾之性也出现了，丹朱的"凶顽"，共工"善言，其用僻，似恭漫天"，以及一些贵族纨绔子弟的为非作歹、凶顽成性，如浑沌的"掩义隐贼、好行凶慝"，穷奇的"毁信恶忠、崇饰恶言"，梼杌的"不可教训、不知话言"，饕餮的"贪于饮食、冒于货贿"②，就是当时的邪恶乖戾之性。人性的这种发展，没有礼教，没有依礼教制定的一套制度，是很难保障社会正常运行秩序、人性美好追求之实现的。故唐虞时期帝舜"举八元，使布五教于四方，父义，母慈，兄友，弟恭，子孝，内平外成"；"皋陶为大理，平（按：即正平天下之罪恶），民各伏得其实；伯夷主礼，上下咸让；垂主工师，百工致功；益主虞，山泽辟；弃主稷，百谷时茂；契主司徒，百姓亲和；龙主宾客，远人至；十二牧行而九州莫敢辟违"；大禹"披九山，通九泽，决九河，定九州岛，各以其职来贡，不失厥宜。方五千里，至于荒服。南抚交址、北发，西戎、析枝、渠廋、氐、羌，北山戎、发、息慎，东长、鸟夷，四海之内咸戴帝舜之功。于是禹乃兴《九招》之乐，致异物，凤皇来翔"。这就是唐虞时期发展起来的包括政治、法律等在内的礼教制度。这套礼教制度，皆是法于天道法则秩序，得之为德也。实行这套礼教制度，天下大治，故曰"天下明德，皆自虞帝始"③。

礼者，理也。中国整个礼教制度，皆是领悟天理、法于天道法则秩序建立起来的。因此，中国礼教制度不能仅作为伦理、道德、礼乐一类的文化看待，而是领悟天理，法于天道法则秩序所建立起来的一整套包括政治、法律、哲学、神学、美学、伦理、道德、礼乐等在内的文化制度。这套礼教制度，发端于伏羲，积蓄于炎黄，大备于唐虞，经夏商周三代，则形成了一套圣人治天下的完备的礼教形式。一部《周礼》即《周官书》，则是包括国家政治体制在内的法象天道，昭明精义，为天地立心，为生民立命，为万世开太平的礼制教典。

---

① 《左传》文公18年。
② 《史记·五帝本纪》。
③ 《史记·五帝本纪》。

中国是以礼教治国的国家，古代礼教制度，《经礼》三百，《曲礼》三千，优优大哉！礼教内容是极为丰富的：大则班朝治军、涖官行法，小则乡饮乡射、民间细行，从车、服、冠、冕之制，到冠、婚、丧、祭之礼，无不有礼数规范，无不有礼教行为要求；即使祭祀的笾豆之荐、水土之品，也都有明确的规定。不管其礼数怎样繁、规范怎样细，它最根本的要义、核心的内容，则在于人性的教化。故曰"礼义也者，人之大端也"。所以讲信修睦，所以制定辞让、饮食、冠婚、丧祭、射御、朝聘之礼，所以养生送死，以事鬼神，皆在于"达天道，顺人情之大窦也"①。这些礼教制度的制定，是世界其他任何国家民族都没有的。

古代礼教制度，虽然很多已经遗失，但基本内容仍然保存在现存的《周礼》、《仪礼》、《礼记》三书中。《周礼》虽是周公为成王立法度而制定的，但它仍然是继承上古及夏、商的礼义制度，组织人编写的。《周礼》讲"大宗柏之职，掌建邦之天神、人鬼、地示之礼"②，实际上就是《尚书》所说伯夷的"典三礼"③。《仪礼》原是古礼，是逐渐积累，慢慢周密，圣人录而成书的。汉时河间献王得五十六篇，后失，现只剩十七篇，但它仍可见古代礼义制度。《礼记》是关于孔子及其弟子讨论礼义所记之书。朱子说："《仪礼》是经，《礼记》是解《仪礼》。如《仪礼》有《冠礼》，《礼记》便有《冠义》，《仪礼》有《昏礼》，《礼记》便有《昏义》，以至燕、射之类，莫不皆然。"④ 朱子这话虽在肯定《仪礼》的经典性质，但《礼记》的价值，也是不可抹煞的：不仅《礼记》所讲的礼义多源于上古，而且它本身也保留着许多古代礼义制度，如《王制》、《月令》，皆属虞夏及商代礼制。由上可知，《周礼》、《仪礼》、《礼记》三书，虽然成书较晚，但其整个礼义制度的基本内容与教义，仍然保留着中国古代礼义教典《经礼》三百、《曲礼》三千的风貌，是今人尊德性而道学问，致广大而尽精微，温故知新，研究古代礼教制度所不可或缺的教本与根据。

礼教的制定乃是承天之道，理人之情者也。正是这些礼教制度的制定，保障了中国古代政治的行大德，通民情，行教化，保障了政治为天地

---

① 《礼记·礼运》。
② 《周礼·春官·大宗伯》。
③ 《尚书·尧典》。
④ 《朱子语类》卷85。

立心，为生民立命，"教平好恶，以反人道之正"。欲建礼仪之邦，必兴礼义之教。中国古代正是建立了这样一套完备高超的礼教制度，所以才早于世界其他国家民族进入文明的时代。

六　礼教是一种文明进步

中国礼教制度，发端于伏羲，积蓄于炎黄，大备于唐虞，经夏商周三代，形成了一套完备的形式。它发端于伏羲，一开始仰观俯察而作《八卦》，就是察晦明之变，丽日月于天，法象天道，以贞正之理，为天地立心，为生民立命，"教平好恶，以反人道之正"的。其婚姻嫁娶，以俪皮为礼，就是以此修人道之正的。可知中国礼教，一开始就怎样反浇为淳以为礼，注重文明教化了。制嫁娶，以俪皮为礼，相对于疯狂野蛮的掠婚，岂不是一种文明进步？过去一些人总是把礼教与所谓"封建社会"联系起来，骂之为"吃人的封建礼教"。伏羲时代，远在7000多年前，哪来的封建社会？没有封建社会，哪来的"吃人的封建礼教"？但当时中国礼教文明已经发端了。

据古籍所记，黄帝时期，大挠作甲子，隶首作算数，容成造历，伶伦造律吕①；仓颉创造了文字②；又说"黄帝之初，有蚩尤兄弟七十二人，铜头铁额"③；"蚩尤以金作兵器"④；"黄帝采首山之铜，铸鼎荆山之阳"⑤。可知黄帝时代已经创造了历法，有了文字，出现了青铜器。这按照摩尔根《古代社会》关于人类文化发展阶段的划分说法，已进入了文明时期。黄帝时期的礼教，不仅举风后、力牧、常先、大鸿以治民，而且定星历，建五行，起消息，正闰余，立五官，使各司其序，天下不相乱。《管子》说："黄帝以其缓急作五声，以政五钟；五声既调，然后作立五行以

---

① 《世本·作篇》。
② 《孝经援神契》说"仓颉效象，洛龟曜书丹青，垂肪画字"；《拾遗记》说"轩辕始造书契"。
③ 《汉学堂丛书》辑《龙鱼河图》。
④ 《世本·作篇》（张澍粹集补注本）。
⑤ 《史记·封禅书》。

正天时，五官以正人位，人与天调，然后天地之美生。"① 黄帝之礼乐曰《咸池》，以其黄钟大吕，和五音，正天时，正人位，在天与人的和谐中，领悟天地之大美！这就是黄帝时期的礼教文明。

唐虞时期，对天道本体的理解，已经达到了"惟精惟一"的高度，"大哉尧之为君也！巍巍乎！唯天为大，唯尧则之。巍巍乎其有成功也，焕乎其有文章"②；"德惟善政，政在养民。水火金木土谷，惟修；正德、利用、厚生、惟和。九功惟叙，九叙惟歌。戒之用休，董之用威，劝之以九歌俾勿坏"③，更创造提升出一种天下熙熙、雍容和谐的礼教文明。这种礼教文明，从史书所记载的当时盛大的祭祀活动中就可以看出来：我们不仅从"箫韶九成，凤凰来仪"、"击石拊石，百兽率舞"④ 的记载中，想见当时礼教仪式的隆重，亦可从帝舜望着载歌载舞的人们，在箫韶音乐的伴奏下，和乐而唱："敕天之命，惟时惟几！股肱喜哉！元首起哉！百工熙哉！"皋陶激动地接唱："元首明哉！股肱良哉！庶事康哉！"⑤ 知道帝舜礼教之治，是怎样一片欢乐、祥和、清明、太平的景象！特别是《尚书大传·大唐之歌》所唱"舟张辟雍，鸧鸧相从，八风回回，凤凰喈喈"及帝舜所歌"卿云灿兮，糺缦缦兮。日月光华，旦复旦兮"⑥，更使人觉得唐虞礼义教化下的人与万物，雍容和谐，融为了一体！整个礼教文明，乃是天地澄明，日月光辉，泛舟辟雍，黄鹂相从，八风回旋，凤鸟相鸣的和平景象！人与整个宇宙生命，乘日月之光华，旦复旦兮，同流浃化，创造赓续，生生不已！其清明之治，构成了一幅人与宇宙万物生命交融、弥漫贯通而又光明熙和的欢乐颂歌！

发展到周代文明，其讲天讲道，已提升净化为"无声无臭"、"于穆不已"的纯粹法则存在，而以《六经》教天下：风以动之，教以化之，温柔敦厚的《诗》教；教人而不愚，疏通知远的《书》教；教人而不诬，广博易良的《乐》教；教人而不奢，洁静精微的《易》教；教人而不贼，恭俭

---

① 《管子·五行》。
② 《论语·泰伯》。
③ 《尚书·大禹谟》。
④ 《尚书·皋陶谟》。
⑤ 《尚书·皋陶谟》。
⑥ 《尚书大传》卷1。

庄敬的《礼》教。教人而不繁，其为文明精神，已进入庄敬、和乐、神圣、脱俗的境界。今天，人们不仅可以从当时祭祀活动中的"钟鼓喤喤，磬筦将将"①的礼乐声中感受到一种热烈庄重的氛围，而且读《诗经》中的《周南》、《召南》，更可感到周、召二公实行礼教所培育造就的淑女之德与君子之风。此"先王以是经夫妇，成孝敬，厚人伦，美教化，移风俗"者也，亦周代礼教文明者也。故《毛诗》序说："《周南》、《召南》，正始之道，王化之基。"②

文化是发展的，礼教也是不断进步的。"夏歌《雕墙》，缛于虞代；商、周篇什，丽于夏年。"③中国礼教发展到西周时期，不仅制定出了一套完备的礼教制度，使文王之治，清明熙和，且精神发展，达到了以纯粹道德领悟"维天之命，于穆不已"的存在。惟周之礼教达高度文明状态，孔子才说："周监于二代，郁郁乎文哉！吾从周！"④由此可以看出，礼教并非"吃人"的恶魔，乃是圣人以天道义理为纲纪，为道德法则，使人性通于仁的最高存在，表现为仁的文明形态者也。中国礼教发展到西周，已经是一种高度文明的进步状态，而在此后的两千多年中，有礼教则治，无礼教则乱。正如西方离不开宗教一样，中国也离不开礼教！但礼教文明与宗教文明，则是两种不同的文明类型。要知礼教之大用，礼教文明与宗教文明之不同，是不可不辩的。

---

① 《诗经·周颂·执竞》。
② 《毛诗正义》卷1。
③ 《文心雕龙·通变》，《雕墙》指《尚书·夏书·五子之歌》的"峻宇雕墙"之句。
④ 《论语·八佾》。

第三章　论礼教文明与宗教文明

不论是一个国家、一个民族的文化，还是一个区域的文化，都有它深层的内涵和本质的规定性。它不仅赋予个人、群体以统一的品格，而且整个社会历史的发展及其终极目的，都是受制于其文化所包含的内在目的论的。1935年胡塞尔在"欧洲人的危机与哲学"的演讲中，谈到欧洲精神的本质、来源及与东方文化的差别时说：

> 为了更深刻地理解希腊-欧洲的科学（一般地说，这指的就是哲学）与同等值得注意的东方的"哲学"之间的差异，我们还有必要更细致地考虑在实践上普遍的态度，还要把它当作神话-宗教的态度来解释……神秘的思辨把自己设置为朴素得令人信服的解释，从而转变神话本身。同时，人们的注意力又集中朝向受这种神秘力量支配的日常世界和生活于其中的人（他们自身的存在游移不定，从而也易受神秘因素的影响）。这样的关注深究神秘力量控制世界上的事情的途径，深究它们本身该如何服从这种力量的至高无上的安排的方式，还深究它们通过发起、实行和传达天命来干预个别的职能与职能行使者的方式。然而，所有这些思辨知识都是为人在此世的图谋服务的，是为了使人在此世过上可能的最幸福的生活，是为了防止生活中的病患、不幸、穷困与死亡……对于接受了发端于古代希腊而在近代又得到稳步发展的科学思想方式的教育的某个人来说，如果他评论印度与中国的哲学（天文学、数学）并按照欧洲的方式来解释印度与中国，那则是错误的。[①]

[①] "欧洲人的危机与哲学"（吕祥译），倪梁康编选《胡塞尔选集》下册第946~948页，上海三联书店1997年版。

我们通常说的西方文化，就是指包括英国、美国等在内的"欧洲文化"概念而言的。尽管它有近代发展出来的科学、哲学、政治、经济、技术等，但就其深层的内在本质而言，仍是以基督教为根本思想的宗教文化。他们的知识，他们的思维方式，他们的文化历史内在目的论及社会人生的终极追求，都是和神秘的宗教文化思维联系在一起的，都是让人的注意力集中朝向受神秘力量支配的日常生活世界的：它既关注深究神秘力量控制世界上事情的途径，深究服从这种力量的安排方式，也深究通过何种途径传达天命的干预方式。"所有这些思辨知识都是为人在此世的图谋服务的"，它弥漫渗透到了一切领域，包括社会历史及哲学、科学、文化的各个领域，贯通了欧洲人所有的思维方式与行为方式。因此，欧洲文明本质上乃是一种宗教文明。

西方人或者说欧洲人思考问题、价值追求包括社会人生的终极追求，都是和神秘的宗教文化思维联系在一起的。他们按照这种知识、这种思维方式，解释、评论印度与中国的文化哲学是错误的。同样，如果我们不认识西方文化这种深层内在的本质，去解释、评论西方文化，包括他们的科学、哲学、政治、经济、技术等等，也同样是肤浅的、错误的。

这就涉及精神发展及文明类型问题。只有理解世界各族不同的文化精神发展及文明类型的存在，然后把西方宗教文明和中国礼教文明放在这个大框架下研究思考，才能看出它们不同的本质及未来的历史走向。

一　文明发展类型

一谈到文明类型，就会使人想起两本书：一本是德国人斯宾格勒的《西方的没落》，另一本是英国人汤因比的《历史研究》。前者把人类的文化或文明划分为埃及的、希伯来的、希腊的、罗马的、印度的、中国的等8个类型，后者把人类文化或文明划分为26个类型，认为每一种文化或文明都经历着"起源、生长、衰落、死亡"的历史过程，就像春、夏、秋、冬的更替一样。他们都是为了探索人类文明史发展的自然过程及其历史发展空间范围，以文化或文明类型为最小单位来使用这一概念的。我这里讲文明类型的发展，不是重复这种文化或文明单位的划分，而是要弄清人类不同文明类型的发展及其分期的内在根据究竟是什么。

这自然涉及美国人类学家摩尔根的《古代社会》一书。摩尔根此书对于古代社会的描述，无疑是有贡献的。但此书关于人类由原始、蒙昧、野蛮的社会到文明社会的发展的描述，过多注重外在的东西，如发明、发现、制度、铁器、青铜器与文字使用等。这些文化成就，无疑是人类文明的进步表现及发展状态。没有这些文化成就，人类文明的进步及其发展就无从谈起。但人类蒙昧不蒙昧、野蛮不野蛮、文明不文明，最为根本的还是心性发展及精神处于何种状态的问题。摩尔根虽然也谈"人类的心灵"和"思维能力"，但这些都是通过各种发明和发现所体现的智力发展，而不是对人的心性发展及精神状态本身的描述，相反，关于这种发展与状态本身的描述则是很少的。因此，尽管摩尔根《古代社会》对人类由原始、蒙昧、野蛮社会到文明社会发展的外在描述非常详尽，但他对人类不同文明类型的发展及其分期的内在根据究竟是什么的分析却比较肤浅。

后来一些社会学家、人类学家的著作弥补了这种不足。法国杜尔克姆的《宗教生活的原始形式》（1912）、列维-布吕尔的《原始思维》（1910）、美国路易斯·克鲁伯的《人类学（种族、语言、文化、心理学、史前史）》（1923）、英国马林诺夫斯基的《巫术、科学与宗教》（1925）等书，关于人类心性和原始思维发展的描述就很出色，虽然它们不属于文明发展阶段的描述。我在这里不想详细陈述这些著作的特色与贡献，只是想说，决定或者说支配人类蒙昧不蒙昧、野蛮不野蛮、文明不文明最为根本的规定性的，是人类的心性发展与精神状态，这种心性发展与精神状态集中表现在世界各古老民族的文化精神及其信仰上。基于这样的认识，我们可以把人类不同文明的发展大体上分为原始文明、宗教文明、礼教文明、科教文明这几个阶段与类型。

原始文明属于以原始宗教神话为信仰的文明。古代两河流域的苏美尔、巴比伦、亚述文明，古埃及文明，荷马时期的希腊文明或亚伯拉罕时期的希伯来文明，古印度文明，中国古代伏羲、炎黄时期的文明，以及古代秘鲁文明等，都属于原始文明形态。它们的共同特点，就是以原始的巫术、图腾、神话为信仰，而且是多神教信仰，而不是至上神的一神教信仰。原始文明氏族部落的知识、信仰和精神形态，虽然属于原始神秘思维，但大多创造了字母或开始使用文字，把它们完全视为蒙昧或野蛮人的文化形态是不合适的。因此，我这里称之为原始文明。

宗教文明是一神教信仰的文明。犹太教文明、伊斯兰教文明、罗马基督教文明以及后来的新教文明，都属于宗教文明形态。它们的共同特点是，由多神教发展为一神教，出现了至上神的信仰。从哲学或神学上说，发展为宗教文明的国家、民族，其知识、信仰和精神世界出现了神性形而上学的最高本体存在，不论这种存在是真主，还是逻各斯或上帝，它较之巫术、图腾、神话中诸多的神性存在，在文化形态上都要高级得多。因此，由以巫术、图腾、神话为内容的多神教信仰，发展为至上神一神教信仰，无疑是文化或文明的一种进步。但它较之多神教信仰也出现了一个弱点，那就是它的排外性，即只有我的信仰才是真理，其他的信仰都是歪门邪道。不论是伊斯兰教还是基督教，都有这个问题。

礼教文明就是以天理为教的文明，以天道法则秩序所建立的文明。中国远古时期也有过宗教文明，有过"昊天上帝"、"皇矣上帝"的宗教崇拜与信仰，但随着文化早熟，唐虞之后，中国文化隐退了上帝，代之以"道"或天道本体存在，以此立教，教化天下，开出了新的文明，即礼教文明。这是中国文化所造就的持续几千年的文明。

科教文明是西方以实证科学为教的文明。西方17世纪以后，随着罗马帝国衰败，基督教因内部纷争发生危机，于是进行宗教改革。这场改革不仅使基督教分裂为天主教和新教两派宗教组织，而且因基督教衰退出现了精神危机与信仰空白，兴起了新的宗教，以填补其空白，其中之一就是汤因比所说的"对因科学技术的有组织的应用必然带来社会进步的信仰"①。这种对科学技术的信仰，就是科教文明。孔德在《实证哲学教程》中把人类智力发展划分为神学的、形而上学的和科学实证的三个时期。科教文明就是孔德所说的科学实证阶段的文明。

人类文化的发展是不平衡的。因此，原始文明、宗教文明、礼教文明、科教文明这四种文明类型，虽然大体上可以看出人类文明发展的历程，但它们并不是依次渐进出现的文化类型，同时也不是严格按照摩尔根所说从蒙昧、野蛮到文明的文化阶段发展的，而是显示出了不同文明类型的本质规定性。西方宗教文明和中国礼教文明更是如此。这两种文明在东西方文化历史上是持续最久的，对人的生存影响也是最大的。为了认识理解中国礼教文明在人类文明史上的地位，比较地分析研究一下西方宗教文明和中国礼教文明的不同性质及其大用，是非常必要的。至于西方现代科

---

① 《展望二十一世纪——汤因比与池田大作对话录》第371页，荀春生等译，国际文化出版公司1986年版。

教文明所存在的问题及正在发生的危机，本书将在"科教文明的危机及其出路"一章中研究。

二　西方宗教文明

我曾在《大道运行论》首章说："世界上任何大气象的哲学都是立根于宇宙本体论和价值论建立深厚博大的思想体系的。只有解决了宇宙本体真相和价值本原问题，物的存在才有依托，人的生命与价值才有所本。因此，从古代起，希腊罗马哲学家为了寻求宇宙的本质，一再追问神秘的'逻各斯'是什么；印度哲学家为了那个神圣的'梵'天，曾苦苦地思索、冥想；同样，中国先哲为了彻悟大道之所在，也曾心游太虚，几度在有无之乡生活、求索。不要以为这些哲学家们都是徒劳的，正是他们玄而又玄的思辨和艰苦卓绝的形而上努力，才形成了西方、印度、中国三大文化哲学体系，从而使各自人民的生命和精神有所安顿与寄托。"[①]

但古代希腊罗马哲学玄而又玄的思辨和艰苦卓绝的形而上努力，不等于西方文明，亦不等于西方宗教文明。因为古代希腊罗马哲学，特别是古代希腊哲学，虽然对后来的西方文明有很大影响，但它作为文化哲学，当时尚没有成为欧洲人的思维方式与行为方式；成为欧洲人的思维方式与行为方式，成为支配欧洲文明的精神存在，是通过罗马帝国时期的基督教实现的。因此，西方宗教文明就是基督教文明，从宗教源头上讲，是犹太教与古希腊哲学相结合所发展出来的基督教文明，包括后来的天主教文明、东正教文明与新教文明。

那么，西方的基督教文明是怎样由犹太教文明发展出来的呢？最初，原始基督教乃是原始犹太教众多教派中的一个教派，它的主要教义，就是相信耶稣死后复活升天，降临人间建立"上帝之国"的理想。但原始基督教所以能成为西方宗教文明，成为罗马帝国之后西方国家民族的信仰而成为文明类型，则是和由犹太教发展为基督教的神性形而上学或哲学本体论追求联系在一起的，和基督教神学的发展联系在一起的。而要弄清这一点，就涉及西方宗教教义史或基督教思想史的发展，涉及从保罗（Paul）、奥利根（Origen，又译俄里根）再到奥古斯丁、托马斯·阿奎那等一大批

---

① 《大道运行论》第1页，山东人民出版社1995年版。

基督教神学家、哲学家的思想与著作。详细讲述这些神学或哲学思想的发展自然是不可能的，也不是本书的任务。这里只能简要地讲一讲基督教文明及其所涉及的神学本体论问题，因为这是作为宗教文明的最为根本的问题。

由犹太教文明到基督教文明的发展过程，也就是由《旧约全书》文明发展到《新约全书》文明的过程。它在神学本体论上，就是由犹太教的至上神上帝耶和华，发展为耶稣死而复活的基督。《新约全书》中，耶稣是上帝之子，耶稣是上帝派出的救世主，耶稣死而复活降临上帝之国，耶稣基督之名，即代表上帝之国。基督教文明虽然仍保留着犹太教的至上神上帝，但它发展为基督教，神学本体论则已由上帝中心论变为基督中心论。

将上帝与耶稣联系起来，建立新的神学本体论与信仰体系，为基督教文明做出贡献的神学思想家，不能不说是由希腊文化教养出的犹太人保罗。他能做到这一点，除了他的宗教神学信仰之外，就是他凭着希腊文化修养，将斐洛（J. Philo）、塞涅卡（Seneca）等人的希腊哲学吸收到新的宗教神学中来，赋予至上神上帝以新的存在形式，从而建立起新的神学本体论与信仰体系。据考证，现在保存在《新约全书》中的《罗马书》、《哥林多书前后》、《加拉太书》等，就是保罗所留下的手笔。他把上帝看成是逻各斯（logos）或神性的存在，看成是信仰的存在，即"唯信称义"。理解上帝不能靠知识，而是要靠领悟，靠人的灵性，就是从斐洛哲学来的；而他把上帝视为德性、神恩的存在，要人听从上帝的训诫，就是从塞涅卡哲学来的。这就是保罗基督教神学体系创新的文化哲学源泉，也是他对基督教文明的贡献。

而这发展到奥利根的神学，不仅实现了基督教教义与希腊文化哲学的融合，而且用希腊文化哲学提升了基督教教义，实现了基督教的希腊化。他的《基督教原理》，虽然只剩下了残篇，却是全面讨论上帝的存在、知识与基督教的基本原理的，是其整个神学思想所在：上帝不仅是纯粹、绝对的存在，是"逻各斯"或神的永恒存在，而且是圣父、圣子与圣灵的存在，是至善的崇高形象。救赎就是人按照上帝的召唤被带向完善，亦即人性与神性、与基督合一，成为神圣存在，也就是对堕落的拯救。这就是奥利根完成信仰转变的宗教神学！它不仅实现了基督教教义与希腊文化哲学的融合，而且实现了基督教与罗马帝国的和解：罗马帝国由反对基督教，到君士坦丁大帝于公元 325 年的尼西亚会议，决议承认上帝为圣父、圣子、圣灵三位一体的存在，基督教也就成为罗马帝国国教了。成为国教，意味着基督教成了罗马帝国的主流文化意识。因此，从那时候起，基督教不仅是西方文化的一种思维方式，一种价值模式，也成了一种文明模式，而且成为维护罗马帝国乃至欧洲社会政治秩序的文化力量。西方宗教文明，就是希腊化的基督教文明。

基督教成为罗马帝国国教以后，基督教教规不仅成了强制的宗教制度，成了信仰的最高存在与思维方式，而且从5世纪末到10世纪末，基督教文明在欧洲得到了广泛的传播：西欧建立起了修道院，撒克逊王朝时期，基督教将势力扩张到丹麦、挪威、匈牙利和南斯拉夫地区，10世纪下半叶传播到北欧和中欧。这广大地区都是接受基督教信仰与文明教育的，而且持续时间很长，如罗马教皇在意大利中部所建立的教皇国，持续了1100多年。基督教11世纪后分裂为天主教与东正教，以拜占庭为首都的东罗马帝国，则持续了1000年左右的时间。由此可知，基督教在西方怎样成为占主导地位的文明模式了。

基督教的这种文明模式，在欧洲中世纪经过奥古斯丁、托马斯·阿奎那两位神学家在知识论和本体论上的阐释与提升，得到了加强。奥古斯丁是西方拉丁语系的神父，是中世纪欧洲最有影响的神学家。他不仅从原罪论出发，把人性看成是恶的，把基督教描述为对堕落进行拯救的神学，而且从预定论出发，认为人得以拯救或不得拯救，全在于上帝的神恩。他的《上帝之城》，就是一部以人性堕落与上帝拯救为中心的历史神学，或者说是对人类史的神学解释。核心思想是人的原罪、人性之恶以及拯救或不得拯救的神恩思想。在他那里，不光是罪恶的拯救靠上帝的恩典，就连人获得自由，也靠神恩，靠上帝启示与引导。奥古斯丁的这种人类史的神学思考，不仅揭示了人类历史上恶欲膨胀、精神堕落、权力厮杀、拯救与毁灭不断冲突的深层本质，也使人的精神世界及其信仰获得了神学本体论根据，特别是他关于圣父、圣子、圣灵三位一体的新概念与神学思辨：圣父在圣子中认识自己，圣子则在圣父中认识自己，把上帝推为神圣、荣耀、庄严的惟一存在，强化了中世纪人们对基督教的信仰。而托马斯·阿奎那则用经院哲学赋予这种信仰更加理性的思维形式。他的《反异教大全》、《神学大全》，不仅使基督教的信仰成为哲学与神学的真理，而且规定了信仰与理性之间的新关系：一切来源于上帝的启示。阿奎那继奥古斯丁之后，又一次创立了他那个时代宏大的神学体系，巩固了基督教文明在西方西方宗教文明，就是这样由犹太教不断沿着希腊文化哲学一步步发展起来的，而支撑这种文明的精神与信仰的，主要是从保罗、奥利根到奥古斯丁、托马斯·阿奎那等基督教神学家的思想。自然，基督教能成为西方宗教文明，而不是别种文明，并不是几个宗教神学家的事，而是整个欧洲文化20多个世纪长期持续发展积累的结果，是这种发展积累在精神、信仰与思维方式等方面所形成的价值定势或模式，而且这种定势或模式一旦形成以后是很难改变的。西方15、16世纪的文艺复兴，17、18世纪的启蒙运动，那么大规模地反对宗教神学统治，主张人性的解放，最终都没有改变欧洲基督教文明的信仰、信念与思维方式，没有改变基督教文明的根本精神。尼采像狂人一样呐喊着要"杀死上帝"，基督教的上帝依然存在。西方19世纪以来发展起了实证科学，但当现代科学家寻求支配量子力学背后的存在时，仍然在思考"逻各斯"或神的存在。由此可知，西方是怎样离不开他们文化的宗教文明，离不开宗教文明的信仰、信念与思维方式了。但这是与中国礼教文明的信仰、信念与思维方式不同的。

三　中国礼教文明

中国远古时期也有过宗教文明。《诗》、《书》所讲"昊天上帝"或"皇矣上帝"，就是对上天皓旰光明的宗教崇拜。今天的人们乘坐飞机，在9000米之上的高空向外看，没有乌云，没有尘埃，没有污泥，没有浊水，没有尘世的喧闹，没有人性的腐败与堕落，有的只是一片皇皇光明的世界！那就是《诗》、《书》所讲"昊天上帝"、"皇矣上帝"的世界，就是生活在远古宗教文明时期人们所想象、憧憬的世界。讲"昊天上帝"、"皇矣上帝"，乃是远古时期的文化遗存。

然而中国文化是早熟的。当世界其他民族尚处于图腾、巫术、神话一类的原始宗教崇拜信仰时期，中国文化哲学已将天道形而上学本体，发展为"惟精惟一"的存在；在信仰信念与精神生活上，已经讲"慎厥身，修思永"，讲"日宣三德，夙夜浚明有家；日严祗敬六德，亮采有邦"；讲"天工人其代之"；讲"天叙有典"、"天秩有礼"[①]，以礼教文明取代宗教

---

① 《尚书·皋陶谟》。

文明了。

什么是礼教文明？礼教文明就是前面所讲"修道之谓教"的文明，以道安身立命的文明，仁义礼智之教的文明，或者说是以天理教化天下的文明，以及由此发展出来的一整套人性教典与文化制度。由此可以看出，礼教文明在信仰、信念与思维方式上，在文化根本精神上，是不同于宗教文明的。自然，要真正弄懂礼教文明，还涉及知识论、本体论、形而上学与最高价值论问题。

礼者，理也。中国礼教文明，以天理教化天下，其所谓"理"者，并非在物理学上讲的，而是在形上天道义理上讲的。因此，它在知识论上，并不是物的知识，不是知觉对着感官材料所获得的知识，而是物物而不物于物所获得的知识，是古代圣贤明哲面对着宇宙法则秩序，以极高的知性与悟性，玄感万物，观天地之统，察万物之性，达生死之变，所获得的万生万化的宇宙奥秘，或者说，是先祖先王以灵明之心达于天地万物玄妙万化之境，所获得的玄微之道或神妙之理。因此，其为理也，其为道也，乃是至精至神至妙的存在。宇宙万物，非理不通；幽冥几微，非理不显。天地间，物物而不物于物，逍然而不我待者，此道也；玄感不疾而速，遥然而无所不为者，此理也。它构成了宇宙法则，构成了万物生化原理，故其为宇宙万物的本体存在。此中国文化称之为天道或天理者也，以其周流宇宙、贯通万物而言之，谓之大道。这就是中国礼教的知识论、本体论、形而上学与最高价值论，是整个礼教以立性命之理者也。

中国礼教的知识论、本体论、形而上学与最高价值论是统一的，说来说去，无非是天道义理，无非是"道"的形而上学存在，无非是宇宙的相续之理。知此道此理者，穷神知化，就是最高知识论；以此为万物所出者，就是本体论，就是道体形而上学；以此为知觉主宰处，为性命之理，建立信仰、信念和精神世界，就是最高价值论与道德形而上学。这就是中国礼教文明"为天地立心，为生民立命，为往圣继绝学，为万世开太平"者，几千年来立于世、垂于教而使华夏民族生生不息者。

这是因为，中国礼教的"道"，中国礼教的天理，不是虚假的价值设定，不是彼岸世界的上帝，而是一阴一阳之道的纯粹法则，是无物不然、万物一然的存在，是"恢恑憰怪，道通为一"[①]者。故曰"惟精惟一"。

[①] 《庄子·齐物论》。

因此，中国文化以道设教的最高法则，以天理教化天下者，虽然至精至神，已不是宗教的至上神存在，而是实有是理的存在，真实无妄之理的存在。而其曰神者，阴阳不测言之也；曰至精至神者，无极而太极，"寂然不动，感而遂通"而言之也；曰神妙者，生化无声，生动灵性，妙万物而言之也。中国礼教就是以此天道义理立教，教化天下，使其知觉主宰处，以为性命之理而安身立命的。此中国礼教文明不同于西方宗教文明者也。

自然，礼教文明的知识论、本体论、形而上学与最高价值论，一开始并没有这么纯粹，还没有完全以"惟精惟一"、纯粹至正的天道为最高本体存在，它在信仰上还是保留着上帝与多神存在的。帝舜接管权力，受终于文祖，"类于上帝，禋于六宗，望于山川，遍于群神"①，就是当时保留着上帝及多神信仰的证明。"类于上帝"，就是摄政一类的事要祭告皇天上帝；同时，这类事还要祭告四时、寒暑、日、月、星、辰及名山、大川、五岳、四渎诸多神明。当时，能够以灵明之心，知觉天道本体的"惟精惟一"存在的，只是纯粹理性直觉发展起来的少数知识上层，一般人还是不能理解的。故孔子说："大哉尧之为君也！巍巍乎！唯天为大，唯尧则之，荡荡乎，民无能名焉。"②"民无能名焉"，就是一般人对形上"惟精惟一"的天道本体，还知识不到、意识不到，还不能领悟、理解其纯粹精妙的存在。但这发展到周代讲"上天之载，无声无臭"③、"维天之命，于穆不已"④ 就大不一样了，特别是发展到晚周，老子讲道"象帝之先"⑤；庄子讲道"自本自根，未有天地，自古以固存；神鬼神帝，生天生地；在太极之先而不为高，在六极之下而不为深，先天地生而不为久，长于上古而不为老"⑥ 等，其为形上之"道"，已不是上帝的人格神存在，而是"道"的先验论、本体论、纯粹形而上学存在了。以道体为纯粹形而上学存在，为"无声无臭"、"于穆不已"的存在，以此立教，讲"穆穆文王，于缉

---

① 《尚书·舜典》。
② 《论语·泰伯》。
③ 《诗经·大雅·文王》。
④ 《诗经·周颂·维天之命》。
⑤ 《老子》第 4 章。
⑥ 《庄子·大宗师》。

熙敬止"①,"文王之德之纯,假以溢我,我其收之"②,才是礼教的纯粹的道德精神。

虽然中国礼教文明开始时并没有那么纯粹,在信仰上还保留着上帝及多神存在,但它毕竟隐退了上帝,以天道义理立教,开出了人类文明的新篇章,把人类文明推到了一个新的高级阶段。

四 礼教是高级阶段文明

如果将人类文明的发展划分为原始文明、宗教文明、礼教文明、科教文明这四种类型或相续发展的四个阶段的话,那么,礼教文明则属于人类文明的高级阶段。它相对于宗教文明,不论是知识论、本体论,还是形而上学、最高价值论,都有许多不同特点。

首先是作为信仰的形而上学存在不同。西方宗教文明,由犹太教的至上神上帝耶和华,发展为基督教中死而复活的耶稣,不论基督教神学家怎样解释上帝,解释基督耶稣,解释为"逻各斯"或神的永恒存在也好,圣父、圣子与圣灵三位一体的存在也好,基本上是以神性形而上学建立信仰信念的;即使现代神学家、哲学家把上帝的存在解释为"内在的激情"(如克尔凯戈尔)、"终极的关怀"、"存在的理由"、"存在的存在"或"绝对的存在"(如保罗·蒂利希),但上帝或基督耶稣终究是神性形而上学存在,而不是形而上学的纯粹法则。过去常把西方的"逻各斯"(logos)译为"道",把西方神学称之为"道的神学"或"道的基督论",但不管怎样翻译解释基督教的上帝或基督耶稣的存在,即使把上帝或耶稣基督变为宇宙空间位格的存在,它都不是中国文化的"道",而仍然是神性形而上学存在。而中国文化的"道",不论是讲"一阴一阳之谓道",还是讲"阴阳不测之谓神"③,它都是在生化万物的阴阳法则上讲的。它去芜去杂,去此去彼,去掉一切具体时空的存在,提升为纯粹的"一阴一阳"之道,提升为"道"的纯粹法则,这就是"惟精惟一"的存在,"无极而太极"的存在,"皇极"大中之道的存在。宇宙万物,皆是以此"皇极"大

---

① 《诗经·大雅·文王》。
② 《诗经·周颂·维天之命》。
③ 《周易·系辞上传》。

中之道,"会其有极,归其有极"①的,"大曰逝,逝曰远,远曰反"②。它虽"寂然不动",但却"感而遂通"。中国人的信仰,中华民族的信仰,都是以此道体形而上学存在建立起来的。不论它怎样至精至神至妙,怎样神妙万物而言之,都不是基督耶稣,不是上帝或"逻各斯"的神性形而上学存在,而是中国文化的"道"的纯法则。中国礼教文明把人类的信仰提升到了一个至真至纯的阶段。

从知识论与本体论上说,中国礼教文明,乃是立于穷神知化的最高知识、阴阳化育的宇宙原理。"一阴一阳"之道,并非一个形下概念,而是一个化生万物的纯法则,一个宇宙原理。天地万物,不管多么神异的东西,多么不可思议的东西,皆是由此道创造出来的。它于形而下处说,无处不阴,无处不阳,无处不是阴阳两两而立、相对而出;而往上则可提升为"惟精惟一"的存在,"无极而太极"的存在,待其动而生阳,静而生阴,阴阳互为其根,无处不生化,无处不是此道流行,无处不是"道通为一"的存在。因此,中国以天道立教者,乃是周流宇宙、贯通万物的最高法则。这种法则不是基督教上帝创造万物的神话,不是普罗提诺(Plotinus)从"太一"或神秘的"精神实体"流出"理性",流出"世界灵魂"的"流溢说",而是天地之道、乾坤之理,是化育万物的宇宙法则与无妄之理。它至大无外,至小无内。宇宙万物,理也,性也,命也,无物不然。万物一然,无不是一阴一阳之道的存在,无不是此道的化育原理。中国古代圣贤明哲"观乎天文以察时变,关乎人文以化成天下"③,以"无极而太极"为最高本体,创造了一个自然知识和人文知识的完备体系,并且在知识论与本体论上达到了高度统一。中国礼教文明知识论与本体论的无妄发展,达到了西方宗教文明所没有达到的高度。

正因为礼教文明在知识论与本体论上属真实无妄之理,所以由它引申出的价值理想、信仰、信念才是真实的,而不是虚幻的或乌托邦式的。西方宗教文明一开始,就想从基督教神学信仰中建立起一个以人的拯救为中心的世界秩序与和谐美好的社会。但无论是保罗通过耶稣基督达到上帝之国,还是奥利根对《新旧约》所作的基督普世主义解释,皆是以宗教信仰

---

① 《尚书·洪范》。
② 《老子》第 25 章。
③ 《周易·象上传》。

为出发点引申出来的,或者说是以上帝为中心所展示的普世文化情怀。发展到奥古斯丁的历史神学,其为政治理想,则变成了在上帝指引下奔向《上帝之城》;而发展到17、18世纪的启蒙运动、19世纪的空想社会主义,就是把彼岸上帝的天国理想落实到世俗社会,或者说在地上建立天国,建立基督化的上帝之都。凡此理想国度,皆是以上帝的信仰建立起来的。它虽然吸引人,让人称颂和向往,但却是永远没有终点的,因为它是没法实现的价值设定,带有虚幻的乌托邦性质。与此不同,中国礼教文明从"皇极"大中之道出发,从天地之道的"无不兼覆,无不兼载"出发,引出了"天下为公"①的政治理想,引出了"民之所欲,天必从之"②、"德惟善政,政在养民"③、"天工人其代之"④的为治之道。凡此礼教文明的政治理想及为治之道,皆是由天道法则秩序及其真实无妄之理引申出来的,而不是依赖于对上帝的信仰及其价值设定。

礼教文明不仅由天道法则秩序引出了政治理想及为治之道,而且还由此发展出了一套政治文化制度。一部《周礼》,即《周官书》,就是由天道法则秩序发展起来的一套完备的政治体制与文化制度。所谓"惟王建国,以辨方正位,体国经野,设官分职,以为民极,乃立天官冢宰,使帅其属而掌邦治,以佐王均邦国"⑤云云,即是讲天官冢宰之设立,其他如地官司徒、春官宗伯、夏官司马、秋官司寇的官职及其体制,也无不是以此法则秩序设置的。不仅周朝的政治体制是这样,唐、虞、夏商周三代的政治体制与文化制度,也无不如此。帝舜讲"璇玑玉衡,以齐七政"⑥;大禹讲"地平天成,六府三事允治,万世永赖"⑦;皋陶讲"天叙有典,天秩有礼"、"无旷庶官,天工人其代之"⑧等,皆是由天道法则秩序引出政治制度的。《礼记·王制》所说的六礼、七教、

---

① 《礼记·礼运》。
② 《尚书·泰誓上》。
③ 《尚书·大禹谟》。
④ 《尚书·皋陶谟》。
⑤ 《周礼·天官冢宰第一》。
⑥ 《尚书·舜典》。
⑦ 《尚书·大禹谟》。
⑧ 《尚书·皋陶谟》。

八政①诸多礼教制度，亦是三代时期源于天道法则秩序的。凡此礼教文明由天道法则秩序引出政治体制与文化制度，较之宗教文明由上帝的权威与诫命引出人人必须服从的庞大的教阶体制，都要合乎理性得多。近现代以来，西方虽极力想将天国的理想落实到世俗社会，但至今并没有找到通向天国的道路，也没有建立起实现理想的制度。

由上可以看出，中国礼教文明，虽然最初起于宗教文明，然它在文化发展阶段上讲，则是高于宗教文明、胜于宗教文明的。因此，礼教文明在中国文化史上具有独特的历史地位。

五　礼教兴起的历史地位

中国文化历史，自从隐退了上帝之后，几千年的治理，主要不是靠宗教，而是靠礼教。那么，中国的礼教为什么能够维持几千年的政治呢？它以怎样不同于宗教文明的教理，解决并维系了自然与精神、文化与历史、信仰与知识、人性与形上存在的关系呢？

这首先是礼教文明隐退上帝之后，以道体形而上学建立了一个"范围天地之化而不过，曲成万物而不遗"的广大悉备的知识系统。这个知识系统，就是"一阴一阳之谓道"的全体大用：此道是统宗天地万物者，是建性命之学、尽性命之理者；天人相接相续，万物性命所出流行，莫不出于此道，莫不继得此理。它显而微，藏而著，周流宇宙，贯通万物，生机弥漫，生化无穷。故曰"继之者善也，成之者性也"。圣人以此为教，以此广大悉备的知识系统，推万物之理，尽万物之性，化成天下，日日一新，而成盛德富有之大业！此即道"显诸仁，藏诸用，鼓万物而不与圣人同忧，盛德大业至矣哉"②者也。中国几千年来开物成务、通志定业，中华民族几千年生生不息、绵延不穷，无不得益于此道，得益于此道广大悉备的知识系统。这是任何宗教文明的知识所无法相比的。

礼教文明不仅为中华民族的开物成务建立了广大悉备的知识系统，也以天道的最高存在，理性地解决了信仰信念问题。一阴一阳之道，乃生生

---

① 《礼记·王制》记载说，六礼：冠、昏、丧、祭、乡、相见；七教：父子、兄弟、夫妇、君臣、长幼、朋友、宾客；八政：饮食、衣服、事为、异别、度、量、数、制。

② 《周易·系辞上传》。

之道，性命之理；人"继之者善，成之者性"，乃人性之全体：四端之萌，知几知微，无不原乎此道、本乎此道。故人生悟得此道，尽其性而通乎天；率性而为，循此道也；修道为教，知善恶之理，吉凶祸福之所在；守其太极至精至神的存在，寂然不动，极其变而不失其真，则无物不可用，无事不可为。此即圣人知变化之道，极深而研几，以其至精至神的存在，以通天下之志，以定天下之业，以断天下之疑，以解天下之惑者也。这一切都是建立在天道至理基础上的，是以道体最高知识为根据的，而非源自宗教性的神秘领悟。虽然西方宗教文明也想以知识建立理性的信仰，如托马斯·阿奎那借助亚里士多德的形而上学和知识论，以建立理性的神学，但其所谓的知识，只是"从上帝自己的视野并通过《圣经》的灵感启示所认识的"①。因此，它不属于自然知识，而是属于从信仰所获得的超自然知识；而其知识理性，乃是上帝赋予人信仰的合理性，并不是可通变化裁、道济天下的知识。即使西方当代神学家试图将现代科学纳入神学系统，如施莱尔马赫，但那也不过是用科学知识理解、实证上帝的无限永恒存在，而不是既可范围天地之化，又可建立理性信仰的知识系统。中国礼教文明的道体形而上学及其最高知识系统，虽然其至精至神的存在也需要悟性，但它却是真实无妄之理，是实有是理的存在。因此，对它的理解并不是宗教性的神秘领悟，而是凭着理性直觉（良知），去把握那化生宇宙万物的天道本体及其独立不改、周行不殆的存在。用程明道的话说，就是理解领悟"天地之间，亭亭当当，直上直下之正理"②。几千年来，虽然理解领悟这种正理的人并不普遍，并没有普及所有老百姓，但有了礼教文明，它至少在中国知识上层还是持续保持其存在的。知识上层作为社会中坚，持续保持其天道正理，就保证了中华民族几千年信仰信念的合理性，而不陷入宗教狂热的非理性。

正因为中国礼教文明的信仰是建立在道体知识理性基础上的，所以几千年来中华民族主要是修道为教，知几知微，以道德诚明，涵养扩充自我的先天道德本性，不断大化自己、提升自己、净化自己，使精神世界高尚清明的，而不是靠上帝拯救人堕落的灵魂的。西方宗教文明是立于人的原

---

① 〔德〕汉斯·昆著《基督教大思想家》第101页，包利民译，社科文献出版社2001年版。
② 《河南程氏遗书》卷11。

罪基础上的，一部基督教史就是一部上帝的拯救史，拯救人的灵魂的历史。虽然由犹太教的生命拯救上升为灵魂拯救，也很感人，但其宗教职能，仍然是上帝基督耶稣赋予人以力量、安慰与欢乐，而不是人尽心尽性的自诚明于道。中国礼教文明是立于"天命之谓性"基础上的，是以天道的纯粹至正法则为性命之理的，故曰"天生烝民，好是懿德"①。其讲"修道之谓教"，是以"好是懿德"的本性为出发点的，人之率性而为，只是循此道而已。涵养者，是此性也；扩充者，是此性也；大化提升者，亦是此性也。虽然人的气之质有阴阳、清浊、善恶，然几微之动，一念善恶，即以良知之心、灵明的天道法则而纯粹之、至正之，使自我于慎独中保持内心的清明境界，而不是灵魂堕落之后的拯救。虽然在礼教文明下，人也有堕落甚至走向犯罪的，但那只是积恶而不知慎独的结果。礼教文明是以道德修养提升净化人的精神世界，而不是靠宗教的上帝来拯救已经堕落的灵魂，故其保证了中华民族几千年精神世界的纯正。此中华民族"自天子以至庶人，一是皆以修身为本"②者也。

中国礼教文明以道立教，于形而上学处讲，它虽是至精至神、纯粹至正、惟精惟一的最高信仰，但它作为万物本体，并不是存在于彼岸世界的，而是周流宇宙、贯通万物的。因此，大道旷荡，无处不是阳抱阴合，无处不是生化之机！中国文化有了一阴一阳之道，什么都可以生化出来，什么都可以创造出来！宇宙之内，天地之间，无处不是生机，无处不是造化，不论是仙子仙兽、仙介仙麟，还是鬼狐蛇妖、神异精灵，无不灵性奇俊，无不活泼机趣，无不充满生命精神！因此，中国礼教文明，虽有"皇极"大中之道的最高信仰，然它并不是西方宗教文明的一神论，而是颇具泛神论性质。古代郊祭天，同时蜡祭先啬、司啬、农、邮表畷、猫虎、坊、水庸、昆虫八神，就是属于泛神论信仰。帝舜摄政祭告皇天上帝，同时祭告四时、寒暑、日、月、星、辰及名山、大川、五岳、四渎诸多神明，也属于泛神论信仰。这种泛神论信仰，乃是远古文化遗存，它发展为礼教，已不是图腾、巫术一类的低级形态，而是赋予了它以生命精神，属于大化流行的生命精神存在。因此，中国礼教文明的信仰，与西方宗教的惟一神信仰是不同的。西方宗教文明，从奥利根到奥古斯丁，不仅以上帝

---

① 《诗经·大雅·烝民》。

② 《大学》首章。

拯救为中心描述人类发展史,而且以此开出了欧洲大陆世界史观,发展出一种"欧洲中心主义"。由于这种信仰与史观有很强的排他性,所以欧洲历史上总是宗教战争不断。中国礼教文明则不是这样的,它有很强的兼容性:不仅其他民族"来中国则中国之",而且在信仰上也不排斥其他信仰。故中国几千年文化历史上,虽然不同民族在信仰上有差异,由于礼教信仰有兼容性,所以并没有发生西方那样的宗教战争。

中国礼教文明和西方宗教文明的存在与发展,虽然都经历过漫长的文化历史时期,但中国礼教文明较之西方宗教文明,历史要悠久得多。不要说把它追溯到伏羲、炎黄时期,即使从唐虞时代算起,也有4300多年了;而且礼教文明是以"道"的本体论、形而上学、价值论与纯粹知识论为文化哲学支撑的,特别是经过周公制礼作乐,以《诗》、《书》、《礼》、《乐》教化天下,更使之成了一种宏大完备的文明类型与价值体系。它不仅造就了周代"郁郁乎文哉"的文明国度,而且为中国三代之后的政治提供了最高教理。几千年来,中华民族"和顺于道德而理于义,穷理尽性而至于命"①,莫不凭此教理而行天下。

程子说:"学莫大于致知,养心莫大于礼义。"② 礼教文明虽于近现代遭到了极大毁弃,然它相对于今天的科教文明危机,其致知也、养心也,皆是极具深刻的文化哲学意义的。

---

① 《周易·说卦传》。
② 《河南程氏遗书》卷17。

第四章　科教文明的危机与出路

任何一种理论，一种学说，皆是建立在一定的知识论基础上的。文明类型的产生也是这样。因此，理论成立不成立，学说站得住站不住，文明类型的发展有何优势与弊端，皆可以追溯到其知识论的产生与发展，包括知识结构与获得方式等。自然，这种知识的获得，特别是奠定文明类型的知识，是与一定历史时期的社会思潮、价值追求趋势相关的，与不同历史阶段的民族文化发展联系在一起的。

正因为知识论如此重要，所以中国礼教文明特别重视致知，不论是讲修齐治平，还是讲正心诚意，无不是把格物致知放在重要位置。惟格物致知，才能明明德，止于至善，才能修身、正心、诚意，也才能齐家、治国、平天下，而不至于陷入危机。

但止于至善的知识，不是物的知识，不是知觉对着感官材料所获得的知识，而是物物而不物于物的知识，是仰观俯察、以身体物，通神明之德，类万物之情的知识。是贞观天地之道，贞明日月之行，变而不易，所获得的至正大常的知识。是玄感万物，至德内充，足以胜吉凶而建大业的知识。是知照天地、混同万物、大齐万境的知识，是知天知人、与造化同功、驾驭群品所获得的至知盛知。这种知识，用孔子的话说，就是"穷神知化，德之盛也"①。神者，化道之妙也；化者，化道神妙无迹者也；德者，得也，得此知识，能达穷神知化境界，就是最为盛大的知识，亦圣人之德所以盛大而不惑者。

这样的知识，岂是知觉对着感官材料格物所能获得的？这就像对着竹子格物不能获得天道义理一样。要获得天人的至知盛知，获得万生万化的大全知识，获得阴阳大化的宇宙原理，并且达到"穷神知化"境界，仅仅

---

① 《周易·系辞下传》。

靠知觉对着感官材料格物是不能获得的。然而科教文明的知识恰恰是这样的，是知觉从封闭的感官材料中获得的。这就造成了科教文明的两大坎陷，因而也就造成了科教文明的危机。

一　科教文明的两大坎陷

西方科教文明的兴起，远在16、17世纪英国设立各种类型的科学研究院就已经开始，但它作为一种文明形态出现，应该说是以孔德于19世纪30年代出版《实证哲学教程》，把人类智力发展划分为神学的、形而上学的和科学实证的三个历史时期为标志的。英国设立各种科学研究院，如"自然奥秘学院"、"西芒托学院"等，是基于文艺复兴时期关于宗教神学争论所引发的社会矛盾，热心自然哲学的人想通过对自然知识的关心把神学引向科学，把宗教与政治的纠纷引向科学技术的发展。但他们对科学进步的信仰，是盲目的、缺乏伦理判断的。诚如汤因比所说："因使用方法不同，它可以成为善的东西，也可以成为恶的东西。"[①] 当1945年科学发现原子结构并将其分裂可释放出巨大能量，用技术制造出两颗原子弹投放到广岛、长崎时，科教文明的信仰也就被动摇了；孔德所宣布的以实证科学为根本标志的显赫新时代，也就暴露出它的弱点、缺陷与严重不足了。

应该承认，科学技术的发展，还是给人类文明带来了巨大进步的。如电磁波的数学研究带来了无线电报与无线电话；微生物的发现在工业、医药等方面取得了极大成就；豌豆遗传实验给植物栽培及小麦和其他谷类品种的改良开辟了新路；基因的发现开辟了生命科学研究领域；量子物理学的发展打破了生硬僵化的"物质"概念；氨、氮和氢在各种温度、压力下平衡，利用催化剂可以从空气中制成氨的化学研究，在工业和军事应用上取得了很大成就等等。凡此科学技术的突飞猛进与长足发展，都说明它给人类文明带来的巨大进步并不是虚假的。

但西方近现代以实证科学为根本内容的科教文明，知识上存在着两大坎陷：第一大坎陷是科学知识主要是在封闭条件下获得的，属于封闭性的知识系统。如量子力学关于原子结构的知识是在封闭的旋转加速器里，用

[①] 《展望二十一世纪——汤因比与池田大作对话录》第373页。

高能量轰击、撞击原子，使其高速运动而获得的；其他像光谱的知识、化学元素的知识以及生物学的知识、心理学的知识等等，也大都是在封闭的条件下获得的。这些在封闭条件下获得的知识，经过数学计算，制定出各种模型，变得愈来愈精巧细致。因为可以操作使用，具有很强的工具合理性。但这些在封闭条件下的原子运动、光谱移动、元素变化及生物分子与心理活动，若放到开放的环境中，放到非封闭的条件下，是否还能产生那样的反应，就未必了。因此，现代实证科学所获得的知识，只是封闭的知识，是粗暴干涉生物物理的自然结构与本然存在所获得的封闭知识系统。建立在这种知识上的实证科学，只不过是为"我们发明的一些工具，用来把我们已经知道的知识用一种简明合用的方式表述出来"；它"只能阐明实在的某几个方面，只能绘出平面的图形，作为自然模型的轮廓"，而若用以表达世界真实的存在，并"不能够达到完全的成功"①。这种封闭条件下所获得的知识，不管怎样精致，具有怎样的工具合理性，它都是有限的知识、封闭的知识体系，而不是外部世界广大悉备的知识系统。这就是实证科学所支撑起来的科教文明的第一大坎陷。

它的第二大坎陷就是胡塞尔所说的"人生的根本问题上，实证科学对我们什么也没有说"②，即实证科学不富有人生意义，或者说，以实证科学为根本内容的科教文明，没有解决人生意义问题。西方十七世纪的科学家与哲学家，都是从基督教的观点观察世界的。然以实证科学为根本内容的科教文明的发展，不仅走向了科学与宗教观念相悖的道路，而且使人的存在完全失去了意义。这种发展，最初表现为哥白尼与牛顿以机械论解释天体现象，发展到拉普拉斯，认为只要知道组成宇宙的各种质量的瞬刻构形与速度，就可以算出宇宙整个过去与将来的历史；及至发展到现代实证科学，不仅原子世界变成了可以用感官随意构成的模型，而且整个宇宙按照热力学第二定律将走向死寂，变为黑洞洞的存在，而不具任何人生意义。这种没有意义的死寂宇宙观，在科学家与哲学家那里得到了普遍确认与描述，如霍金认为，我们生存的宇宙将依此而坍缩，那时，人们将由于太阳

---

① 〔英〕W. C. 丹皮尔著《科学史及其与哲学和宗教的关系》第 635~636 页，商务印书馆 1975 年版。
② 〔德〕胡塞尔著"欧洲科学的危机与先验现象学"，《胡塞尔选集》下第 982 页，上海三联书店 1997 年版。

系的熄灭而死亡殆尽①；英国物理学家、天文学家秦斯（Jeans，Sir James Hopwood，又译金斯）认为，宇宙演化的终局，"将无日光，也无星光，只有辐射的一道冷辉，均匀地扩散在空间"②；而罗素更认为，"古往今来所有的努力，所有的奉献，所有的灵感，所有的人类心目中的天才，都注定要在太阳系的无涯灭亡中灭绝。而整个人类成就的殿堂，必然不可避免地被埋葬在毁灭的宇宙碎尘下"③。科教文明使人面对的永远只是生物物理事实，只是冷酷无情的物质世界，而没有任何人生意义。

坎陷即失落，即塌陷，即过失，即失道而进退不得，亦即理过极而陷入困难险阻的境地。实证科教文明之坎陷，即其理悖于大道，不能亨通而陷入悖谬之中。实证科学的发展，不仅给一般思想界带来了不一致性，也使科学自身所根据的基本物理概念发生了动摇。因此，丹皮尔认为："科学上的决定论已告崩溃，已在保护它的能力的堡垒内部——原子的内部结构中——崩溃了。"④ 科学与哲学崩溃了，以实证科学及其哲学支撑起来的科教文明，还能不发生危机吗？

二　两大坎陷与两大危机

一个时代的危机，尽管可以从各方面找原因，但归根结底是支配那个时代的哲学出了问题。因为只有哲学，才是支配一个时代的文化历史内在的深层动因，支配一个时代的人们行动起来或放弃行动的最终根据。成也萧何，败也萧何。哲学对于文化历史的深层价值，就是如此！

现在这个危机那个危机，说到底就是两大危机：一种是自然危机，一种是精神危机。土地污染、湖河污染、空气污染、生态破坏、气候失常等，属于自然危机；而政治危机、社会危机、信仰危机、信念危机、伦理

---

① 〔英〕史蒂芬·霍金著《时间简史》第54页，许明贤、吴忠超译，湖南科学技术出版社1996年版。
② 丹皮尔著《科学史及其与哲学和宗教的关系》第630页引，李珩译，商务印书馆1989年版。
③ 罗素著《一个自由人的崇拜》，《罗素文集》第2卷第39页，靳建国等译，内蒙古人民出版社1997年版。
④ 丹皮尔著《科学史及其与哲学和宗教的关系》第622页。

悖逆、道德沦丧等，则属于精神危机。两大危机也存在于中国，且已经危及人的生存及国家民族的兴废存亡！

那么，这两大危机是怎样造成的呢？就不同国家民族而言，各有各的原因。就中国而言，则有急功近利、好大喜功及种种非理性的追求诸多原因，然而站在一个世界立场，一种人类文明发展的立场，或将其提升到大中之道，站在人类道路失之于偏颇的立场来看，则是西方科教文明流行于世造成的，是实证科学所支撑的科教文明的两大坎陷造成的。

首先是科教文明以坎陷的封闭知识系统，粗暴干涉生物物理的自然结构与本然存在，制造不可生、不可化元素，打破生态平衡造成的。实证科学在封闭条件下，粗暴干涉生物物理的自然结构与本然存在，虽然获得了一些新元素，填补了元素周期表的空缺，但通过原子排列方向与不同性质的组合以及改变生物基因结构，人为地制造了各种合成的生物物理元素，包括合金、无机物与有机物。这些人造元素本不应该放到自然界，放到生生化化的大自然之开放系统中，然而在科教文明的鼓噪下，人们出于急功近利、好大喜功及种种非理性的功利目的，在大规模工业开发、化工生产及农业技术应用中，这些人为合成的元素作为污染物，日夜不息地被排放到了自然界，排放到了开放的大自然系统。这个大自然系统，本来天地若大烘炉，往者过，来者化，大化流行，浩荡不息，没有化不了的；但是，现在这些人造的元素，在元素周期表中是没有的，因此是化不了的，至少是暂时化不了的，如核废料埋到地下几千年都化不了。这样，排放到大自然系统的这些人造元素，因其不能与天地万物同流合化，就打破了整个生态系统的平衡。现在土地污染、湖河污染、空气污染等，实际上就是这种生态系统被破坏造成的。生态危机，实际上是自然危机，是科教文明鼓噪的科学技术应用所造成的生态系统破坏所带来的整个大自然系统的危机！

科教文明不仅以坎陷的封闭知识系统，粗暴干涉生物物理的自然结构与本然存在，制造不可生、不可化元素，打破生态平衡，造成自然危机，更以其实证科学追求物的感官实在，造成人生意义的失落与坎陷，从而导致社会人的精神危机。科教文明本来是因反对宗教文明、反对神性形而上学而产生的，因此，尽管科教文明也制造新的形而上学，如进化论于19世纪不仅制造了一个思潮，还以其原理制造了一个自然选择进化、由低级到高级的新神话，但总的来说，科教文明是反对哲学、神学的形而上学存在的。如果说西方在17、18世纪笛卡尔、洛克、斯宾诺莎、莱布尼兹以及康德的哲学中还保留着形而上学成分，那么，现代实证科学与哲学，则把一切形而上学存在、本体论、先验论学说都给清除掉了，给整个宇宙及自然界剃了个秃头，使之变成了光秃秃的、赤裸裸的存在，再也没有灵性，没有神性，没有生命精神。它在中国近代文化哲学史上，就是不承认任何形而上学存在的真理性，一切都要"拿证据来"。这种科教文明不仅使外部世界变成了光秃秃的、赤裸裸的，也使人及内心存在，变成了生物有机体，变成了一块物质，一块血肉存在。人及所生活的世界，除了赤裸裸的物质存在，除了走向死寂毁灭的宇宙，再也没有任何意义。人生是一块物质，死是一块物质，死时化为烟灰，化为尘土，存在化为不存在，从物质来到物质去，没有天堂，也没有地狱，人来一趟，吃喝玩乐而已，不腐败白不腐败，不堕落白不堕落，什么理想不理想，信仰不信仰，全不过是"形而上学的迷执"，没那么重要！因此，人的存在，再也没有理想，没有信仰，没有高尚追求，没有道德激情，没有美好憧憬和精神境界，剩下来的，只有追求赤裸裸的实在、刺激反应和物欲满足了。于是人堕落了，政治腐败了，造成了整个社会人生的精神危机！这种危机，人们可以从各方面去解释，但从根本上说，从哲学本体论说，从人类文明发展上看，就是科教文明的坎陷使人失去生命意义所造成的。

近现代以来，西方科教文明传入中国，当时的人们，并不明白它存在着两大坎陷，以为只要有了西方科教文明就可以救中国，于是开始大规模地批判、攻击中国礼教文明！时至今日，一些人仍不懂其害，不懂得科教文明的坎陷所造成的自然危机与精神危机，还在鼓吹它。正是因为不知科教文明存在两大坎陷，所以近百年来，特别是现代工业化建设，出于功利目的，利用西方实证科学技术，大规模地开发，不仅以其封闭的知识系统，造成了土地污染、湖河污染、空气污染等严重的生态系统破坏，威胁到人的生命，也使中华民族失去生存的环境，而且功利之求、物欲汹汹，造成了人生意义的坎陷，使整个国家民族陷入了精神危机！那些大声呼喊"礼教吃人"的批判者，并没有救活人、拯救中国，反而将人变成了动物，将一个有伟大精神的民族变成了一种赤裸裸的物欲的存在！此科教文明在中国之吊诡也！

因此，要想扶正这些吊诡，克服这种危机，不仅要认识西方科教文明的坎陷处，更要懂得中国文化广大悉备的知识体系。只有将西方科教文明封闭的知识系统融入中国文化广大悉备的知识体系，扶正吊诡，克服危机，才是有可能的。

三　礼教广大悉备的知识体系

中国礼教文明不是宗教理想，不是神话梦幻，不是虚假的理论假设，而是真实无妄的教化之理。几千年来，中国有此礼教则治，无此礼教则乱。虽然礼教文明亦有被废弃的时候，但它毕竟从总体上持续维系了中国几千年文明。礼教能维系支撑起中国几千年文明，没有强大的知识论、本体论、价值论及形而上学支撑，是不可想象的，并且它还是广大悉备、浑然一体的知识体系，而不是支离破粹的知识。

那么，什么是礼教文明广大悉备、浑然一体的知识体系呢？这个知识体系，就是生化万物、凝成万物的大道哲学体系，天地之道的体系，也就是《易传》所讲的包括天道阴阳、地道柔刚、人道仁义在内，兼三才而两之、广大悉备之道①的知识体系。中国文化讲体用，讲道体流行，讲继善成性，虽有天道阴阳、地道柔刚、人道仁义之分，而若推道义之精，穷天下之理，尽万物之性，从统摄万物之本体论上讲，从"范围天地之化而不过，曲成万物而不遗"上讲，皆是天道本体周流宇宙、生化万物者也。故船山说："六合之全体，皆天也。"② 曰阴阳者，言其体也；曰刚柔者，言其用也；曰仁义者，言其德也；曰天地人之三才者，言其本来之良能也。它皆是讲天道本体的造极之理及人生之大用。因此，中国文化的知识论体系与价值论体系，皆统摄于形上之道，皆统摄于大道本体的；而其讲本体流行大用，就是包括天道阴阳、地道柔刚、人道仁义在内，兼三才而两之、广大悉备的知识体系与价值体系。曰广大者，是其规模宏大深远也；曰悉备者，是其万理俱该括也。支撑起中国礼教文明的，正是这样一个广大悉备的知识体系与价值体系。

---

① 《周易·系辞下传》曰："《易》之为书也，广大悉备：有天道焉，有人道焉，有地道焉。兼三才而两之，故六。六者非它也，三材之道也。"《说卦传》曰："昔者圣人之作《易》也，将以顺性命之理。是以立天之道，曰阴与阳；立地之道，曰柔与刚；立人之道，曰仁与义。兼三才而两之，故《易》六画而成卦。分阴分阳，迭用柔刚，故《易》六位而成章。"
② 《周易内传》卷6下。

中国文化天道本体的"无极而太极"存在，不仅至变至精至神，是纯粹至正的法则，而且本身包含着阴阳、动静，包含着化育法则，及至动而生阳，静而生阴，阴阳互为其根，可以生化万物。中国礼教文明有此广大悉备的知识体系与价值体系，不仅可以知远近幽深，物之去来，参伍以变，错综其数，通其变以成天下之文，极其数以定天下之象，开物成务，道济天下，而且极深而研几，穷理尽性而至于命，寂然不动，感而遂通，可以通天下之志，断天下之疑，解天下之惑，解决国家民族的性命之理与信仰信念及整个精神世界的问题。至于见之谓象，形之谓器，制用之谓法，利用出入，亦是此道流行日用也。此乃《易传》所谓"形而上者谓之道，形而下者谓之器，化而裁之谓之变，推而行之谓之通，举而错之天下之民谓之事业"者也。"圣人有以见天下之动，而观其会通，以行其典礼"，无非此道之用也。中国几千年礼教文明的伟大事业，就是凭此道体广大悉备的知识体系与价值体系创造出来的。

这个广大悉备的知识系统与价值系统，乃是物物而不物于物，穷尽万物，以天道为大本大宗，推天理，通万物，所获得的大法则、大哲理系统。故其为道也，乃是集天道阴阳，地道柔刚，人道仁义，"兼三才而两之"的广大悉备之道；其为学也，乃是万物一理之学，万物一体之学。以天道本体存在而为学，穷神知化，为之最高知识；得之谓德，为之最高道德；至精至神，为之最高精神。它体用一源，显微无间，先天后天、形上形下，浑然一体，毫无分割，本体论、价值论与知识论是完全统一的，自然科学与人文科学是融为一体的，而不是割裂为条条块块、支离破碎的知识或知识片段。知识不能穷神知化，道德不能达于天德，精神不能至精至神，体用不能一源，显微不能无间，先天后天、形上形下完全分割，本体论、价值论与知识论之间相互对立，自然科学与人文科学各说各话，把天地万物一体之学或万物一理之学，割裂为条条块块，将整个知识体系支离隔绝为知识片段或碎片化的小知小识，不仅造成了人类精神世界的塌陷，也撕裂了天人浑然一体的历史存在。现在的生态危机、环境危机、能源危机、社会危机、政治危机及精神危机等等，从根本上说，都是文明的危机、哲学的危机，都是支撑科教文明的实证科学的浅薄知识论危机。礼教文明则不是这样的。它不存在任何知识论与价值论的割裂，也不将自然科学与人文科学分割为条条块块。"观乎天文以察时变，观乎人文以化成天下。"① 中国文化虽把宇宙万象划分为"天文"与"人文"两大类,但天文与人文是统一的,皆是天道本体的法则秩序及其显现。人生于世,生活在万象之中,虽有光明之象、祥和之象、贞正之象、吉顺之象,也有黑暗之象、动乱之象、乖戾之象、凶险之象等,但中国圣贤明哲对每一种现象都赋予一种哲理,一种性命之理。故《周易》八八六十四卦,三百八十四爻,皆有卦理存在,皆有人生哲学、性命之理存在;而且这里,天文与人文、自然哲学与人文哲学是不分的,是一个浑大的知识系统。天道地道,一道也;天文人文,一文也。万物万化,皆原于天道本体,其为文,皆是继其善、成其性的显现;其为大用,皆是得乎天道,"化而裁之存乎变,推而行之存乎通,神而明之存乎其人,默而成之,不言而信,存乎德行"②。正是自然科学与人文科学融合在一起,知识论与价值论不存在割裂,所以中国礼教文明才不存在知识论与价值论的坎陷,几千年来也才没有因此而造成自然危机与精神危机。

礼教文明的知识体系不仅规模宏大深远,万理俱该括,而且它作为穷尽万理、统摄一切的本体论体系,是最为广大高远的。天道形而上学,就是天道本体,就是天理。人们讲这个理,那个理,则大不过天理;这个法则,那个法则,则大不过天地法则;这个原理,那个原理,大不过生化万物的宇宙原理。试想,各种哲学体系,各种宗教教理,各种党派集团理论,以及各种学说、各种主义,有大过天理的吗?有大过天地法则、宇宙原理的吗?实证科学的发展,虽然可以制造出各种宇宙论学说,但它那宇宙存在论,仍不过是生物物理的几何空间而已,并不是集上下四方、古往今来、一切时间空间的终极存在;虽然可以把原子结构描绘成各种美妙的数学模式,制定各种精巧的模型,然它并不能改变整个宇宙的独立不改、周行不殆。实证科教文明的这一切知识,与天道本体相比,与礼教道体广大悉备的知识体系相比,与真实无妄的天理相比,皆不过是象数而已。

支撑礼教文明与科教文明的知识论、本体论、价值论所以如此不同,是和中国文化与西方文化思维方式的不同联系在一起的。中国文化看待宇宙万物的存在,不是对着感官材料思考问题,而是提神太虚,站在"廖天一"的高处,俯瞰宇宙万物,透视其生生化化的奥秘,把它提高升腾为一

---

① 《周易·象上传》。
② 上皆引自《周易·系辞上传》。

个最高存在，然后去此去彼、去杂去芜，去掉一切具体时间、空间的存在，去尧之誉与桀之毁，去掉一切世俗价值判断，去掉从不同视野看问题所获得的各种观点、观念、偏见、偏执，"参万岁而一纯成，万物尽然而以是相蕴"①，然后看那个最高存在，那个最纯粹的存在是什么？然后再将其往下贯通落实，参伍以变，错综其数，通其变可以成天下之文，极其数可以定天下之象，就像中医根据阴阳五行变化，可以开出无限的处方一样。这与西方古代希腊罗马时期紧紧盯着原子，现代物理学、量子力学将原子分成质子、中子、电子、光子等等是非常不一样的。一直往下分，虽然可以把事物的存在精细化，但它有一个局限，就是不能从根本上说明事物的本质及其终极存在，因为"一尺之捶，日取其半，万世不竭"②，事物是无法穷尽的。把事物的存在精细化，虽有极物之真的精确性，然而将世界细化，把宇宙万物割裂成条条块块，是违背自然法则、有悖于万物浑然一体的存在的。它较之中国文化大道本体哲学万物一理的大思维，毕竟是小思维。因此，科教文明碎片化的知识，是不具开物成务、道济天下之大用的；相反，将它施之于社会人生，造成了各种坎陷、失落与危机。

虽然实证科学在知识论与价值论上存在着坎陷，但西方科教文明秉持着实证科学的知识论，毕竟在开物成务方面取得了巨大成就。难道因其存在着坎陷，就弃科教文明的知识论而不用吗？也不是。怎么办？要想填平西方科教文明的坎陷，弥补实证科学的不足，一个重要的途径与方法，就是将科教文明的小思维融入礼教文明的大思维。

四　将小思维融入大思维

一个国家、一个民族的原始思维或文化原型，对于后来文明类型与文化精神的发展是很重要的。它影响到整个国家民族思维方式、行为方式的发展，也影响到他们的哲学范畴、科学观念、知识形态及技术应用。西方文化的原始思维或文化原型也是这样。西方文明及宗教、哲学、科学发展、思维方式，包括小思维方式的形成，莫不与其文化的原始思维或文化原型有关。

---

① 《庄子·齐物论》。
② 《庄子·天下篇》。

西方文化的小思维，就是有形思维，它不能思维无形的存在。西方从古代希腊文化开始，就只有"有"的概念，没有"无"的概念。对西方人来说，"无"是无法存在的；若说其存在，是不可思议的。远在古代希腊时期，爱利亚学派巴门尼德关于思想研究的途径，所提出的第一条原则就是："存在物是存在的，是不可能不存在的，这是确信的途径，因为它通向真理。"另一条原则是："存在物是存在的。"若认为"非存在必然存在"，这一条路"是什么都学不到的"。在他们看来，"只有存在物的存在是可能的，非存在物的存在则不可能"①。因此，在西方文化看来，一切皆是"有"的存在，而不是"无"的存在，即使上帝的存在，也是"有"、"永有"，而不能是"无"。西方文化只有"有"的概念，没有"无"的概念。直到近现代一些哲学家的著作才使用"无"的概念，在此之前，是没有"无"的概念的。这种文化发展，使他们研究一切事物，都倾向于有形的、实体性的存在，而不是无形无象的存在、"无"的存在。无论是广袤的宇宙，还是原子结构、基本粒子的存在，都是有形的、实体性的存在，而不可能是非有非无、非无非有的无形存在，也不能理解"无"能生"有"的存在，领悟"'无'名天地之始，'有'名万物之母"的道理，理解"常'无'欲以观其妙，常'有'欲以观其徼"的妙处，以及"有之以为利，无之以为用"②的大用。这就使西方哲学、科学发展及宗教思维停留在"有"的实在，而不能抽象地思考问题，思考宇宙万物的无形存在，从而使哲学、科学、宗教思维陷入有形实在，陷入形下小思维，而不能思考"无极"无所不及的存在，并使思考提升到"太极"之道的至精至神至妙的广大境界，更不能站到"廖天一"的高处，透视整个宇宙万物生命的奥秘。

西方文化的有形小思维，更在于它是空间思维、几何思维，而不是无限时空的广袤思维。西方文化只有空间的概念，没有时间的概念，时间的概念，也是近现代哲学著作中才有的。正是西方只有空间概念，没有时间概念，所以西方文化思考事物的存在，多是几何思维、空间思维，而不是时间的绵续。他们的数学，也主要是几何，而不是算数。阿拉伯数字是从

---

① 〔古希腊〕巴门尼德《论自然》，北大哲学系编《古代希腊罗马哲学》第51页，商务印书馆1982年版。
② 《老子》第1、11章。

阿拉伯民族那里借来的。因其一切都从几何思维、空间思维思考问题，所以从宇宙到原子结构、量子的存在，都可以用模型表示，用数学模式计算，而不能囊括一切时间、空间及万物的存在。中国文化则不是这样的。例如中国文化讲宇宙，上下四方曰"宇"，古往今来曰"宙"。宇宙包括了一切时间、空间的存在，是一个无限广袤的时空存在。它岂是空间几何可以表示的？中国文化讲"有始也者，有未始有始也者，有未始有夫未始有始也者。有有也者，有无也者，有未始有无也者，有未始有夫未始有无也者"的存在；讲"旁日月，挟宇宙，参万岁而一成纯，万物尽然而以是相蕴"① 地看问题，就是囊括宇宙万物的存在思考问题的，而不是停留在具体时空讲生物物理的存在。这在西方文化是不可理解的。不仅宏观上是这样，即使微观上，中国文化也是囊尽一切有无存在看其变化的。中国文化有个概念西方没有，就是"几"的存在。它是指事物变化由无生有的非无非有、亦非有非无的那一霎那存在。"有"不可为"几"，"无"亦不可为"几"，只有非无非有、非有非无，刚刚发生的那一霎那存在，才可称之为"几"的存在。一旦变为数学模式或几何模型，不管怎样精巧，它就已经是"有"的存在，而不是"几"的存在了。由此可知，不论无限广袤的宇宙，还是微观世界，其至精至神至妙的存在，皆是不能用数学模式或几何模型表示的；以数学模式或几何模型表示，再精巧也是机械性的思维，是"机心"的存在与思维。这种思维自然不能达造化之境！它与尽万性，推万理，玄感万物，达众妙之门的中国文化哲学相比，不仅扭曲了宇宙万物自然本然的存在，亦无任何精神与妙趣，因此也就流入形下小思维了。

　　自然，这并不是完全否定科教文明所取得的成就。实证科学在生物学、化学、量子力学及生命科学等领域取得的成就还是很卓著的。但不能不指出，实证科学是在反对本体论、价值论、形而上学思想的支配下进行科学研究的，因此，它所取得的科学成就与技术知识，皆具有伤本离实、体用分离、道器相悖的性质。如果离开本体论、价值论、形而上学，离开深远广大的哲学思想，离开范围天地、曲成万物的知识论思维，只是沉迷于实证科学的成就，就不仅会支离宇宙万物浑然一体的存在，也会支离天德大用，支离整个人类精神世界。因此，要挽救科教文明的危机，就应该

---

① 《庄子·齐物论》。

将它的实证小思维融入中国文化哲学的大思维中去。

所谓大思维，就是大道哲学的思维，"范围天地之化而不过，曲成万物而不遗"的思维，会通至极之道，不滞于小知小识的思维，就是宇宙大化流行、生生不息的思维，历史开合、阴阳翕辟的思维，尽得古今、推得万理的大尺度思维。整个宇宙，阴阳无始，动静无端，永远是大化流行、生生不息的。它虽有生灭，但永远不会停滞，不会息机，不会不造不化，不会走向死寂；而其生化流转，无非阴阳，无非翕辟，无非天德，无非神化，无非道体流行，无非不息之机。从小尺度看，从具体的生物物理空间存在看，可能存在着死寂，存在着热学第二定律，然从宇宙阴阳翕辟的大尺度看，从阴阳无始、动静无端看，走向死寂的热学第二定律则可视为伪定律。从封闭的生物物理时空看，人粗暴干涉生物物理结构所制造的各种元素，包括合金、无机物与有机物，是化不了的；然若将其放到大自然的生化流转中去，放到宇宙大化流行、造化无端中去，放到大道旷荡、亨毒含灵、生化不息中去，那么，它也就像程子所说的那样，"明得尽，渣滓便浑化"①了。由此可知，思考天地万物之化，研究人类历史发展，大尺度思维是多么重要了。小思维融入大思维，就是将实证科学的形下思维融入道体大化流行、无端无时的大尺度思维中去，也就是融入礼教文明大道哲学的大思维中去。

具体地讲，将小思维融入大思维中去，首先是要认识理解科教文明的失落与坎陷处，对于现代实证科学的成就不迷信，提高警惕，正确进行人类价值判断、国家民族的价值判断，有利者利用，不利者放弃，而不能盲目地、不顾一切地推广滥用。这一点，德国民族就做出了非常理智的选择，虽然它亦属于西方国家，然在工业化及科学技术运用上，却是独立于英法国家的。例如，虽然核电技术的应用和核电站的修建有利于能源的解决，但日本福岛核电站事故发生后，德国经过审慎考虑，三个月内关闭了20世纪80年代以前投入运营的7座核电站。再如磁悬浮技术，它虽是德国人发明的一项高科技，磁悬浮列车经过十余年试运营，虽然证明了它技术上的可靠性，但无法证明商业上的可行性，更考虑到它可能给沿线居民带来的危害，德国还是忍痛放弃了。转基因技术虽是现代高科技成果，但当实践证明由美国孟山都公司的转基因玉米种子MON810对环境存在潜在

---

① 《河南程氏遗书》卷11。

危害时，德国就不允许再种植这种转基因玉米了①。德国这样做，虽然未必是出于礼教文明的大思维，但它至少是对科教文明的一种反思，即从局部看是可以的事，但放到大环境下则未必是可以的。怎么办？放弃。中国是个有礼教文明传统的民族，有文化哲学大思维的民族，对西方科教文明的成果，更应该有份理性自觉，有正确的价值判断能力与选择能力，而不能仅仅出于眼前的功利目的，不顾利害地推广应用。

将小思维融入大思维，不仅能提高中国对科教文明成果的价值判断能力与选择能力，更能提升对西方科教文明的统摄能力与贯通能力。支撑礼教文明的文化哲学认为，宇宙万象皆会通于天道本体，会通于至极之道。只有这样，视天地万物，才有统摄，才有会通，才能得道枢之要而以应无方，否则，就会万象森然，终无把握，或纵横美恶，用情颠倒。现在讲大数据，讲网络信息，说得非常了不起。其实，大数据仍是小数据，网络信息仍是小信息。何谓大数？不数之数。天地之数五十，其用四十有九，不用者一，不用而用以之通，非数而数以之成，不用之用的大用也。为什么呢？一者，太极本体也，至精至神者也，数之宗，物之本也。故曰不数之数也。然不数之数，统摄天下万象万数者也。只知万物万象之数，不知至精至神之数，则不知其所本所宗也。惟知至精至神之数，知万物万象之所本所宗者，才能范围天地之化，曲成万物不遗，也才能体化合变，获得最高知识，显诸仁，藏诸用，而为不用之用的大用。故老子说："天得一以清，地得一以宁，神得一以灵，谷得一以盈，万物得一以生，侯王得一以为天下贞。"② 中国文化讲天体运行，把整个宇宙星辰划分为 12 宫，12 年为一个周期，岁星在哪一宫，是丰、是欠、是旱、是涝、是灾年、是太平，都有个说法，而且历史上是有应验的。这就是宇宙的大信息、大数据。获此大信息、大数据不是迷信，而是中华民族的智慧。可惜现代人不懂中国文化这种智慧了，讲人类社会万象，讲气象变化，只会从小象数上说问题，而不能从本体论的大思维上，讲出大信息、大数据，讲出不数之数的大数定律了。这难免使人陷入迷惘和失落。

实证科学支撑的科教文明，不仅以封闭的知识割裂了天人，造成了土

---

① 参考杨佩昌先生"德国人是如何对待科研成果的"一文，《羊城晚报》2014 年 6 月 28 日。
② 《老子》第 39 章。

地污染、湖河污染、空气污染、生态破坏、气候失常一类的生态危机，也因自然科学与人文科学的割裂、知识论与价值论的割裂，特别是形而上学大厦塌陷，造成了人类精神危机。要想解决这种危机，回归宇宙万物浑然一体的存在，是非常必要的。

五　回归万物浑然一体存在

现在人们面对着自然生态的大破坏，常常想起中国文化的人与自然的和谐，因而大讲"天人合一"。其实，中国文化的天人何曾分过呢？天，并非苍苍者也，而是六合全体皆天也。人为天生，人心即天心，人性即天性，人的存在，即天也。故孟子说"知性知天"①。人生下来，何曾一时一刻离开过天的存在？即使人像大鹏一样，扶摇直上九万里，背负青天往下看，亦若人之视上天之苍苍耳。人不知天之正色，正如鹏不知路之远近。人在天之中，而不知天之所在，讲"天人合一"，则不知所合何在耶！其实，人与天，乃是浑然一体之存在，未尝分也。故此不讲"天人合一"，而讲天人浑然一体者也。

人与万物的存在，也是浑然一体的。人为天生，万物的存在亦天生也。天地若洪炉，往者过，来者化，生生不息，万化不穷，所生所化，皆一阴一阳之道，皆天理也。所以，程子不仅讲"天人本无二"②，更讲"物我一理"③。天地之化，万物之生，皆不过是继得生生之理，各成其性而已。"天理之微，人伦之著，事物之众，鬼神之幽，莫不洞然毕贯于一。"④ 故"天、地、人只是一道"⑤，"大而化之，只是理与己一"⑥。因此，不仅天人浑然一体，天地万物，皆是浑然一体的存在，人不过存在于其中而已。故陆九渊说"宇宙不曾限隔人"，只是"人自限隔宇宙"⑦。特别是发展到今天，科教文明不仅割裂了天人，伤害了万物，使人变成了孤

---

① 《孟子·尽心上》。
② 《河南程氏遗书》卷6。
③ 《河南程氏遗书》卷16。
④ 《宋元学案·明道学案上》黄百家案引朱子语。
⑤ 《河南程氏遗书》卷16。
⑥ 《河南程氏遗书》卷15。
⑦ 《正蒙·诚明篇》。

零零的存在,更使天地万物一体的存在遭到破坏,使人的存在处于危机之中。因此,怎样回归天地万物浑然一体的存在,乃是解决人类生存之道的关键问题。

那么,怎样回归天地万物浑然一体的存在呢?程明道说:"学者须先识仁。仁者,浑然与物同体。"① 首先是识得仁。这里,"仁"不是在观念上讲的,而是在本体论上讲的,在宇宙万物生化不穷的本体论性质上讲的。这种本体存在,说破《易经》,指陈玄门造化,其为天地大道真脉者,诚如明儒罗近溪所说的:"天地之大德曰生。夫盈天地之间只是一个大生,浑然只是一个仁,中间又何有纤毫间隔?统天彻地,胶固圆融,自内及外,更无分别,此方是浑然之仁,亦是孔门宗旨。"② 识得仁体,就是识得此大化流行、生生不穷之体,识得此大道真脉的存在,而不是空寂之体,也不是走向死寂与毁灭。"惟天地万物父母,惟人万物之灵";"人之所欲,天必从之"③。识得仁体,就是尊重宇宙万物的存在,尊重人的生命,满足人的生存欲望与需要,而不是毁灭万物,扼杀人的生命,使人穷困潦倒而不得生存。一切为富不仁的做法,一切为自私功利目的、竭泽而渔的做法,一切干预自然法则、破坏生态平衡的做法,皆不能与天地万物浑然一体。惟体得"天地之大德曰生"者,以天的大生之德、地的广生之德,亲亲而仁民,仁民而爱物,过化存神,呵护群生,使其生生不穷、赓续绵延,则与天地万物浑然一体,正得自家性命,体得万物生生之理矣。

既然天地之大德曰生,天地之间浑然只是一个仁体,那么,人体得仁,识得仁,就应该有一颗仁心,一颗爱心,就应该与天地万物建立起一种友好关系、亲和关系、相互依存关系,而不是仇视关系、敌对关系、生杀掠夺关系。惟此,才能与万物浑然一体。但是,进入现代化,进入科教文明,凡人之所到,一切自然、美好、洁净的东西,都被破坏了、毁灭了、糟蹋了、污染了,愈是现代化,愈是科教文明盛行的地方,愈是破坏、糟蹋得利害,愈是毁坏、污染得利害。过去,人处于自然界,鱼见人不潜,鸟见人不飞,麋鹿见人不走的那种友好关系、亲和关系,现在皆变成了破坏性的关系、伤害性的关系。为什么会这样呢?因为人缺乏仁德,

---

① 《河南程氏遗书》卷2上。
② 《明儒学案·泰州学案三》。
③ 《尚书·泰誓上》。

缺乏爱心，缺乏与天地万物相互依存的观念，不知人是离不开自然界、离不开天地万物而存在的。现在提出建立生态文明，应该说是对科教文明坎陷的一种觉醒！要建立生态文明，就要有一颗仁心，一颗爱心，一种"万物皆备于我，反身而诚，乐莫大焉"① 的态度。识得此理，以诚敬存之，自然可浑然与万物同体，建立起生态文明。

　　与万物浑然同体，就要有平等的自然观。人们总认为西方文化讲自由平等。从哲学上讲，西方文化所讲只是个体人的自由平等，并没有众生平等的思想。它不仅以宗教文明发展起一种"欧洲中心主义"，而且以科教文明发展起一种"人类中心主义"，即以人为中心进行价值判断，从而对宇宙万物进行生杀掠夺。这样的文化观，自然不能与万物同体。实际上，西方文化缺乏中国文化所讲的圣人之德，缺乏天地之道的兼覆兼载精神。程子说："圣人即天地也。天地中何物不有？天地岂尝有心拣别善恶？一切涵容覆载，但处之有道尔。若善者亲之，不善者遗之，则物不与者多矣，安得为天地？故圣人之志，止欲'老者安之，朋友信之，少者怀之'。"又说："人只为自私，将自家躯壳上头起意，故看得道理小了佗底。放这身来，都在万物中一例看，大小大快活。"② 不自私，不从自家躯壳上起意，"万物中一例看"，就是众生平等。人有此大德，才能使"万物并育而不相害，道并行而不相悖"，小德川流，大德敦化。以此勿助勿忘，一切顺乎自然，人才能与天地万物浑然一体相处。达此，则天人和谐、万物和谐，何惧科教文明的坎陷！

　　礼教不仅可以弥补现代科教文明所带来的坎陷，而且它在疏解人的焦虑、化解政治危机方面，几千年来有着不可替代的大用。

---

① 《孟子·尽心上》。
② 《河南程氏遗书》卷2上。

第五章　以礼教疏解人文焦虑

　　自从人出生来到世上，就时刻面临着各种生存危机。人为了生存，想出了各种解救危机的办法：除发明创造生存工具外，从心灵上讲，则主要是依靠宗教信仰，祈求上苍的保护！但这种办法并不十分可靠。每当信仰不可靠的时候，就会发生对信仰对象的动摇，严重了，就会发生信仰危机。

　　生存危机不仅来自外部环境，也来自人类自身，即人带着各种欲望、目的、需求、情感、情绪、激情来到世上，进行各种交往、活动、互动，有时会产生激烈的矛盾冲突。当矛盾冲突不可解决的时候，就会产生危机。这种危机，虽然各种各样，政治的、社会的、文化的、心理的等，但它都是在人与人之间发生的，熙熙而来，攘攘而往，表现为"人之文"、"人之理"的危机，故本章统称之为人文危机。

　　任何危机都包含着人的焦虑。政治危机、社会危机、信任危机、信仰危机，威胁到人的生存，相应产生政治焦虑、社会焦虑、信任焦虑、信仰焦虑。这些焦虑，虽然产生于不同的生存层次，然究其本质，皆属于"人之文"、"人之理"的焦虑。故本章统称之为人文焦虑。

　　历史上每一次大的社会历史变革及其动荡，都会造成人文焦虑与人文危机。惟有疏解这些焦虑，才能化解危机，使社会人生平静下来，使人文处于常态。礼教则有此大用。它不仅是辗转腾挪、鞠躬礼拜，更能通过《诗》、《书》、《礼》、《乐》教化人心，变乎风情，止乎礼义。不论是王道衰，礼义废，政教失，还是行政苛，彝伦斁，风气衰，天下风动，礼教皆可风以动之，教以化之，具有经夫妇、成孝敬、厚人伦、美教化、移风俗的大用。因此，礼教对疏解人文焦虑、化解政治危机、缓解社会矛盾、重建人文精神具有巨大作用。研究礼教对人文焦虑的疏解，有平治天下之大用。

本章所讲以礼教疏解人文焦虑,主要研究礼教疏解精神世界的作用。研究这种作用,所涉及的内容是相当广泛的:它不只是要解决政治焦虑、政治危机问题,亦要解决政治危机所带来的社会危机、信任危机、信仰危机诸多精神世界的问题;而解决这些问题,则不仅要弄清礼教疏解与宗教疏解、有效疏解与无效疏解、政治意识与文化精神以及性命之理的知觉、道德灵魂的净化,更要从形而上学、本体论、知识论与价值论上给予解释与说明。因此,这些问题的解决难度是相当高的。但这些内容,都是礼教文明发展的根本性问题,是不可不研究解决的。

政治危机即执政危机,即政治关系的危机,亦即政治合法性危机。政者,正也。政不出于天下之正,邪妄怪癖,就会造成政治危机。政治危机若危及整个社会人生的存在,就会造成社会危机。社会危机有荒年饥馑、疾病流行诸多原因,但从根本上说,是由政治危机造成的,是为政者当国而不守正,殄物虐民造成的。政治危机与社会危机常常是联系在一起的。政治危机与社会危机之发生,造成人民对有国有天下者之不信任,就会发生信任危机;而当这种危机怀疑到形而上学存在时,亦会发生信仰危机。信任危机亦是信仰危机,根子还是政治危机、社会危机,不过二者也稍有区别:信仰危机属于精神世界,与形而上学存在着联系,而信任危机则属于社会政治层面,与政治危机、社会危机密不可分,但二者都是"人之文"、"人之理"的危机,都是人文危机。

一个时代,最为根本性的危机是政治危机。本章就从研究政治危机开始,从研究政治危机的礼教疏解与宗教疏解讲起。

一 礼教疏解与宗教疏解

中国古代文化中,天文与人文是联系在一起的。人文本于天文,本于天道法则,是由天道本体派生出来的。天与人的互动,主要表现为天与烝民、天与天子、天子与烝民三种关系。《诗经》讲"天生烝民"①。烝民,即众民,即庶民,即今天所说的人民。烝民为天所生,故天与人的关系,上天与人民的关系,是主要关系、根本关系。上天生出众民,需要人治

---

① 《诗经·大雅·烝民》。

理，需要人代天理民，即《尚书》所说的"天工人其代之"①。因此，就产生了代天理民者，即天子。天子者，上天之子也。天子的出现，不仅发展出了天与天子的关系，同时也发展出了天子与人民的关系，即治理者与被治理者的关系。

上古时期，上天的存在并非只是苍苍者，而是被神圣化为皓旰光明的上帝存在，《诗》、《书》讲"皇矣上帝"、"昊天上帝"，就是指这种存在。因此，天与民、天与天子、天子与人民的关系，蒙上了一层神秘的宗教色彩，就变成了上帝与烝民、上帝与天子、天子与庶民的关系。天与民、天与天子、天子与人民的关系为人文关系，而上帝与烝民、上帝与天子、天子与庶民的关系，则属于宗教关系。

中国文化历史上的政治危机，从根本上说，是在天与民、天与天子、天子与人民的关系中发生的。由于这种关系蒙上了一层神秘的宗教色彩，因此，政治危机的发生及政治焦虑的疏解，就带有宗教的神秘性质。

政治危机从根本上说肇端于权力腐败，即天子不再代天理民，而是将上天赋予的权力私有化，看成是世袭的特权，因而走向腐败堕落，甚至无法无天、为所欲为，因而引起人民不满，从而使执政失去合法性。夏桀不务德而伤害百姓，百姓弗堪；纣王好酒淫乐，以酒为池，悬肉为林，为长夜之饮，就是这样。但在宗教文明时期，这种执政危机，这种权力合法性的丧失，常常是从天赋人权、从天子与天或上帝的神性存在之宗教关系进行解释的。成汤责备夏桀"有夏多罪，天命殛之"②，武王责备纣王"商罪贯盈，天命诛之"③，就是从天与人的宗教关系解释夏桀、商纣丧失权力合法性的。而成汤说"夏氏有罪，予畏上帝，不敢不正"，因而"致天之罚"④，武王说纣王"俾暴虐于百姓，以奸宄于商邑"，因而"今予发惟恭行天之罚"⑤，其讲政治合法性，也是从这种宗教关系出发的。

中国文化中的天或上帝，并不是价值设定，不是西方宗教中的人格神或圣父、圣子、圣灵三位一体的存在，而是天道法则的真实无妄之理。它

---

① 《尚书·皋陶谟》。
② 《尚书·汤誓》。
③ 《尚书·泰誓上》。
④ 《尚书·汤誓》。
⑤ 《尚书·牧誓》。

虽被神圣化，虽被看作祖先所出神的存在，但毕竟是实有是理的存在，而不是虚假的理论假设。因此，即使像成汤、武王这样的圣君明哲，也无不虔诚地相信天或上帝的神性存在。因此，出现政治危机或社会危机时，他们也以宗教形式疏解其焦虑。最为典型的例子，是商伐夏之后，遇天下大旱七年，成汤为祈雨，斋戒、剪发、断爪，以己为牲，祷于桑林之社①。天下大旱，本属自然现象，然危及人民生存，万民焦虑，则是政治危机，也是极大的社会危机。但在成汤看来，这事乃是上天对他为政不佳的惩罚，危及政治合法性。故"以己为牺牲，祷于桑林之社，以六事自责"②。不仅如此，祈祷时还自我赎罪，告于皇天后土说："万方有罪，罪在朕躬。朕躬有罪，无及万方。"③ 这些忏悔祈求的话，与《尚书》成汤告天下说"凡我造邦，无从匪彝，各守尔典，以承天休。尔有善，朕弗敢蔽，罪当朕躬，弗敢自赦。惟简在上帝之心！其尔万方有罪，在予一人；予一人有罪，无以尔万方"④，文字是一致的。从这些话可以看出成汤的宗教忏悔祈求是真诚的。说其祈雨，"言未已而大雨至，方数千里"⑤，自然是神话语言。不过，它亦明说成汤是如何通过祈雨对社会危机进行宗教疏解的。

但中国文化毕竟是早熟的，三代之曰"予畏上帝"，曰"皇矣上帝"或"昊天上帝"，实乃远古宗教文明的文化遗存。唐虞时期已讲"人心惟危，道心惟微，惟精惟一，允执厥中"，讲"天叙有典，天秩有礼"等，说明当时已经从天道法则引出政治法则与礼教制度了，特别是讲"天聪明自我民聪明。天明畏自我民明威"⑥，已经把人、把人民提升为社会历史的主体性存在了。天心即民心，天命即民命，天赋人权终究是人赋人权。政治权力的合法性，终究是原于民心，原于人民的视听与生存需要，原于人民的政治觉悟程度与政治追求。"民之所欲，天必从之"⑦。天都听从人民

---

① 《尚书大传》卷1。
② 《后汉书·钟离意传》注引。
③ 《帝王世纪第四》。
④ 《尚书·汤诰》。
⑤ 《帝王世纪第四》。
⑥ 《尚书·皋陶谟》。
⑦ 《尚书·泰誓上》。

的，谁还敢不听从人民的呢？故曰"天视自我民视，天听自我民听"①。天或天理，乃是"无声无臭"、"于穆不已"的存在，属于形而上者，是不见而章，不变而动，无为而成的存在，虽可察之天地万物，但其存在不可视听之也。故孟子讲"天不言以行与事示之"，权力虽然是"天受之"，但终究是"民受之"②。天命或不命、信任或不信任，实皆出于民也。因此，天赋人权的宗教关系，终究是人赋人权的人文关系，而政治焦虑终究是人文焦虑。

因此，中国上古时期不仅存在着远古宗教文明的文化遗存，更由宗教文明发展出了礼教文明。因此，三代以后，政治危机的疏解，存在着宗教疏解与礼教疏解两种不同形式。宗教疏解主要靠宗教信仰与宗教崇拜，包括图腾、巫术等原始宗教形式。礼教疏解主要靠礼乐之教，以道德形而上学体验领悟，疏解人的精神世界，消除人的焦虑，化解执政危机，消除人文关系的紧张。上古由宗教文明发展为礼教文明是一个漫长的文化历史阶段，因此，宗教疏解与礼教疏解并不是截然划分的，常常是并存及交互作用的：宗教疏解存在着礼教疏解，礼教疏解伴随着原始的宗教疏解，成汤祈雨就属于巫术形式。

但礼教疏解要理性自觉得多，特别是面对复杂的政治危机局面，没有礼教上的政策与治策，是很难疏解政治焦虑与危机的。武王崩，三监及淮夷叛，周公摄政，平乱之后，虽大局已定，但"民不静"，人心惶惶，如何平定人心，仍然是拯救疏解危机的关键。周公不仅提出"明德慎罚"，"用康保民"，而且实行"裕民"政策，提出"无作怨"，即不结怨于民，"顾乃德"，即反省自我道德，"勿用非谋非彝"③ 等礼教安民的疏解之策。在周公看来，惟有像文王、武王那样勤用明德，怀远为近，亲仁善邻，才能四方宾服。因此，他告诉成王，欲至于万年，"王惟德用"④，和悦人民，教化天下，才能疏解政治危机。这显然较之单纯地从宗教上祈天永命，要理性自觉得多。召公更对成王说，夏、商历年延与不延，我不知道，但知其"惟不敬厥德，乃早坠厥命"。因此，他告诉成王："王其德之

---

① 《尚书·泰誓中》。
② 《孟子·万章上》。
③ 《尚书·康诰》。
④ 《尚书·梓材》。

用，祈天永命！"① 以道德和悦天下，教化万民，此皆是周公、召公以礼教治天下，疏解政治焦虑，化解政治危机。在周公看来，民心虽不静，但"未戾厥心"，只是礼义教化不同造成的；"怨不在大，亦不在小；惠不惠，懋不懋"，只要告以礼教道德之说，行宽厚仁义之道，以日新之教，勉力劝行，使不顺者顺，不勉者勉，其怨自消，就可以世享天下安定太平。这就是周公大诰的"宅天命，作新民"②的治道，即助王者居顺天命，为民日新之教。

为民日新之教，即后来董仲舒所提倡的更化之教。董仲舒把先王"改制作乐而天下洽和"，以仁义礼乐宜于世，深入教化民众的根本，看作是"五帝三王之道，百王同之"的必由之路。因此，董仲舒认为，"凡以教化不立而万民不正也。夫万民之从利也，如水之走下，不以教化堤防之，不能止也。古之王者明于此，莫不以教化为大务"。在董仲舒看来，"自古以来，未尝有以乱济乱，大败天下之民如秦者也。今汉继秦之后，如朽木、粪墙矣，虽欲善治之，亡可奈何？"董仲舒认为，要解决这个问题，就要以仁义礼乐教化天下，实现变革更化："为政而不行，甚者必变而更化之，乃可理也。当更张而不更张，虽有良工不能善调也；当更化而不更化，虽有大贤不能善治也。故汉得天下以来，常欲善治而至今不可善治者，失之于当更化而不更化也。"因此，他对武帝说，"古人有言曰：'临渊羡鱼，不如退而结网。'今临政而愿治七十余岁矣，不如退而更化。更化则可善治，善治则灾害日去，福禄日来。"③ 此汉儒以礼教疏解政治焦虑，拯救执政危机者也。

以礼教疏解政治焦虑，拯救执政危机，是否像董仲舒所说的"教化立而奸邪皆止"那样有效呢？这不仅涉及礼教人文疏解的有效性与无效性问题，亦涉及时代的政治意识与文化精神问题。先讲礼教的有效疏解与无效疏解，然后再讲政治意识与文化精神问题。

---

① 《尚书·召诰》。
② 《尚书·康诰》。
③ 《汉书·董仲舒传》。

二 有效疏解与无效疏解

当政治危机发生的时候，有国有天下者及执政集团，面对着盛衰存亡之变，会产生种种政治焦虑是可以理解的。但礼教如何疏解政治焦虑，有效化解政治危机，却是一件不容易的事情。这不仅与有国有天下者及执政集团对礼教的理解有关，亦有诚与不诚诸多问题，特别是礼教见诸不同政道的思考，能否有效疏解是极不相同的。有效性疏解与无效性疏解，就是礼教见诸不同政道的思考而说的。

礼教文明是由宗教文明发展出来的。因此，在礼教仪式中，如祭祀活动，总还常常有巫师、巫术一类的低级形态宗教的参与，从而使人把它看成是礼教仪式的组成部分。其实，礼教与巫术是非常不同的。前者是仁义礼智之教，以天道本体为最高存在；后者是低级形态的宗教，属于非理性神秘主义。以巫术一类的宗教信仰疏解政治焦虑，化解政治危机，是不可能达到目的的，故属于无效性疏解。商末，西伯侯讨伐黎侯，势力大振，已经威胁到商王朝的政治统治，商朝大臣祖伊恐慌万分地奔告纣王，纣王竟说："我生不有命在天？"① 纣王不能察人心向背，思考殷朝存亡，竟以龟蓍卜其吉凶，就是一种无效性疏解。大凡清醒理性的圣贤明哲，面对政治危机，皆排除巫师、巫术一类低级形态的宗教性活动。商朝时治国贤臣伊尹把以歌舞事神的巫风，与当时危害政治的淫风、乱风等同视之，为此制作治官之刑，儆戒百官②，就是清醒理性的治国者。在他看来，巫风与淫风、乱风一样，皆会危害国家，无益于疏解焦虑情绪，不能化解政治危机，只能添乱。

政治危机，从根本上说，乃是政治关系的危机，是各种政治关系的吊诡与高度紧张。礼教化解政治危机，就是疏解缓和政治的紧张关系。中国古代礼教，《经礼》三百，《曲礼》三千，优优大哉！内容及大用，涉及各个方面的：大则班朝治军、涖官行法，小则乡饮乡射、民间细行，从车、服、冠、冕之制，到冠、婚、丧、祭之礼，无不有礼数，无不有规范；而且各有各的大用："朝觐之礼，所以明君臣之义也；聘问之礼，所

---

① 《尚书·西伯戡黎》。
② 《尚书·伊训》。

以使诸侯相尊敬也；丧祭之礼，所以明臣子之恩也；乡饮之礼，所以明长幼之序也；婚姻之礼，禁乱之所由生也。"① 把古代的礼教照搬到今天，自然无此必要，也是不可行的。但礼者，理也。礼教的根本精神，乃在于使人发展理性，去掉非理性。因此，礼教疏解人文焦虑，化解政治危机，在于以仁义礼智教天下，疏解缓和各种紧张关系，使整个社会关系、人与人的关系，都建立在仁义礼智的基础上，使人的行为变得理性，从而使吊诡的政治关系回归正常。礼教达此大用，也就最终疏解了人文焦虑，化解了政治危机。

最大的政治关系危机，最为根本的政治关系吊诡，乃是天子与人民的关系，即天子与执政集团失掉了民心，发生了信任危机。因此，要疏解人文焦虑，化解这种危机，最为有效的办法，就是在政道与治道上回归天心即民心、天命即民命的根本存在，承认天赋人权终究是人赋人权，权力合法性终究出于人民性，因而"克宽克仁，彰信兆民"②，使权力重新回归其合法性。天赋人权的本质是人赋人权，因此，维护权力的根本，就是"罔失法度，罔游于逸，罔淫于乐，任贤勿贰，去邪勿疑"，使为政之道，重新回归到"德惟善政，政在养民"、"好生之德，洽于民心"的道路上来。只有这样，"从欲以治，四方风动，惟乃之休"，才是美好的政治。故伯益赞之大禹曰："惟德动天。"③ 动天，即动人，动民心。惟有以天地之大德，仁爱天下，才能动人，动民心，而且这样做，要至诚不息；不至诚，作假，则不能动人，动民心。故曰："民罔常怀，怀于有仁；鬼神无常享，享于克诚。"④ 理民者，礼民也，尊重人民也。惟有真诚地尊重人民，才能获得人民的支持，使天下大治。故曰："皇天无亲，惟德是辅；民心无常，惟惠之怀。为善不同，同归于治；为恶不同，同归于乱。"⑤ 有国有天下者，惟"克宽克仁，彰信兆民"、"好生之德，洽于民心"，人文焦虑疏解、政治危机化解，才是有效的。《尚书》所说"克享天心"者，即获得民心也；"受天明命"者，即得到人民支持，获得政治合法性也。

---

① 《礼记·经解》。
② 《尚书·仲虺之诰》。
③ 《尚书·大禹谟》。
④ 《尚书·太甲下》。
⑤ 《尚书·蔡仲之命》。

获得天心明命，如伊尹教训太甲所说："非天私我有商，惟天佑于一德；非商求于下民，惟民归于一德。"① 天下兴亡，最终看民心所向！

忽视政治关系吊诡，忽视天子或执政集团失掉了民心，发生信任危机，不承认天赋人权终究是人赋人权，而认为天赋之权是神圣的、永恒的、不可改变的，仍一味地失法度，游于逸，淫于乐，无法无天，作恶多端，罔视民心动向，终难逃脱亡国亡天下之祸灾！夏桀的不务德而伤害百姓、纣王的好酒淫乐终于丧国失天下就是这样。一切都有个"度"的问题。国家存亡，天下盛衰，也是这样。"欲败度，纵败礼"②，穷奢极欲，作恶多端，自古及今，皆是造成王朝速亡的根本原因。特别是"世禄之家，鲜克由礼"，不是藏天下于天下，而是藏天下于筐箧，把国家的财产、人民的财产、天下的财产，都掠夺隐藏到自己家去，供其淫逸享乐，腐败堕落，乃是"以荡陵德，实悖天道"的事，而其"骄淫矜侉，将由恶终"③，是不会有好下场的。故曰："天作孽，犹可违；自作孽，不可逭。"④ 不可逭，即不可逃避，只是早晚的事儿，因为天道人心是不可违背的。

政治危机发生时，政治关系高度紧张，一政之出，一策之治，凡涉及民之所欲，性命利害攸关的问题，善与不善确有"一言可以兴邦"、"一言可以丧邦"⑤ 之效。但疏解人文焦虑、化解政治危机，是个极为复杂的文化意识形态问题，非一言可以期于盛衰之效。民本来就易动而难静、易怒而难安的，特别是乱世之时，不平之气，抱怨之情，无处不在，疏解人文焦虑之情，化解政治危机，更是不可不慎。但最为根本的，还是天道人心问题。惟不结怨于民，不制定那些非谋非彝的愚蠢政策，而是尊重人民，保护人民，才能长治久安。

政治危机发生，动乱之世出现，天下之心，和与不和；万民之性，安与不安；浮荡之情、恣睢之气，消与不消，涉及极为复杂的社会文化意识问题。解决这个问题，不仅要开物成务，通天下之志，定天下之业，更要

---

① 《尚书·咸有一德》。
② 《尚书·太甲中》。
③ 《尚书·毕命》。
④ 《尚书·太甲中》。
⑤ 《论语·子路》。

进德修业，知彰知微，于宇宙浩浩大化中知觉性命之理，于形而上学高度建立信仰与信念，解决国民意识与精神世界诸多问题。惟此，才能疏解天下人文精神焦虑，建盛大之业，治太平盛世，以祈永享。

三　性命之理的知觉与重建

人心不一，则天下不一；人心动荡，则天下动荡；而若人心乱，则天下乱矣。由此可知，以至极之道，无妄之理，统摄天下，使人于宇宙浩浩大化中，获得性命之理，心有个知觉主宰处，建立起信仰与信念，使天下万事，繁而不乱，众而不惑，对国家民族的和平安定，是多么重要了。

不仅对国家民族的和平安定是这样，对于人自身的生存，对于天下苍生的心性安定，建立天理良知，也是这样。人来到世上，若没有凭仗，没有依托，没有着落处，没有扎根的地方，没有信仰信念的支撑，不仅会感到孤独、寂寞、恐慌，更会在社会动荡中无处立定脚跟，追情逐物，呼啸狂奔，让心胡乱翻滚，那样的社会人生，也是非常可怕的。

正因为这样，朱子才写信给张劲夫先生，叙说自己性命未立，为大化所驱，没有停泊处的病痛：

> 日前所见，累书所陈者，只是笼统见得大本达道底影像，便执认以为是了。盖只见得个直截根源，倾湫倒海底气象。日间但觉为大化所驱，如在洪涛巨浪之中，不容少顷停泊，以故应事接物处，但觉粗厉勇果，而无宽裕雍容之气。虽窃病之，而不知其自来也。今而后，乃知浩浩大化之中，一家自有一个安宅，正是自家安身立命、主宰知觉处，以立大本、行达道之枢要，所谓体用一原，显微无间，乃在于此。①

一个人，若在浩浩大化之中，没有自家一个安宅，一个安身立命、知觉主宰处，面对巨浸汪洋，虽可以解缆放船，扬帆张棹，粗厉果敢，勇往直前，但为大化所驱，就像在洪涛巨浪之中没有停泊处一样，则随处都有颠簸翻滚之虞。国家民族的文化历史航程也是这样。现在西方有人说"中国人没有信仰"，不知出此言者，是指何时之中国人？如果是指中国这个

---

① 《答张敬夫》，《朱文公文集》卷32。

国家，这个民族，从来没有信仰，那么，这样说，要么就是无知，要么就是有意中伤！试想，中国文化历史上下绵延五千余年，如果中华民族没有精神安宅，没有信仰，没有知觉主宰处，能够在洪涛巨浪的历史长河中不被淹没吗？中华民族能够在这块土地上生存绵延五千多年，这本身就说明中国人、中华民族有着自己坚定的信仰、真实无妄的性命之理！不然，早被人灭亡或赶走了。

自然，这并不是说中国五千多年的文化历史上，中华民族的信仰或信念一直是至诚不息、绵延不断的，从来都是理性的，没有过迷惘时期。黄帝之后的东夷少皞氏族及帝颛顼时期，宗教巫术活动盛行，家家为巫，人人与神交通，"人上通，旦上天，夕下天，天与人，旦有语，夕有语"①，就属于信仰上的非理性迷惘。因为它不是以至极之道、无妄之理，建立信仰与信念的，而是通过低级形态的巫术活动，通过跳神、诏祝的"交神明之道"，感受天地神与祖先神的存在的；而且家家为巫，人人与神交通，各个氏族部落，皆"宠神其祖，以取威于民"，各有各的天地神与祖先神，以至于造成了"少皞之衰，九黎乱德"、"民神杂糅，不可方物"的混乱局面。故颛顼"乃命南正重司天以属神，命火正黎司地以属民，使复旧常，无相侵渎"。所谓"绝地天通"②，就是打破泛神信仰，回归天道至德的形上信仰与信念。此即"使复旧常"也。

由上可知，并不是任何文化、任何意识、任何存在，都能建立人的信仰与信念的。讲信仰与信念，讲精神世界，只能于形而上学处讲，于天道至德、至精至神、寂然不动处讲，而不能于形而下处讲，于驰骛不息、变动不居处讲，于朝之为三、暮之为四处讲，于彼亦一是非、此亦一是非处讲。这些存在是无法建立永恒的信仰与信念的。因为那驰骛不息、变动不居的存在，是稍纵即逝的，当人们刚刚关注它的时候，它在瞬息之间又发生了变化。因此，它永远支撑不起人们永恒的道德观念，也支撑不起永恒的信仰与信念。

因此，朱子所说的安身立命、主宰知觉处，实乃悟得天理所在，而立大本、行达道者也。于此处感之而通，触之而觉，则浑然全体应而不穷，知天命流行、生生不息之机矣；而万起万灭，皆其寂然本体也。此性命之

---

① 《壬癸之际胎观第一》，《龚自珍全集》第13页，中华书局香港分局1974年版。
② 《国语·楚语下》。

理所立，知觉主宰所建者也。悟得此理，知觉主宰，澄然于心，以为安宅，以为精神世界，以为信仰和信念，才是涵养功夫。有此功夫，于浩浩大化之中，历史颠簸之际，面对着利害冲突，才能抱以纯一情怀，而不胸中扰扰，急迫浮露，才疏解得种种不安与焦虑，从今而后，不论是为人治学，还是接人待物，才拥有宽裕雍容之气，虚静深厚之风。个人如此，国家民族亦如此。

文化精神、信仰和信念及性命之理种种，皆原于天道本体，原于这个形而上学存在。它支撑了礼教文明，支撑了中华民族的道德精神世界。故董仲舒说："道之大原出于天，天不变道亦不变，是以禹继舜，舜继尧，三圣相受而守一道。"① 不管人们怎样不理解董子"道之大原出于天，天不变道亦不变"这句话，也不管人们怎样从政治上扭曲这句话，但谁也改变不了中国文化的大道本体原于天道法则的根本事实。尧、舜、禹三圣相受相继所守的道，即此大道本体，即此精一法则。这个大道本体，这个精一法则，乃是原出于天，千古不变、万古不变的真理！故曰"亡救弊之政也，不言其所损益也"。此指治世而言的。政教和平，无须补救，自然"不言其所损益"；然及至乱世，为政而不行，则变其道而更化。不管怎样变其道实现更化，但以仁义礼乐教化天下的根本原则是不变的，它的根本精神还是原于天道本体的。故董仲舒说："王者有改制之名，亡变道之实。"②

继乱世者变其道而更化，就是重新知却天道性命之理，与天道本体浑然相通，建立起信仰信念，以为精神的安宅。天道本体，虽然是万世无弊的永恒存在，然于继承处说，则有所变通，有所损益，有所补废也；为救弊扶衰，道德精神追求也有所不同，夏代尚忠，殷商尚敬，周朝尚文，就是属于这种情况。故孔子说："殷因于夏礼，所损益可知也；周因于殷礼，所损益可知也；其或继周者，虽百世可知也。"③ 每一次变其道而更化，皆是重新知却天道性命之理，重新建构信仰信念，以新的道德精神，化解新的政治危机，疏解新的人文焦虑。

天下之人，知觉有主宰处，获得信仰与信念，心才能定；心定，天下才能不乱；获得性命之理与道德精神，才知向何处去，才能疏解最大的焦

---

① 《汉书·董仲舒传》。

② 同上注。

③ 《论语·为政》。

虑。但要解决这个问题，不仅要知却天理，于最高存在处，获得知觉主宰，还有个以德化民、醇厚民风的问题。惟以大德化民，建立醇厚民风，天下纯正和平，才能实现人文大疏解。

四　大德化民，醇厚民风

中国几千年之政治，礼治与德治从来是紧紧联系在一起的。礼治的核心，是以仁义礼智教化天下；而仁义礼智的核心问题、政治哲学的根本问题，就是以天德王道仁爱天下。礼治离开德治，离开仁义礼智之教，离开以天德王道仁爱天下，则无以为治。故董仲舒对汉武帝说：

> 古者修教训之官，务以德善化民，民已大化之后，天下常亡一人之狱矣。今世废而不修，亡以化民，民以故弃行谊而死财利，是以犯法而罪多，一岁之狱以万千数。①

法律无疑是重要的，没有法律，谁也治不了国，平不了天下。但法律不能离开道德，法治不能离开德治。在中国文化中，德法同原，大用一体，二者是浑然一体发挥大用的。但毕竟德是本，法是为治之具，虽然"徒善不足以为政，徒法不能以自行"，但是，"尧舜之道，不以仁政，不能平治天下"②。若不能"发政施仁，使天下仕者皆欲立于王之朝，耕者皆欲耕于王之野，商贾皆欲藏于王之市，行旅皆欲出于王之途，天下之欲疾其君者皆欲赴愬于王"，则不能使天下归心；而其若能是，"孰能御之"③。以德化民，建立醇厚民风，也是这样。

以德化民，就是以天道至德为根本教理，渐民以仁，摩民以谊，节民以礼，教化行而民成美好习俗。这里，关键是王者要有天道至德，要有"大哉乾元"的品德，像天一样兼覆一切、光照一切、雨露一切；要有"至哉坤元"的品德，像大地一样负载一切、托起一切、蓄养一切、生化一切。惟有王者像"天地之无不持载，无不覆帱，辟如四时之错行，如日月之代明，万物并育而不相害，道并行而不相悖，小德川流，大德敦化"，

---

① 《汉书·董仲舒传》。
② 《孟子·离娄上》。
③ 《孟子·梁惠王上》。

才能大化天下之民；惟"天下至圣为能聪明睿知，足以有临也；宽裕温柔，足以有容也；发强刚毅，足以有执也；齐庄中正，足以有敬也；文理密察，足以有别也。溥博渊泉，而时出之；溥博如天，渊泉如渊，见而民莫不敬，言而民莫不信，行而民莫不说。是以声名洋溢乎中国，施及蛮貊"，才能化得了天下，使"舟车所至，人力所通，天之所覆，地之所载，日月所照，霜露所队，凡有血气者，莫不尊亲"①。

　　这以德化民不能是空的，口头说说的，它必须落实到民生，解决人民的生存安康问题，使天道至德能为民众切实地感觉得到，养其父母，教育子女，康乐和平，然后民才能敬，才能信，才喜悦，才乐于大化而不知。故孟子说："夫仁政，必自经界始。"制经界，就是为民制产，使人民获得生产资料，得到生存保障，建立起生存根基。孟子认为，这是稳定天下非常急迫的事！故曰："民事不可缓也。"为什么呢？因为"民之为道也，有恒产者有恒心，无恒产者无恒心"②。民无恒心，则放僻邪侈，无不为已；及至陷乎罪，然后从而刑之，则是罔民也。在孟子看来，哪有仁人在位，可以罔民的事！因此，凡欲大德化民，使其有恒心者，必正经界，为民制产。经界正，为民制产，才能以此为根本，建立起一套俸禄制度，天下也才能建立起秩序；而若经界不正，不能为民制定恒产，必然发生暴君污吏慢其经界，掠夺天下资源财产，产生"为富不仁"的现象。哪有少数人垄断整个资源，霸占着绝大多数财富，多数人则地无一垄，房无一间，处于贫困状态，而人民有恒心、有信仰信念的？一个诅咒"硕鼠硕鼠，莫食我黍"的民族，一个人民"逝将去汝，适彼乐土"③、准备逃离的国家，天下岂是可治、社会岂是可安的？不论是过去的天子国君，还是今天的总统，谁为政，谁治理天下，不解决民生问题，不解决老百姓的吃饭、穿衣、住房、安康问题，谁也甭想大化于民，安享太平！此即孟子讲"仁政必自经界始"者也，亦大德化民自此始者也。

　　而且大德化民，必须出于至诚，不能弄虚作假。唯天下至诚，才能尽人之性，尽物之性。能尽人之性，能尽物之性，才可以赞天地万物化育，化成天下。"诚者物之终始，不诚无物。"不诚，弄虚作假，是什么

---

① 《礼记·中庸》。
② 《孟子·滕文公上》。
③ 《诗经·国风·硕鼠》。

事也做不成的。故曰："唯天下至诚，为能经纶天下之大经，立天下之大本。"① 特别是国家兴废存亡之际，人心浮动、相激相荡而不可猝静之时，不诚是不能动天、不能感动人民的。故孟子说："相率而为伪者也，恶能治国家？"② 大德化民，不仅要看有国有天下者如何说，更要看其如何做。用孔子的话说："始吾于人也，听其言而信其行；今吾于人也，听其言而观其行。"③ 有国有天下者，惟其至诚不息，纯纯不已，不做假，不虚伪，不欺骗人民，以天道至德，深入教化于民，才能使天下归于昌平之治，风正俗淳。惟此，才是天下人文大疏解！

国家的长治久安，在于正人心，在于道德节义与纯正民风，而不是竞浮华，薄风俗，单纯功利之求。故苏轼上书神宗皇帝说："国家之所以存亡，在道德之深浅，不在乎强与弱；历数之所以长短者，在风俗之厚薄，不在乎富与贫。臣愿陛下务崇道而厚风俗，不愿陛下急于有功而贪富强。"④ 建功业，致富强，哪个帝王不想图之？然若无德泽蓄天下，厚其节义，淳风俗，天下归于仁，而一味贪富强，求功利，则陷溺人心，使人趋利而不知义，造成浇薄之风，这终究是不能长久的。所以有国有天下者，要想长治久安，建盛德伟业，不仅要以天道至德教化于民，更要把论道修德，制礼作乐，陶冶人之性灵，消除邪僻乖戾之气，放在为政的重要位置。这就是礼乐陶冶净化人的心灵的大用。

五　礼乐净化心灵大用

中国礼乐文化于4300多年前的唐虞时代就已经发展起来。《尚书》讲帝舜命伯夷"典三礼"；命夔"典乐，教胄子，直而温，宽而栗，刚而无虐，简而无傲。诗言志，歌永言，声依永，律和声。八音克谐，无相夺伦，神人以和"；而夔"击石拊石，百兽率舞"⑤，就是讲的当时礼乐文化。这种文化乃是一种礼教仪式伴以歌舞的礼乐形式。它虽然也以和谐的

---

① 《礼记·中庸》。
② 《孟子·滕文公上》。
③ 《论语·公冶长》。
④ 《宋史·苏轼传》。
⑤ 《尚书·舜典》。

乐曲表达"神人以和"的境界，但礼教音乐与单纯歌颂鬼神的宗教音乐还是有区别的。《楚辞·九歌》中许多篇章，如《东皇太一》、《云中君》、《湘君》、《湘夫人》、《河伯》、《山鬼》及大小《司命》，就属于歌颂鬼神的宗教乐舞歌词。朱子虽曰《九歌》"屈原之所作也"，但他同时也承认，"昔楚南郢之邑，沅、湘之间，其俗信鬼而好祀，其祀必使巫觋作乐"，属于"歌舞以娱神"。曰"屈原之所作"者，不过是其"见而感之，更定其词"而已。这些宗教音乐，歌舞于"阴阳人鬼之间"，自然难免有"亵慢淫荒之杂"①，它不像礼教音乐那样和谐纯正，内容也不像礼乐那样"直而温，宽而栗，刚而无虐，简而无傲"。

礼乐乃是属于《诗》、《书》、《礼》、《乐》的教化形式。唐虞时代，《淮南子》所说的帝舜"作五弦之琴，以歌南风，而天下治"②，就是以诗歌与琴乐实施礼乐教化的。《尸子》讲得更具体："帝舜弹五弦之琴，以歌南风，其诗曰：'南风之薰兮，可以解吾民之愠兮，可以阜吾民之财兮。'"③ 这些说法，可能带有歌颂帝舜的成分，但它也说明，礼教音乐之始，内容比较纯正，属于"诗言志，歌永言，声依永，律和声"的礼乐形式。

中国礼乐也与其他民族的宗教音乐不同。它既不像印度宗教音乐充满"寂静味"，也不像西方宗教音乐充满忏悔感，而是"大乐与天地同和，大礼与天地同节"，充满天地精神，充满天道法则秩序的和乐精神！故曰："乐者，天地之和也；礼者，天地之序也。"④ 这种礼乐，其动也天，其静也地，和乐天人，通于万物，属于最高音乐或天上的音乐。其音乐境界，就像《庄子》讲黄帝张《咸池》之乐所说的那样："夫至乐者，先应之以人事，顺之以天理，行之以五德，应之以自然，然后调理四时，太和万物，四时迭起，万物循生；一盛一衰，文武伦经；一清一浊，阴阳调和，流光其声；蛰虫始作，吾惊之以雷霆；其卒无尾，其始无首；一死一生，一偾一起；所常无穷，而一不可待。"⑤《礼记》说它"极乎天而蟠乎地，

---

① 朱熹《楚辞集注》卷2《九歌第二》。
② 《淮南子·泰族训》。
③ 《尸子·绰子》。
④ 《礼记·乐记》。
⑤ 《庄子·天运》。

行乎阴阳而通乎鬼神,穷高极远而测深厚"①,也可以想见其境界的深厚博大深远!《诗经》说:"有瞽有瞽,在周之庭。"② 现在陶寺文化遗址出有木鼓、石鼓一类的乐器。《吕氏春秋》说:"帝尧立,乃命质为乐。乐乃效山林谿谷之音以歌,乃以麋𩩅置缶而鼓之,乃拊石击石以象上帝玉磬之音。"③ 此也可想象礼乐极乎天地、通乎鬼神的境界也。尧之《大章》、黄帝之《咸池》、舜之《韶》、禹之《夏》,皆是这类礼乐;至殷周之乐,美矣尽矣。当时以钟、鼓、管、磬、羽、干、戚之乐器演奏,演奏者屈伸俯仰,缀兆舒疾,穷本知变,是非常尽情的!上古三代的礼乐文化,施于金石,越于声音,用于宗庙社稷,事乎山川鬼神。

自然,礼乐是各式各样的,音乐境界也各不相同:葬礼之悲,婚庆之喜,朝礼之庄严,军礼之雄壮,祭礼之肃穆,冠礼、加冕礼之庄重,皆有不同要求,礼乐亦有不同的表达。但不管何种礼乐,皆在于以美好、纯正之音,陶冶人的各种非理性的感情。故曰:"先王之制礼乐,人为之节,衰麻哭泣,所以节丧纪也;钟鼓干戚,所以和安乐也;昏姻冠笄,所以别男女也;射乡食飨,所以正交接也。礼节民心,乐和民声,政以行之,刑以防之。礼乐刑政,四达而不悖,则王道备矣。"自然,其目的还在于天下之治:"礼以道其志,乐以和其声,政以一其行,刑以防其奸。礼乐刑政,其极一也,所以同民心而出治道也。"④

现在,大凡声响乐曲,皆称音乐。其实,声响与音乐是不一样的。音乐不仅是指声响,更指宫商之变,指有节奏、有旋律、有伦理、有道德,能引起人的感情共鸣的乐曲。故凡音,皆生于人心;凡乐,皆通于伦理感情。故曰"乐者,通于伦理者也"⑤。动物虽知声而不知音。讲知音,皆指人心也。能知音者,皆是有一定伦理道德感情修养的人。但音乐所以能对所有人起作用,在于它能道出人类的共同感情,协和贵贱好恶,使贤愚不肖,皆能和乐于仁爱正义,而不像礼教之讲究贵贱差等。故曰:"乐者为同,礼者为异。同则相亲,异则相敬。""乐由中出,礼自外作。乐由中

---

① 《礼记·乐记》。
② 《诗经·周颂·有瞽》。
③ 《吕氏春秋·古乐》。
④ 《礼记·乐记》。
⑤ 《史记·乐书》。

出故静，礼自外作故文。乐至则无怨，礼至则不争。揖让而治天下者，礼乐之谓也。"它"发以声音，文以琴瑟，动以干戚，饰以羽旄，从以箫管，奋至德之光，动四气之和，以著万物之理"；故其"清明象天，广大象地，终始象四时，周还象风雨。故乐行而伦清，耳目聪明，血气和平，移风易俗，天下皆宁"①。此孔子所以讲"移风易俗，莫善于乐"② 者，亦即太史公所说"博采风俗，协比声律，以补短移化，助流政教"③ 者也。礼乐补于政教，化民于纯的作用，虽化而无迹，然若春风化雨，润物无声，是极为深刻的。董仲舒在谈到这种作用时说："乐者，所以变民风，化民俗也。其变民也易，其化人也著。故声发于和而本于情，接于肌肤，臧于骨髓。"④

礼乐不仅在于能移风易俗，更在于能净化人的心灵，提升人的精神。礼以道其志，乐以和其声。故礼乐之声，中正仁义之声也，其音正，其气和。"凡奸声感人，而逆气应之；逆气成象，而淫乐兴焉。正声感人，而顺气应之；顺气成象，而和乐兴焉"。礼乐"倡和有应，回邪曲直，各归其分，而万物之理，各以类相动。是故，君子反情以和其志，比类以成其行，奸声乱色不留聪明，淫乐慝礼不接心术，惰慢邪辟之气不设于身体，使耳目鼻口心知百体，皆由顺正以行其义"⑤。此君子心灵所以纯净、精神所以高洁也。

但人是有物欲情欲的，有现实人生的各种悲欢离合及种种世俗的考虑与追求的。不仅平时"色不忘乎目，声不绝乎耳，心志嗜欲不忘乎心"，而且一念之动，即有善恶，即有理性与非理性的存在。因此，"礼乐不可斯须去身"。礼乐的功能主要在于治心。若能治心，"则易直子谅之心油然生矣"；"易直子谅之心生则乐，乐则安，安则久，久则天，天则神"；而若"心中斯须不和不乐，而鄙诈之心入之矣，外貌斯须不庄不敬，而易慢之心入之矣"。"易直子谅之心"，即正直、平易之心。它乃是讲礼乐净化人心、提升精神的功能。这种功能的发生，乃是一种"乐者动于内；礼者

---

① 《礼记·乐记》。
② 《孝经·广要道章第十二》。
③ 《史记·乐书》。
④ 《汉书·董仲舒传》。
⑤ 《礼记·乐记》。

动于外"的道德教化过程。礼乐的境界，不仅极为庄重肃穆，而且是极为和谐顺畅的。乐和于内，礼顺于外，"内和而外顺，则民瞻其颜色而弗与争也，望其容貌而民不生易慢焉"。故礼乐的道德教化，"乐动于内，而民莫不承听；理发诸外，而民莫不承顺"。故曰："致礼乐之道，举而错之，天下无难矣。"①

特别是在祭祀礼乐中，人齐明盛服，以承祭祀。祭神若神在，洋洋乎如在其上，如在其左右。在"钟鼓喤喤，磬管将将"②、"箫管备举，喤喤厥声"③的礼乐声中，人是不可须臾有不和不乐、怠慢鄙诈之心的；恰恰相反，人在这种礼乐氛围中，是极容易忘记自我、超越自我，与上帝或祖先神存在合而为一体的。此时自我之内心，自家精神即是祖先精神；自家世界，即是上帝的世界；而且气魄越盛，祖先精神越盛，形而上学精神越盛。与此精神浑然一体，就是礼乐教化达到的最高境界。

王国维先生说："周之所以纲纪天下，其旨则在纳上下于道德，而合天下诸侯卿大夫士庶民以成一道德之团体。故知周之制度典礼，实皆为道德而设。"④ 特别是《诗》、《书》、《礼》、《乐》经过整理，把温柔敦厚的《诗》教、疏通致远的《书》教、广博易良的《乐》教、洁静精微的《易》教、恭俭庄敬的《礼》教及属辞比事、大义深远的《春秋》教，融合为一个完整的礼教体系，它不仅给中华民族提供了一套系统的礼仪规范，也把人的内心及其整个道德精神提升到了博大高深、洁静悠远的境界。

---

① 《礼记·祭义》。
② 《诗经·周颂·执竞》。
③ 《诗经·周颂·有瞽》。
④ 《殷周制度论》，《观堂集林》卷10。

第六章 礼教文明与社会秩序

现在,虽然现代化建设取得了很大成就,但腐败堕落及社会秩序之混乱,也使人之厌恶达到了无法忍受的程度。社会上有人以"秩序大乱,人心大坏"形容时代的各种弊端:科学家抛弃价值合理性,正与商家携起手来,制造出各种各样有毒的食品、产品,威胁所有人的生命;腐败像病毒一样肆虐流行,正使一批批贪官倒下;儿女抛弃父母不养不算,兄弟姊妹父母为一间房产,一点亲情不顾,正撕破脸皮,对薄公堂;路旁的老人跌倒了,很多人不去扶,不敢去扶……市场发达了,欲望扩大了,到处是为利益而争斗,为金钱而打拼,但却不见了天理良知。伦理体系之崩溃、道德底线之塌陷,到了如此地步,究竟是政治体制问题,还是人性被扭曲?凡此,皆涉及以礼教文明建立社会秩序的问题。

上一章讲以礼教疏解人文焦虑。其实,疏解人文焦虑,解除危机(包括政治危机、社会危机、信任危机、信仰危机),也是为了建立社会秩序。但建立社会秩序,并不只是情感、情绪一类焦虑不安的问题,不只是疏解人文焦虑问题,而是涉及人性教化、社会伦理以及德治、礼治与民主法治诸多问题。这从中国文化看,都是与礼教文明相关的,属于礼教文明应该解决的问题。本章就是研究礼教文明如何解决这些问题的。社会的存在,在于人的存在;一切社会问题的产生,皆与人性发展如何相关。因此,现在本章首先从社会秩序与人性发展问题讲起。

一 社会秩序与人性发展

《尚书》说:"知人则哲。"① 可知哲学之立,在于知人,知人性之存

---

① 《尚书·皋陶谟》。

在；宗教也好，礼教也好，不管以何为宗为教，所教者皆是人，皆是人的存在，也是以人性的根本存在为根据的。

那么，究竟应该怎样看待人性，看待人的本质呢？不论是宗教还是礼教，皆是立于不同的人性本质以施教，建立人类社会秩序的。因为上帝按照自己的面貌创造了人，所以西方有些宗教神学家，也承认人是有神性的。但依据基督教《旧约全书》，人违背上帝的意志，偷吃了智慧果，是犯有原罪的，人性的本质是恶的。因此，西方的宗教，基本上是建立在性恶论基础上的。所以，其为宗教，就是以上帝存在为宗，信奉上帝，以人的忏悔、上帝的拯救为根本教旨。因此可以说，西方的宗教，乃是以拯救为根本教义的宗教，通过拯救人性之恶，达到维持人类社会秩序的目的。

中国文化与西方不同，承认人有先天道德本性，人性本是善的。《尚书》讲"惟皇上帝，降衷于下民"①，《诗经》讲"天生烝民，有物有则，民之秉彝，好是懿德"②，孟子讲仁义礼智之性，人所固有，"非由外铄"③，皆是承认人是有仁义礼智的先天道德本性，有此本质规定性的。人有此本性，有此本质规定性，才可以教化，可以涵养之、扩充之、大化之、提升之，使人成圣成哲，成为有道德、有品行、有人格的存在者。此礼教之所以立也，亦《礼记》所说"天命之谓性，率性之谓道，修道之谓教"④者也。它的根本教义，就是对人实行仁义礼智之教。

这种先天道德本性，是在"天生烝民"上讲的，在"天命之谓性"上讲的。天赋人性纯粹法则，人以此法则而生，故人性是纯粹至善的。但是，仅有此纯粹至善的法则，还不能成为人的生命，只有和气或气之质相结合，才能成为人的生命存在。但气的存在，是有阴阳、刚柔、清浊、善恶的，因此，天道的纯粹至善法则与气相结合，与气之质相结合，从其结合那一霎那开始，人的生命也就有了阴阳、刚柔、清浊、善恶。这就是人的气质之性，或称之为生物本能。礼教不仅承认人有先天道德本性，同时也承认人有气质之性，有生物本能的存在；而且认为，这种气质之性，这种生物本能，若得到天道义理的涵养扩充，可以转化为正能量，成为精、

---

① 《尚书·汤诰》。
② 《诗经·大雅·烝民》。
③ 《孟子·告子上》。
④ 《礼记·中庸》。

气、神的存在；但若缺少天道义理的教化，不能以天理抑制人的物欲情欲，使其任意膨胀扩张，就会走向恶，走向疯狂的非理性。因此，《礼记》才讲："人生而静，天之性也；感于物而动，性之欲也。物至知知，然后好恶形焉。好恶无节于内，知诱于外，不能反躬，天理灭矣。"①

正是人有此阴阳、清浊、刚柔、美恶的气质之性，有此生物本能，所以人一旦失去礼教，感物而动，"好恶无节于内，知诱于外，不能反躬，天理灭矣"。"天理灭"，即失却天道义理，即发展为非理性，如前所说，不能理性控制自我，就会转化为恶，转化为邪，转化为"内心黑势力"，转化为狂暴的野性，进而转化为腐败、堕落、淫乱，转化为恶行，转化为恶势力，以致发展为暴力、奸邪、无恶不作，走向犯罪。中国没有西方的宗教，不可能使人通过忏悔解决人性犯罪问题。但中国有礼教。礼也者，理也。礼教就是通过教化，发展提升人的理性，抑制人的非理性，使之自觉地控制自己的非理性欲望，成为理性存在者。治国平天下，若无礼教，任人的物欲情欲恶性膨胀泛滥，就像把魔鬼放出笼子一样，让其遮蔽阻碍历史道路，则天下无以为治矣。因此孔子认为，没有礼教，就像盲者看不到事物，慌慌张张不知何所止；就像夜里没有烛光，在黑屋子找不到东西一样。因此，在孔子看来，若无礼教，则"手足无所措，耳目无所加，进退揖让无所制"；如此下去，则"以之居处，长幼失其别，闺门三族失其和，朝廷官爵失其序，田猎戎事失其策，军旅武功失其制，宫室失其度，量鼎失其象，味失其时，乐失其节，车失其式，鬼神失其飨，丧纪失其哀，辨说失其党，官失其体，政事失其施"。如此加于身而错于前，则"凡众之动，失其宜。如此，则无以祖洽于众也"②。由此可知，没有礼教，天下则陷于无序状态，什么事也就干不成了。

礼义教化抑制人的非理性，并非压抑人所有的本能、控制人所有的生存欲望，而是提高人的理性自觉，使人的气质之性转换为精神性的存在，即张子的"存神过化，忘物累而顺性命"③。人在现实生活中，可以不慕容华，不羡富贵，但若破坏毁灭其基本生存条件，如居无屋，耕无田，饥不得食，寒不得衣，儿孙不得其养，那非跟你玩命不可！那样，不论是什

---

① 《礼记·乐记》。
② 《礼记·孔子闲居》。
③ 《正蒙·神化篇》。

么教，都是不可施之人生的。"礼义也者，人之大端也，所以达天道顺人情之大窦也"①；"乱天之经，逆物之情，玄天弗成"②。结婚生子，生存绵延，乃人之本性，天命之本然，岂是可以违背的！礼义之教，达天道顺人情，"合生气之和，道五常之行，使之阳而不散，阴而不密，刚气不怒，柔气不慑，四畅交于中而发作于外，皆安其位而不相夺也"③。故礼义教化，义在使人知性命之理，提高人的理性，使非理性的物欲情欲转化为自我理性，而不是向非理性、向恶的方面转化。天下之乱，在于使人迁其德，淫其性，流于好恶之欲而不能止。惟提高人的理性自觉，使其知性命之理，无淫辟之过，"天所性者通极于道，气之昏明不足以蔽之；天所命者通极于性，遇之吉凶不足以戕之"④，才能使社会人生建立起秩序。而若气之昏明蔽于此，吉凶戕之，则不仅自我人生蔽于外，而且天下也因众生多非理性而陷入无序矣。

因此，礼教之建立社会秩序，不仅只是盯着人的生物本能，盯着人的气质之性，更是着眼于培植巩固人的道德本性，涵养之，扩充之，大化之，使人成为道德自我、精神自我的存在。人皆有好德之心，有追求法则秩序及美好事物的道德本性。治国平天下，就在于培植巩固人的这种道德本性。故《礼记》讲"故人情者，圣王之田也。修礼以耕之，陈义以种之，讲学以耨之，本仁以聚之，播乐以安之"⑤，以仁义礼智之教，培植巩固人的道德本性。惟以礼教教天下，化万民，使其修之以礼，陈之以义，本之以仁，安之以乐，天下才能仁爱和乐，达于至顺之境。而若每个人都见得自家性善处，涵养之，扩充之，大化之，容之动，辞之出，色之正，皆宽宏包容而不争，沉静弘毅而不骄，享于大世界，不走歪蹊径，不自私，不自狭，廓然、昭然、坦然、广居、正位、大道、安宅、正路，那天下将是怎样一番次第，可想而知矣！

天下之治乱，社会秩序如何，归根结底是人的存在、人性的存在。因此，治国平天下，就在于人性的教化。一个社会处于什么状态，文明的还

---

① 《礼记·礼运》。
② 《庄子·在宥篇》。
③ 《礼记·乐记》。
④ 《正蒙·诚明篇》。
⑤ 《礼记·礼运》。

是野蛮的、有序的还是混乱的，一切要看人性处于何种文化教化，教化到何种程度。当整个社会"贤者在位，能者布职，朝廷崇礼，百僚敬让，道德之行，由内及外，自近者始，然后民知所法，迁善日进而不自知，是以百姓安，阴阳和"①，它能不处于神清气朗、雍雍穆穆的祥和文明的状态吗？所以，治乱如何，秩序怎样，终究取决于人性礼义的教化状态。教化的本原与提升的枢机，首先在于使人获得伦理道德的理性自觉。故彝伦攸叙，乃是立教之宜先正者也。

二 彝伦攸叙是秩序根本

人类社会最根本的存在是人，最根本的关系是伦理关系，其他关系，如社会关系、经济关系、政治关系等，都是由人的存在发展起来的，由最为核心的伦理关系向外扩充延伸发展出来的。抛弃人的存在，抛弃根本伦理关系，抛弃天地间根本的伦理存在，其他一切关系，如社会关系、经济关系等，皆是旋起旋灭的。只有建立在根乎人心、本乎天理的伦理关系，人之所以为人的社会，才是永恒存在的。正是因为这样，所以中国古代圣贤明哲经国家、抚百姓，一开始便是抓住人的存在与人伦关系，抓住这个最根本、最为核心的存在，以此伦理之大法，贞正人心，教化天下。

社会秩序终究是人的秩序，人的关系，最为根本的是伦理关系。国家是否治理，天下是否太平，社会是否有序，最终决定于人伦关系如何。正是因为这样，周武王伐纣灭殷之后，天下乱糟糟的，不知该如何治理，去请教箕子。箕子告之以《洪范》九畴，其中一个根本道理，就是使天下彝伦攸叙，否则，天下则陷入彝伦攸斁②。彝，常也。彝伦，即常道伦理。《洪范》九畴所叙，乃九大常道法则也，以此定民之常伦，使其懂得伦理秩序，故曰"彝伦攸叙"；不知常道伦理，民之所承，不知何所由，伦理大坏，故曰"彝伦攸斁"。斁，坏也，败也。

民为天生，故其天性，即包含着合乎天道法则的本质规定性。"惟皇上帝，降衷于下民"③。衷，善也。上帝降生下民，即有一颗善良的心，一

---

① 《汉书·匡衡传》。
② 《尚书·洪范》。
③ 《尚书·汤诰》。

种道德本性。"惟天阴骘下民，相协厥居"①。阴，默也。骘，质也，训为成，定也。天虽不言，然默定下民之常性，使其合道而安居，有常生之资。它的意思是说，下民虽有灵性心智，所以平时不知此性者，乃是上天默定也。故人虽有先天道德本性，有孟子讲的"不虑而知"、"不学而能"的良知良能，但此良知良能，如"孩提之童，无不知爱其亲者；及其长也，无不知敬其兄也"②，未必是理性自觉的伦理道德意识。惟此，人从孩童时候起，才需要礼义教化，使其建立起理性自觉的伦理道德及精神世界。

孩童所以能建立起理性自觉的伦理道德及精神世界，是因为他有良知良能的道德本性，有此与动物不同的本质差别。这种与动物的差别，虽然很小，属于"几希"的存在，然它把人与动物区别了开来。人尚在婴儿时期，良知良能本体未萌，寂然不动，它的存在，诚若王阳明先生所说，"婴儿在母腹时，只是纯气"，而"无知识"③。但婴儿有此良知良能的道德本体，有此先天本性，有此天渊灵根的存在，经过教化，一旦识得天理，本体发用，良知良能昭然于天地间，则变为理性自觉之道德意识，变为纯乎天理的精神世界矣。孟子所说的"帝舜之居深山之中，与木石居，与鹿豕游，其所以异于深山之野人者几希；及其闻一善言，见一善行，若决江河，沛然莫之能御也"④，就是讲的人之良知良能本体向伦理道德自觉与昭明精神世界之发展。

中国古代设庠序学校以教之。庠者，养也；校者，教也；序者，射也。夏曰"校"，殷曰"序"，周曰"庠"，虽名称不同，但"学则三代共之，皆所以明人伦也。人伦明于上，小民亲于下。有王者起，必来取法，是为王者师也"⑤。庠序学校之教，也就是礼教，是礼教见之于学校教育者。礼教的本质，在于教人修道行善。故曰："修身践言，谓之善行；行修言道，礼之质也。"故礼教之教于人者，也首先是"定亲疏，决嫌疑，别同异，明是非"⑥的人伦之教，而不是现在所说的科学知识。这种人伦

---

① 《尚书·洪范》。

② 《孟子·尽心上》。

③ 《传习录上》，《王阳明全集》卷1。

④ 《孟子·尽心上》。

⑤ 《孟子·滕文公上》。

⑥ 《礼记·曲礼上》。

之教，就是孟子所讲的"父子有亲，君臣有义，夫妇有别，长幼有叙，朋友有信"①，也就是《史记》所说的"父义、母慈、兄友、弟恭、子孝"②的五常之教。五常之教或人伦之教，既是做人的基本伦理道德准则，也是人所本于天之常道法则者，故曰彝伦。人只有按照这些基本伦理道德准则做人，才符合天的常道法则，雷行天下而不悖；社会只有维护了这些基本伦理道德准则，才能合天人，循情性，顺阴阳，通本末，建立起常道法则秩序。由此可知，彝伦攸叙乃是社会秩序得以建立和维系的根本存在，而培植人的伦理道德，使其知道做人的基本准则，教育是不可废的，特别是人文教育更是不可废，应大力提倡。

宇宙万物不能离开天之常道法则，人类社会不能离开彝伦常教。宇宙万物离开天之常道法则，就会失常；人类社会离开彝伦常教，就会失序。这就是彝伦的大用、礼教的大用。故《礼记》说："道德仁义，非礼不成；教训正俗，非礼不备；分争辨讼，非礼不决；君臣上下父子兄弟，非礼不定；宦学事师，非礼不亲；班朝治军，莅官行法，非礼威严不行；祷祠祭祀，供给鬼神，非礼不诚不庄。是以，君子恭敬撙节退让以明礼。"③ 由此可知，人类整个社会秩序是靠礼教、靠五常之教建立起来并加以维系的：有此彝伦之教，社会则有序，则走向文明；离开此教，离开此彝伦，社会就失序，就陷入混乱。故孔子说："礼之所兴，众之所治也；礼之所废，众之所乱也。"④ 惟实行礼教，实行五常之教，"恭敬撙节退让以明礼"，文明的社会秩序才得以建立与维系。此中国几千年文明离不开礼教、离不开五常之教者也。

国不亡有仁君在，家不亡有慈父在。整个社会靠彝伦、靠五常之教维持。彝伦一旦大坏，陷入父不义、母不慈、兄不友、弟不恭、子不孝或父子不亲、君臣无义、夫妇无别、长幼无叙、朋友无信、五常之教不存，就会失序，就会混乱；及至发展到子弑父、臣弑君，为权力，为利益争夺不休、杀戮不断时，则天下大乱矣。故孔子说："立爱自亲始，教民睦也。立敬自长始，教民顺也。教以慈睦，而民贵有亲；教以敬长，而民贵用

---

① 《孟子·滕文公上》。
② 《史记·五帝本纪》。
③ 《礼记·曲礼上》。
④ 《礼记·孔子闲居》。

命。教以事亲,顺以听命,错诸天下,无所不行。"① 因此,明君之治天下,无论如何不敢毁五常之教,不敢让彝伦大坏,相反,"善为政者,循情性之宜,顺阴阳之序,通本末之理,合天人之际"②,必亲亲为大,尊贤为大,以人伦之教治理天下,使之归于有常,归于有序。故孔子说:"君臣也,父子也,夫妇也,昆弟也,朋友之交也。五者,天下之达道也。"③

彝伦大坏,五常不存,弑父弑君,天下必大乱。这是中国春秋战国、魏晋南北朝及晚唐五季所证明了的。这就引出了一个大道伦理学与历史哲学的问题,要保障社会历史的持续稳定与有序发展,不仅需要人伦常道法则,更需要一种纲常伦理的绝对精神。这是礼教发展为现代文明所不可回避的问题。因此,这里,简单阐述社会秩序与绝对精神的关系是必要的。

三 社会秩序与绝对精神

中国进入现代以来,再没有比提倡伦理纲常更被视为迂腐保守的了。特别是废除了帝制,实行共和之后,再讲伦理纲常,以斯为理,则更被视为迷乱人心者。自从20世纪"中国社会性质论战"及"中国社会史论战"之后,某些人机械地硬套西方的五种社会形态,把夏商周三代圣治划为奴隶制社会,把秦汉以来的历史划为封建社会以后,伦理纲常便成了"黑暗独裁专制"的封建社会意识形态。特别是"五四"运动以来,把伦理纲常批判为"黑暗独裁专制"的封建社会意识形态,成了根深蒂固、不容怀疑的绝对真理。直到今天,不论是民主斗士,还是以批判"封建"为己任的作家、剧作家,无不把纲常伦理视为封建伦理道德,因此,反封建,批判纲常伦理道德,便成了他们所垄断的最为"神圣"的话语权。由此也就可知,我们今天讲"纲常"伦理的合理性,讲重建恢复"纲常"伦理的绝对精神,是处于怎样的困境了。作者虽然在《道德本体论》一书中已经讲了这个问题④,现在仍然不得不简要地加以叙述。

什么是"纲常"伦理?所谓"纲常":纲,即纲纪;常,即常道法则

---

① 《礼记·祭义》。
② 《韩诗外传》卷7。
③ 《礼记·中庸》。
④ 见《道德本体论》第5章第3节"论'纲常'伦理的绝对精神",华夏出版社2012年版。

也。它见于人伦，即五常之教为纲纪伦理者也。故《白虎通》解之曰：

> 纲者，张也。纪者，理也。大者为纲，小者为纪，所以疆理上下，整齐人道也。人皆怀五常之性，有亲爱之心，是以纪纲为化，若罗网之有纪纲而万目张也①。

中国文化的"纲常"思想，并不始于汉代，而是远在上古时期就已经存在。《尚书》说："天叙有典，天秩有礼。"②典，即常也。"天叙有典"，言天道法则包含着五常之教也；礼，即理也，言礼教即天理也。以天理立五常之教，乃人伦本于天也。这就是说，远在公元前24世纪的唐虞时期，世界其他民族尚处于野蛮洪荒文化的低级阶段时，中国古代圣贤明哲已经从天道本体存在引申出伦理道德之常道法则。它在尧，就是"唯天为大，唯尧则之"③；而在帝舜，就是"父义，母慈，兄友，弟恭，子孝"的五常之教；它发展到禹夏时期，就是"亹亹穆穆，为纲为纪"④的思想；在商则是"各守尔典，以承天休"⑤；在周则是"勉勉我王，纲纪四方"⑥。这就是说，"纲常"的思想，远在唐虞三代时期已经发展出来，并且成为整个上古唐虞三代的人伦法则与为治之道。特别是发展到禹夏王朝时期，《洪范》九大理论范畴的提出，"彝伦攸叙"成了国之治与不治、天下平与不平的大经大法。由上可以看出，第一，"纲常"的思想，远在上古唐虞三代已经产生，乃是贯通中国五千年文化历史的人伦大法，根本与封建社会无关；第二，它的产生乃是根于人心、本于天道法则的，并非由封建社会关系引申出来的，根本谈不上什么封建社会意识形态。

正因为五常之教是根乎人心，本乎天理，是以人的道德本性为根据，以天道法则为根本存在的，所以"纲常"者，乃天地大义，人生大伦者也。因此，"纲常"伦理才有一种超越性的绝对精神。这种绝对精神，就是亘古亘今而未尝改变的存在。天有元亨利贞，人有仁义礼智之性。"大

---

① 《白虎通德论·三纲六纪》。
② 《尚书·皋陶谟》。
③ 《论语·泰伯》。
④ 《史记·夏本纪》。
⑤ 《尚书·汤诰》。
⑥ 《诗经·大雅·棫朴》。

哉坤元",元即仁体,即生意,即大化流行,生生不息,即浑然天理全体之大用,而无丝毫人欲之私。此生生之大用,此无私之精神,一日可无乎?可一日不塞于天地之间乎?仁义礼智,仁为其首,义即适宜之理,礼即天理之节文,智即天理知觉处,全本于天理也。其见诸人心,浑然一个天理,一个大爱,一个无私,一个母子情,一个天地心,一个"继善成性"的存在,岂是可损益泯灭的吗?这种父母之爱,这种儿女之情,这种人伦大理,这种做人法则,乃天命所在,亦天理所在,难道会因社会环境、历史情势、经济基础的变化而有所改变吗?不会的。如果有改变的话,那也只是少数不肖子孙、逆臣孽子,而若就大多数人而言,就整个人类社会的伦理道德及其绝对精神而言,则是恒千古,传万代,永远不会改变的。这种绝对精神,发展到汉代,即是"三纲"之说。

"三纲"的提出,并不只是"君道臣节",而是以天道法则为伦理本体根据,以君臣、父子、夫妇关系为社会根本关系,重新建立整个伦理法则秩序。董仲舒认为,"凡物必有合,合必有上,必有下。阴者阳之合,妻者夫之合,臣者君之合,物莫无合,而合各有阴阳";君臣、父子、夫妇之间的相互兼载,正如"阳兼于阴,阴兼于阳"一样,乃是建立和谐人伦关系的天道法则。故曰"王道之三纲,可求于天"[1]。《白虎通》说:"三纲者何谓也?君臣、父子、夫妇也。所以称三纲,一阴一阳谓之道,阳得阴而成,阴得阳而序,刚柔相配,故留任为三纲。"[2] 可知"三纲"的提出,亦是以阴阳兼载为根本伦理法则,以建和谐社会者也。家之齐与不齐,国之治与不治,天下之平与不平,若用社会学的话讲,可以有各种评价的社会指标体系,但从大道伦理学上讲,从伦理天道本体论上讲,则主要看君臣、父子、夫妇这样三种最基本的伦理关系是否处于稳定规范的定位。这三种基本伦理关系稳定,其他诸父、兄弟、族人、诸舅、师长、朋友之关系,也就会相对处于稳定状态;而若君臣、父子、夫妇这三种最基本的伦理关系混乱无序,则诸父兄之有敬、诸舅之有义、族人之有序、昆弟之有亲、师长之有尊、朋友之有信等,就谈不上了,社会就陷入无序了。

"三纲"之提出,乃是从当时的社会历史背景出发,赋予君臣、父子、

---

[1] 《春秋繁露·基义》。
[2] 《白虎通德论·三纲六纪》。

夫妇伦理关系以一种绝对精神。我们知道，汉朝的建立是从春秋战国之乱世走过来的。春秋时期，子弑父，臣弑君，混乱到了极点，二百四十二年间，弑君三十六，亡国七十二，诸侯奔走不得保社稷者，不可胜数。秦之短暂，只是战国的继续。入汉，诸王之叛，吕氏之乱，亦是纲常伦理未立所致。因此，及至董仲舒诸大儒出，反思春秋战国以来的社会历史，看出天下所以乱，乃在于缺少"纲常"理性法则，缺少"纲常"伦理的绝对精神，于是在"五常"的基础上，提出了"三纲"，即"君为臣纲，父为子纲，夫为妻纲"。汉代以前，虽然也讲"纲"讲"常"，但像汉代这样把"三纲"与"五常"联系起来，构成一个完整的"纲常"伦理道德体系，则不能不归功于董仲舒诸大儒。这个"纲常"伦理道德体系，不仅强调常道法则，更强调一种伦理道德的理性法则与绝对精神。按照这种法则与精神，君臣关系、父子关系乃是天地大义，乃是一种永恒的、绝对存在的伦理法则。君不君，臣不能不臣；父不父，子不能不子。人人都必须按照天道法则，遵守自己应有的角色地位与规范。汉代以前，虽然也讲"父子有亲，君臣有义"，但并没有规定君不君，臣应该如何？父不父，子应该如何？没有规定君与臣、父与子的天地大义，没有规定它不可改变的伦理法则与绝对精神，而只是坚持一种自然的、相对的等差伦理关系。按照这种自然差等关系，君不君，臣可以不臣，父不父，子可以不子，整个伦理道德都是相对的，而没有任何绝对的权力与义务。君不君，臣可以不臣，则臣可以弑君矣；父不父，子可以不子，则子可以弑父矣。如此，岂不天下大乱？还谈什么社会秩序？故司马迁说："夫君不君则犯，臣不臣则诛，父不父则无道，子不子则不孝；此四行者，天下之大过也。"①

按照"三纲"的理性法则与绝对精神，君臣关系、父子关系，乃是天地大义，是永远不会改变的。因此，君不君，臣不能不臣；父不父，子不能不子。当然，这并不是说，君与父的一切行为都是对的，绝对没错误。不是的。但其有错误，有不对的地方，也不应改变君臣、父子关系，也不能以错误对错误，以不对对不对。那样，不仅会使君臣关系、父子关系陷入非理性，而且会从根本上改变这种关系，甚至破坏毁灭这种伦理关系，走到君不君、臣不臣、父不父、子不子的地步。特别是遇到君父无理而要惩罚臣子时，如父亲打儿子，国君要杀臣子，如果都坚持一种相对的伦理

---

① 《汉书·司马迁传》。

道德，采取一种非理性态度，你不仁就不要怪我不义，你打，我就跟你对着打，你杀，我就跟你对着杀，那岂不乱了套！春秋战国时期子弑父，臣弑君，杀戮不断，二百四十多年的社会混乱，实际上就是这样造成的。按照"纲常"伦理的理性法则与绝对精神，这样是不行的。它要求君臣、父子、夫妇，各自坚持应有的角色地位与行为规范，即使君不君，臣也不能不臣；臣不臣，君也不能不君；父不父，子也不能不子；子不子，父也不能不父。所谓"君为臣纲，父为子纲"者，乃是以其理性的角色地位为纲，而不是顺从其非理性的权力与地位。它的根本要义，在于维护君臣、父子、夫妇的根本伦理关系，使其理性法则与绝对精神不至于因其非理性而遭到破坏与毁灭。由此可知，汉代以来的"纲常"伦理，并不是像后来所说的那样只是"君叫臣死，臣不得不死；父叫子亡，子不得不亡"的片面权利与义务，而是要求君臣、父子、夫妇各自坚持应有的角色地位与行为规范，以理性法则与绝对精神维护社会应有的正常秩序。

这种"纲常"伦理的绝对精神，即使在废除了君主制的今天，也仍然是有其合理性的。因为君臣关系，从本质上说，乃是一种上下关系，而不只是君主政治体制下的君臣关系。《易传》讲"有君臣，然后有上下"①，就是指上下关系。上下关系，古代称之为"君臣关系"，现代社会不这么称呼了，称之为领导与被领导关系。不管怎么称呼，夫妇、父子、君臣的伦理关系，即使到了今天，也是存在的，其理性法则与绝对精神，也是不容改变、不可废除的。故朱子说："三纲五常，亘古亘今不可易。"② 近现代以来，特别是"五四"运动以来，许多人批判"纲常"伦理，把它看成是为封建专制制度服务的思想。其实，这是一种误解，一种对"纲常"伦理的极为片面、极为浮浅的看法。试想，如果整个社会只有相对的伦理道德，只有此亦一是非、彼亦一是非的伦理道德标准，只有因是因非、因非因是的相对真理性，而没有绝对真理，那么，社会还有真理、正义吗？还能建立起信仰和信念吗？如果每一个人都按照因是因非、因非因是的相对真理行事，都按照此亦一是非、彼亦一是非的道德标准处理一切问题，那么，整个社会还能判断是非、建立法则秩序吗？若进一步言之，如果每一个人都坚持"他不仁就不要怪我不义"，坚持"我之所以如此，就是因为

---

① 《周易·序卦传》。
② 《朱子语类》卷24。

他如此"的行事方式，甚至走向疯狂与种种非理性，那样，国家还可治，天下还可平吗？稍微明白事理的人都能做出正确的回答。也正是因为这样，所以我在《中国文化精神的现代使命》一书中说："一个国家、一个民族的文化，如果只有相对的东西，没有绝对的东西，那也是非常危险的！"①

社会事物无疑是复杂的，特别是现代社会，有经济、政治、文化、军事、外交诸多事务，而且许多事物纠缠在一起，构成重重叠叠的极为复杂的社会矛盾。治国者日理万机，似乎还处理不完、处理不好。但不管社会关系多么复杂，事物多么纷繁，人类社会最为根本的关系，还是伦理关系，最为复杂纷繁的事物，还是人伦事物。国家之治，天下之平，是离不开伦理大法，离不开人道之根本的。如果一个国家民族的文化中只有相对的东西，没有绝对的东西，则必无天下之常道、百世不易之大法。如此，其治可以长久乎？国家民族之治，特别是实现现代化的治理，面对着外部世界驰骛不息、变动不居的变化，固然要根据新情况，总结新经验，以便通变化裁，趋时利用，但不管外部世界怎样变化，也不管这种变化带来了怎样复杂的社会历史情景与情势，治理国家，推进现代化，总是离不开政治伦理的统会之道，离不开绝对精神的。

国家要长治久安，社会要建立永恒的秩序，除了要坚持伦理道德的绝对精神，它还涉及治国方略问题，涉及德治、礼治与民主法治问题。这也是中国礼教的要义，是不得不讲的。

四 德法同原，大用一体

有国有天下者，对国怎么治、民怎么安、天下怎么平，历来都是非常关心的。文王问于太公、武王问于箕子、秦孝公问于商鞅、齐桓公问于管子、齐景公问于孔子、秦昭王问于荀子、梁惠王问于孟子以及汉武帝问于董仲舒等等，就是历代有国有天下者对天下治安平的价值关心。如果把历代圣贤明哲答帝王问集合起来，可以写一本修齐治平的《高端问答》。只是我现在没有时间写此书。

历代圣贤明哲答帝王所问者，无非是治国平天下的大政方略，但中心还是德治、礼治与民主法制一类的根本问题。关于德治与法制的关系，我

---

① 《中国文化精神的现代使命》第229页，山西教育出版社2007年版。

在《盛衰论》一书中曾写有"德法同原,大用一体"① 一节,而关于德治、礼治与民主法制问题,我出版《论文化复兴》一书时,专门补写了"德治、礼治与民主政治"② 一节。这类问题,我本不想在此赘述,但由于它涉及奠基礼教文明的根本政道与治策,是建立社会秩序不可或缺的礼教方略,故不得不再作简要叙述。

治国平天下,无疑离不开法制,离开法制,任何人都无法治国平天下。故孔子讲"弃法无以为国家"③。为什么呢?因为天下毕竟有无赖之徒,有"强弗友"者,有为满足私欲而敢乱天下者。故中国古代文化讲"柔克",同时也讲"刚克"④。帝舜一方面让契作司徒,"敬敷五教,在宽";另一方面则命皋陶作士,管理"五刑",对付"蛮夷猾夏、寇贼奸宄"⑤ 者等等。

但不管法制、法律多么重要,它都是为治之具,而不是根本。德者,体也;法者,用也。德是为治之本,是贯其始终者,而法是为治之具。德是价值的源头,法制是为治之举措。故司马迁说:"法令者治之具,而非制治清浊之源也。"⑥ 因此,中国古代文化,虽讲"刚克"、"柔克",还是把"正直"之德放在首位的,不然作威作福、腐败堕落就会"害于而家,凶于而国"⑦;虽讲"明于五刑",更讲"好生之德,洽于民心",讲"明于五刑",也是用来"以弼五教"的,是从属于伦理道德教化的。法律或刑法虽然有很大的威慑力量,但总不如"好生之德,洽于民心",民服其德,而"不犯于有司"。故帝舜对皋陶说,你虽"明刑之美,若我从心所欲,政以洽民,动顺上命,若草应风"⑧。这也是后来儒家讲"道之以政,齐之以刑,民免而无耻。道之以德,齐之以礼,有耻且格";讲"为政以

---

① 《盛衰论》第 7 章,华夏出版社 2012 年版。
② 《论文化复兴》第 6 章,社科文献出版社 2013 年版。
③ 《大戴礼记·四代》引。
④ 《尚书·洪范》。
⑤ 《尚书·舜典》。
⑥ 《史记·酷吏列传》。
⑦ 《尚书·洪范》。
⑧ 《尚书·大禹谟》载帝(舜)曰:"皋陶,汝作士,明于五刑,以弼五教。"皋陶曰:"帝德罔愆,临下以简,御众以宽;好生之德,洽于民心,兹用不犯于有司。"帝曰:"俾予从欲以治,四方风动,惟乃之休。"

德，譬如北辰，居其所而众星共之"① 的道理所在。社会人生，没有公输之巧，不能以规矩成方圆；没有师旷之聪，不能以六律正五音。但是，"尧舜之道，不以仁政，不能平治天下"② 也。而且以德治国，影响巨大，传播迅速久远，这就是孔子所说的："德之流行，速于置邮而传命。"③ 正因为德治有此根本大用，所以中国儒家从来不认同单纯以法律治天下，主张为政以德，以伦理道德教化天下，讲究德治与礼治。

德治，就是以天德王道仁爱天下，就是为政以德，仁爱天下人民。在中国文化看来，"天下，器也"④；"国者，天下之大器也"⑤，国家权力不是私有制度的产物，而是为保佑生民组织建立起来的。天降衷于民，自然应受到上天的保护，生民自然也应享受被保护的权利。王者不过是承受这个权利而已。故王船山说："佑之者，天也，承其佑者，人也。于天之佑，可见天心；于人之承，可知天德。"⑥ 正因为国家不是私有制的产物，故其权力是不可以私下授受的。惟有把天下看成是天下人的天下，而非某个私人的天下；把国家政治权力看成是天下之公器，而不是私有的工具，才能实行德治。基于此，有国有天下者或执国家之大器者，实行德治，就应该以天地的兼覆兼载之大德仁爱天下，而不是利用国家权力达到自私的目的。用黄宗羲的话说，就是"藏天下于天下"，而不是"藏天下于筐箧"⑦。惟以天地大德仁爱天下，以天道义理而正天下，才配有国有天下，才能治国平天下。此以德治天下者也。

礼治是包括建国方略、体统纲领等一整套政治礼仪制度在内的。如《周礼》，即《周官书》，就是一部周朝建国方略、体统纲领、政治制度的设计。我这里所说的礼治，并非在这种宽泛意义上讲的，而主要是指《诗》、《书》、《礼》、《乐》教化的平治大用。中国自古以来，不仅讲德治，讲为政以德，讲以天德王道仁爱天下，更提倡以《诗》、《书》、

---

① 《论语·为政》。
② 《孟子·离娄上》。
③ 《孟子·公孙丑上》引。
④ 《大戴礼记·礼察》。
⑤ 《荀子·王霸篇》。
⑥ 《宋论》卷1。
⑦ 《明夷待访录·原法》。

《礼》、《乐》教化天下。《诗》、《书》、《礼》、《乐》教化，就是仁义礼智教化，就是仁义礼智教化贞正人心。治理国家，并不只是修几条路、盖几座房子、税收几何的问题，而是人心教化问题。人心正，天下定！人心邪妄，物欲汹汹，君子失义，小人犯刑，天下还何以为治！治国安民，虽然要开物成务，安天下之业，解决民生问题，但更要通天下之志，知道人民想什么，要求什么；解天下之疑，断天下之惑，以最高性命之理教化天下，贞正人心人性，解决信仰信念问题。人的存在，是国家民族最为根本的存在。人的问题不解决，人心人性问题不解决，人的信仰信念问题不解决，只是在其他方面下功夫，终是表皮子的事。圣人设《诗》、《书》、《礼》、《乐》教化，就是为了解决人心人性、信仰信念一类的根本问题。故礼教就是圣人治理天下最根本的"理人之术"也。

德治与礼治，无疑有法制所无法取代的地位。首先，德治与礼治能够培育国民生存的根基。治国之道，在于施仁政，使国民得以蓄，得以养，得以川流，得以敦化。惟此，才能浃化无穷，生存绵延，才能从根本上使国家致于大盛。国家盛衰，祚命长短，不在法网之疏密，而在德之厚薄、化之深浅。其次，德治与礼治不仅可以培育国民生育的根基，更可以教化天下、贞正人心，而刑法只有威慑作用。治国平天下，以法制禁令之，以刑威之，虽可以使民免于刑罚，远于耻辱，然远不如以德治与礼治能培植人高尚的道德情操与品格，更能使人民格其心非，止于至善。"徒善不足以为政，徒法不能以自行。"① 没有法，没有法律，谁也治不了天下。但只是靠法律，一切皆断于法，像韩申那样"不别亲疏，不殊贵贱，一断于法"，使"亲亲尊尊之恩绝"，也是不行的。因为"严而少恩"的法治，"可以行一时之计而不可长用也"②。

但德治、礼治与法制，并不是各自为治，相互对立的，从体用上说，乃是浑然一体，大用不二的。"礼以道其志，乐以和其声，政以一其行，刑以防其奸。礼乐刑政，其极一也，所以同民心而出治道也"③。中国文化虽然把德治、礼治放在首位，但也是从宇宙法则、天道本体同时引出法则秩序的。它一方面讲"在知人，在安民"的德治，讲"天叙有典，天秩有

---

① 《孟子·离娄上》。
② 《史记·太史公自序》。
③ 《礼记·乐记》。

礼"的礼治；同时也是讲"天讨有罪，五刑五用"的法制。惟德治、礼治与法制，一体并用，"同寅协恭和衷"，才能"政事懋哉懋哉"①，实现天下大治，建立起社会秩序。

"法自儒家有"②。自尧舜至周公、孔子，无不讲天地大法的，无不以宇宙的大法则、大义理而为治国方略与法度的。儒家之法者，德法也，而非专以刑法言也。德法者，本于天道大德而为法也。德法的本质是任德而不任法，最高境界是有法而不用，以德导民，以礼义治天下。"以礼义治之者积礼义，以刑罚治之者积刑罚，刑罚积而民怨背，礼义积而民和亲。……导之以德教者，德教行而民康乐；鼓之以法令者，法令极而民哀戚。哀乐之感，祸福之应也"③。治国平天下，虽然不可无法，但最高的境界，是有法而不用，达到天下大治，就像周朝成康之际，"天下安宁，刑错四十余年不用"④ 那样。

宋儒邵康节先生说："财利为先，笔舌用事，饥馑相仍，盗贼蜂起。孝悌为先，日月长久。时和岁丰，延年益寿。"⑤ 礼义教民以亲和，德治给民以康乐，故乃治平之根本也。但是，要建立社会秩序，实现天下大治，还必须发挥礼教的另一个大功用，那就是消弭争斗，让人各安其位。

五　各安其位，消弭争斗

荀子说："人之生，不能无群，群而不分则争，争则乱，乱则穷矣。古者先王分割而等异之，故为之雕琢刻镂、黼黻文章，使足以辨贵贱，不求其观；为之钟鼓管磬、琴瑟竽笙，使足以辨吉凶、合欢定和，不求其余。"⑥ 这就是说，礼教制定的一个重要功能，就是为统理人群，消弭争斗的。在荀子看来，古代先王，正是为此目的，才建立了一套礼乐制度的。礼乐所以有此重要功能，就在于它能陶冶人的性情，缓解人的情绪，消弭

---

① 《尚书·皋陶谟》。
② 杜甫诗：《偶题》。
③ 《大戴礼记·礼察》。
④ 《史记·周本纪》。
⑤ 《治乱吟》，《击壤集》卷13。
⑥ 《荀子·富国篇》。

其争斗，使之找到自己身份地位的认同，知道自己应该追求什么，不应该追求什么，从而归诸理性。因此，礼乐具有调适人心、人性与社会关系，达到治天下的大用。故《礼记》说："乐至则无怨，礼至则不争。揖让而治天下者，礼乐之谓也。"① 中国历史上，凡是争斗、杀戮、混乱之时，即是礼乐制度崩溃之际；故凡欲建息争治乱之道，拯天下之乱世者，无不翕然归复礼乐制度。

为什么要消弭争斗呢？竞争或争斗，不也是人之本能吗？虽然人气质上有此本能，但从心性本体论上讲，人之心性本体存在，原是一个安静洁净的所在。它只是感物而动，为外物所诱惑，或为权力所动心，好恶形焉，一颗安静的灵魂才不能安静的；及至穷其所欲，不惜一切手段为此而争斗，则悖逆诈伪之心起矣。悖逆诈伪之心起，相激相荡，相诋相毁，浇而不淳，淫而不贞，严而寡恩，矫而失性，只知争胜斗狠，不知天性之安，则失去理性矣。天理灭，则父子相夷，兄弟相杀，姻亲相灭，君臣相凌矣。故王船山先生说："为人君者，欲其臣之竞，无异于为人父者利其子之争也。"彼此相争，上下相抗，"毁誉无恒，讼狱蜂起，天子亦何恃以齐天下。阴阳之气不和，则灾沴生；臣民之心不和，则兵戎起"② 矣。春秋战国、魏晋南北朝及五代，所以弑父弑君，篡逆不断，所以浇伪生，彝伦乱，无岁无时不相暴相戾，皆是人不知有天性之安，在疯狂的争斗中丧失理性所致。

这种非理性，若在政治领域，陷入党争，陷入不同政治集团的争斗，就更为难治，更加残酷无情，因而更会造成无序。人生不能无群，群而无分则争，争而不节，各树其党，就不仅危害治道，而且危及国家安全。群而无分，各树其党；有党必争命，争命必结仇，此即所谓"有党必有雠"③ 者也。国家政治生活中，一旦各树其党，结怨结仇，则必陷入恩恩怨怨、没完没了的争斗。汉朝末年、唐朝末年、宋朝末年、明朝末年，无不是因党争使国家陷入衰微而最后灭亡的。故曰"受君之禄，以是聚党，有党而争命，罪孰大焉"④！由此可以看出，政治领域的争斗或党争是不足

---

① 《礼记·乐记》。
② 《读通鉴论》卷6。
③ 《左传》僖公9年。
④ 《左传》成公17年。

以定国是的。国是，乃是以大中之道，通天下之志，定天下之业者。一旦起朋党，人们或恃位而行，或挟理以辩，或倚势而争，或任气而斗，纷纷呶呶，争斗不已，则必陷入非理性，陷入意短而言长，理窒而气烈；特别是恃位而行者自矜而傲物，挟理而辩者得理不让人，倚势而争者仗势以欺人，任气而斗者气胜而情浮，人人坚持己见，个个动气不收，更容易使事情走向极端。即使对方亦有几分道理，然出于党争，出于非理性，也事事杯葛，处处相竞，而不顾国家的根本利害得失、生死存亡，则必危害于国是之确立。矜气以争，恃位而行，愤怒相向，激荡不已，不但无助于定国是，反而造成人受其害，国受其祸。故王船山先生说："不消弭人情之竞，不可以定国之衡。"[1]

"凡用心之术，由礼则理达，不由礼则悖乱。"[2] 可以看出，不论是政治领域的争斗，还是把达尔文的生存竞争论引进社会领域，皆不足以定国是、治太平，反而会破坏纲纪，造成国家衰亡、社会无序。政治领域，朋党起，矜气而争，矫情而斗，拂性任情，相激相荡，自不待言；社会领域，任其争斗或竞争，必然会造成人心迷离，淫性狂奔，造成人情浇薄，舍义妄行。人处此非理性的斗争或竞争中，什么典常啊，纲纪啊，全不在话下，全都忘记了，变成了一切服从政治利益，服从利害得失。这种争斗，待其发展为携怨毒以相伤相害，去恩泽以相倾相惨，则纲常泯，祸乱生，天下难治矣。所以，中国自古以来，皆不主张争斗或竞争（包括党争），更不像今天这样，把达尔文主义引进社会生活领域，以主张争斗或一切皆采取竞争的形式，实现政治目的与社会经济管理。

那么，如何消弭争斗呢？治国平天下，总天下之务，在于用大中之道、至正之理贞正天下人心，而不是将达尔文主义引进社会领域，挑起人自私的欲望，鼓动起人非理性的情感、情欲和情绪，为私利而争斗。治国平天下，尤其忌导民于淫。淫，即滥其情性也。天之淫，淫于雨也；地之淫，淫于水也；人之淫，淫于情欲也。淫于情欲，放荡，纵欲，荡心志，竞豪华，比奢耻，耽声色，滋滋以求，而不知所止，力不能制，社会则走向情欲泛滥，政治则走向腐败堕落！因此，治国平天下，欲消弭争斗，首先就是立于大中之道、至正之理，统理人心人性。人心人性不正，邪恶淫

---

[1] 《读通鉴论》卷20。
[2] 《韩诗外传》卷1。

荡，矫揉造作，居心用情，偏颇失正，天下岂有可正者？安民首先在于安心，心不安，浮气躁动，驰骛不息，争斗不已，不能居静守性，以安其心，其民则如何能安？有国有天下者，或执国家之大器者，行大中之道，持至正之理，统理人心人性，"作稽中德"①；或"执其两端，用其中于民"②，乃是根本的政治法则。惟"举正于中，民则不惑"③，才能使天下立于中正；而若偏执偏颇，放纵天下物欲情欲，使天下之民，迁其德，淫其性，相争相斗，相激相荡，则天下乱矣、危矣、不可治矣。

治理国家，总天下之务，要消弭争斗，不仅要以大中之道、至正之理，贞正天下人心，更要以礼教和天下之怨，平天下之心。人的存在，虽有物欲情欲的本能，更有追求和谐、和平、美好，追求法则秩序，不喜欢混乱无序的道德本性。现在天下所以争，所以乱，从根本上说，一方面在于政治不平，违背人心人性，而造成大怨；另一方面说，则是失礼乐之教，把社会达尔文主义引进生活领域，使之争，使之斗，使之竞争，使之相夺！今天，欲拨乱反正、平定天下，除了建立政治公平、社会正义之外，应该把礼乐教化贞正人心，当作匡时济世的第一要务！惟有贞正了人心人性，社会历史才会变而不乱，熙熙攘攘而不失其常。

要消弭争斗，更要为民制产，为官定俸禄，使其各安本位。民之根本，是要生活，要富有，要蓄养，要生存绵延。要养民，就要为民制产。故孟子说："夫仁政，必自经界始。"④ 经界，就是治地分田，沟涂封植，建立经营界线。它就是为民制产。"经界不正，井地不钧，谷禄不平，是故，暴君污吏必慢其经界。经界既正，分田制禄可坐而定也。"⑤ 为民制产，使士农工商四民，皆各就其业，各任其能，乐其事，竭其力，以得所欲，若水之趋下，日夜无休时；有了为民制产，以此为基础，然后制禄，使各级官吏不与民争业，不与民争利，天下臣民，各就其业，各安其位，不得相侵，自然也就建立起社会秩序，消弭了争斗，安于太平了。

要想消弥争斗，有国有天下者、总天下之务者，自身的大公无私、好

---

① 《尚书·酒诰》。
② 《中庸》第 6 章。
③ 《史记·历书》。
④ 《孟子·滕文公上》。
⑤ 《孟子·滕文王上》。

于高义、宽仁礼让、和乐天下、为下民做出表率，是非常重要的。"朝廷者，天下之桢干也。公卿大夫相与循礼恭让，则民不争；好仁乐施，则下不暴；上义高节，则民兴行；宽柔和惠，则众相爱。四者明，王之所以不严而成化也。"否则，"朝有变色之言，则下有争斗之患；上有自专之士，则下有不让之人；上有克胜之佐，则下有伤害之心；上有好利之臣，则下有盗贼之民"①。由此可知，有国有天下者、总天下之务者，大公无私、好于高义、宽仁和乐、为下民做出表率，是非常重要了！气同则从，声比则应。人君和德于上，百姓和合于下，心和则气和，气和则形和，形和则声和，天下声和一片，天地应之，则天下和谐有序矣。有国有天下者、总天下之务者，以身垂风范，做出表率，以大德和天下，以礼乐教化天下，使之成风气，则天下莫之命而常自然，成太和气象矣！这种太平和谐气象，只有自天子至庶民，皆修其身，齐其家，才能实现。这就是下一章所要讲的内容。

---

① 《汉书·匡衡传》。

第七章　修身齐家与治国平天下

中国近现代以来，在对传统文化的批判中，也许再也没有比对家或家族的批判更为激烈和严厉的了。特别是在戏剧、小说一类的文学作品中，家或家族不仅作为"封建社会"的最后堡垒被摧毁，而且作为妨碍思想自由和个性解放的牢笼被粉碎，它甚至比西方文艺复兴时期对僧侣教会的批判还有过之而无不及，而不知这种批判怎样破坏了几千年家庭伦理与生生相续之道，动摇了中国社会存在的基础，毁掉了一个人生漫漫长途上最后的归宿。

西方现代社会所以动荡不已，一个重要的原因，就是家庭及家庭伦理的破坏。从上个世纪五六十年代起，"愤怒的一代"、"垮掉的一代"，社会追求思想自由与性解放等等，西方的婚姻家庭及家庭伦理就遭到极大的破坏。它发展到现在，已是几代人的单亲家庭，在许多人那里，根本谈不上完整的家庭及家庭伦理。这种发展，不仅破坏了人之道、人之理，也毁掉了一个社会存在的深层基础。美国两党的矛盾冲突，实际上是这种深层社会矛盾的反映。一个社会基础遭到破坏、毁灭的国家民族，是根本无法延续其盛治的。虽然，美国共和党现在想花大钱、用大气力，研究解决这个问题，使社会回到正常的伦理道德秩序上来，但是，美国文化太浅，没有礼教文明的基础，也没有几千年家庭存在的深远背景。若不改变其根本文化观念，指望那些主张追求思想自由与性解放的人研究解决这些问题，是根本无希望的。

中国则不同。中国不仅有礼教文明的基础，有家庭存在的深远背景，有一套传承几千年的伦理道德，而且家庭不是孤立的，是家国一体存在的。近现代以来，虽然家庭及其伦理在批判中遭到破坏，当代又受到西方文化的冲击，造成了家与国的割裂及社会不稳，但中国有礼教文明的基础，有家庭存在的深远背景，只要认识到家庭及家庭伦理对修齐治平的大用，恢复起来还是比较容易的。本章的研究就从这里开始。

一　家庭：深远文化背景

中国家庭的深远文化背景，可以深入到远古伏羲时代。当时，"伏羲制俪皮婚嫁之礼"①，就是以家庭为背景的。没有家庭背景，如何能以此为婚嫁之礼？以婚嫁修人之道，实乃以家庭为基础建立人之道。故可知远在六七千年以前，中国的家庭已经形成，并成为修人之道的社会基础。这个家庭的深远背景是西方国家不存在的。

家庭作为人类生活群体，它的起源无疑是以血缘关系为基础发展起来的，但这种群体不仅仅是生物性的，而是伦理亲情的存在。《说文》曰"家，居也"。因为"家"字的构成，为"宀"下加"豕"字，人们总是把"家"与养猪联系起来。家庭的出现，可能与畜牧业发展有关，但家绝不是养猪的地方，而是伦理亲情所在。《周易》有《家人》一卦，放在《明夷》卦之后。《易传》说："夷者，伤也，伤于外者必反其家，故受之以《家人》。"② 由此可以看出，家或家庭，乃是人在外面受到伤害，回到家里得到温暖亲情的地方。因为家里有家人之道，有父子之亲、夫妇之义。这才是家庭的本质。天地万物，皆怕受到伤害，人不怕受到伤害吗？女大尚可嫁出去，但事物若受到伤害，则是令其非常恐惧的事情。故邵康节诗曰："时过犹能用《归妹》，物伤长惧入《明夷》。"③ 可知家庭及其伦理亲情的存在，对于人生是多么重要了！

这种充满伦理亲情的家庭，远在4300年前的唐虞时代，就已经发展起来了。《史记》讲"父义，母慈，兄友，弟恭，子孝，内平外成"④，就是指有伦理亲情的家庭。虽然那时家庭出现了"百姓不亲，五品不逊"⑤的现象，但整体上说，家庭伦理及道德水平，还是很高的。当时讲"九德"⑥，对于卿大夫来说，"日宣三德，夙夜浚明有家"；对于诸侯来说，

---

① 《世本》引《礼记·月令》正义。
② 《周易·序卦传》。
③ 《首尾吟》，《击壤集》卷20。
④ 《史记·五帝本纪》。
⑤ 《尚书·舜典》。
⑥ 《尚书·皋陶谟》说"行有九德"。大禹问："何谓九德？"皋陶说："宽而栗，柔而立，愿而恭，乱而敬，扰而毅，直而温，简而廉，刚而塞，强而义。"

"日严祗敬六德，亮采有邦"①，才是合格的家庭。这里虽说是指择官标准，但也是对卿大夫、诸侯的家庭伦理及道德行为要求：卿大夫只有具备九德之三德，早晚思之，明而行之，不懈怠，才可为卿大夫；诸侯只有具备九德的六德，日日严格要求自己，敬而行之，布政施教，才可为诸侯，据有邦国。据此，可以知道当时的家庭伦理与道德行为水准。

这种家庭伦理与道德行为，主要是沿着亲亲尊尊家族发展起来的。亲亲尊尊家族，称之为宗族。"宗，尊也，为先祖主也，宗人之所尊也。"共尊一位祖先神主，而称为宗族。宗族有大小。"大宗能率小宗，小宗能率群弟，通于有无，所以纪理族人者也。"而"族者，凑也，聚也，谓恩爱相流凑也。生相亲爱，死相哀痛，有聚会之道，故谓之族"②。而家或家庭，特别是个体的小家庭，则不过是家族或宗族统率下的支系单位。但在唐虞时期，贵族家庭已经发展起来。《尚书》说帝尧"克明俊德，以亲九族；九族既睦，平章百姓"③。这里所说的"百姓"，不是今天说的平民百姓，而是天子赐姓的贵族。中国上古时期，凡有姓者，皆是天子所赐；不赐姓者，只有氏，没有姓。从《尧典》所说，可知唐虞时期以宗族为主体的贵族家庭，已经发展成为一个很重要的阶层。

中国从古代起，就是一个诸侯世国、大夫世家、宗族或家族林立的国家民族。随着时代发展，虽然古代的故国世族不见了，但中国尊祖、敬宗、收族的宗族或家族，则从来没中断过。特别是宋代以后，通过建宗祠、修家谱、聚族而居，更使家族或宗族累世而不乱。如果说上古有"百世不迁之宗"④，那么发展到近代，则有"千年之冢不动一坏，千丁之族未尝散处，千载之谱丝毫不乱"⑤者。不光世家大族是这样，即是卑族寒门，也无不尊祖敬宗、聚族而居。无族之人、无谱之家，是不存在的。中国从上古以来，就是这样以家族或宗族为主体，发展出了一个稳定的家庭体系，也构成了一个深远的家庭背景。

---

① 《尚书·皋陶谟》。
② 《白虎通·宗族》。
③ 《尚书·尧典》。
④ 《礼记·大传》。
⑤ 《光绪重修安徽通志》卷34引旧志，转引徐杨杰《宋明家族制度史论》第14页，中华书局1995年版。

隐藏在这个家庭背景之后的，则是中华民族的生生之道、相续之理。虽然世界上任何国家民族都有家庭或家族，但任何国家民族的文化，都不像中国文化之重视家庭伦理与生生相续之道。我们读《诗经》那些咏颂祭祀活动的诗，千祈百祷让上天或祖先神所保佑的，就是"千禄百福，子孙千亿"①或"寿考且宁，以保我后生"②；读《尚书》那种诰命之章，千叮咛、万嘱咐于后世子孙的，是"功加于时，德垂后裔"③或不失厥德、保住祖宗的基业。

社会之有家族，犹水之有分派，木之有分枝，虽远近异势，疏密异形，然却是血脉相通、本源一致的。千百万大大小小的家族星罗棋布于中华大地上，家家皆知其来处，人人不忘其本，上尊天命之性与乾坤之理，下敬祖宗，孝父母，育儿女，繁衍绵延，生生不息。它不仅构成了中国几千年生生之道、相续之理，也构成了中国文化历史的"家国一体"的社会存在。

二 家国一体的社会存在

现在研究婚姻家庭的人，总爱说"家庭是社会的细胞"。家庭真的只是社会的细胞吗？如果只是细胞，就像动植物细胞一样，每天都在新陈代谢，没有任何稳定性，那样，家庭对于社会来说，也就没有那么重要了。

家庭在中国文化中并不只是细胞，而是与整个社会国家的存在联系在一起的，是家国一体的存在。如上所说，家国是以家族为主体发展起来的，是沿着尊尊亲亲的人之道发展起来的。《礼记》讲"人道亲亲也。亲亲故尊祖，尊祖故敬宗，敬宗故收族，收族故宗庙严，宗庙严故重社稷，重社稷故爱百姓"④，就是讲的家国一体的发展。

怎样看待家庭的存在，怎样看待家庭的地位与作用，并不只是一个社会学问题，而是牵涉到文化历史哲学，牵涉到"人从哪里来"的哲学本体论问题。因此，关于家庭的存在及其地位作用，总是和不同国家民族的文

---

① 《诗经·大雅·假乐》。
② 《诗经·商颂·殷武》。
③ 《尚书·微子之命》。
④ 《礼记·大传》。

化哲学、宗教信仰等联系在一起的。例如印度文化认为，人与万物，皆来源于"梵天"大神，人生最高境界就是"梵我如一"，因而主张离世出家，进入深山老林，进行"梵我如一"境界的修行。再如西方基督教文化认为，人与万物，皆来源于上帝，为上帝所创造，因而主张超越家庭，不认祖宗而信仰上帝。

与印度、西方文化不同，中国文化认为，人来源于天，为天之所生，为祖先或祖先神所生，因而对于自我祖于何处，祖先或祖先神是谁，是必须弄清楚的。尊尊亲亲之道，就是建立在尊祖敬宗的基础上的。尊祖敬宗，则有宗庙之礼，社稷之重。社稷，古代乃是诸侯封土祭神所在，灭国之后，变置其社稷而为国家。故社稷乃国家之代称。《孝经》讲"在上不骄，高而不危，富贵不离其身"等，"然后能保其社稷，和其人民"①，就是在"国家"意义上讲社稷的。中国的家庭就是这样与国家的存在联系在一起的，故谓之"家国一体"的存在。

中国从唐虞时代起，就是一个以睦族示教天下的国家民族。"天子建国，诸侯建宗，亦天理也"②。天子建国，诸侯建宗，皆是以家族或宗族为基础的。这本身把诸侯世国、大夫世家与百姓家庭宗族联系在了一起，成为家国一体的存在。因此，中国文化的国家，并不只是经济发展的产物，也不是阶级斗争发展的结果，而是在宗族之上，诸侯建宗、天子建国发展起来的。"上治祖祢，尊尊也。下治子孙，亲亲也。旁治昆弟，合族以食，序以昭穆，别之以礼义，人道竭矣"③。所谓"人道竭矣"，乃是说人义之道理，竭尽于此也。它的义理，就是尊尊亲亲的伦理、相生相养的人之道。这种伦理及相生相养之道，是沿着家庭、家族、尊祖、敬宗、宗庙、社稷发展起来的一种法则，一种理机，它的最高形式，就是由敬宗收族、诸侯建宗，发展为天子建国。

中国文化的家庭、家族、尊祖、敬宗、宗庙、社稷，乃是中华民族的生生之道、相继相续之理，它不仅构成了"家国一体"的存在，也构成了几千年文化历史存在的社会理机；而家庭的存在，则是文化历史与社会存在的基石。它的最高理念，就是尊祖敬宗。这个生生之道，这个最高理

---

① 《孝经·诸侯章第三》。
② 《经学理窟·宗法》，《张载集》第259页，中华书局1976年版。
③ 《礼记·大传》。

念，这个社会基石，维系着文化历史的绵延，奠基着社会历史存在，是几千年来动摇不得的，也是中华民族虽千死百难，也要极力维护的。当佛教传入中国，要人出家离世，追求佛教清静境界时，伊川批评说："佛逃父出家，便绝人伦，只为自家独处于山林，人乡里岂容有此物？释氏自己不为君臣父子夫妇之道，而谓他人不能如是，容人为之而己不为，别做一等人，若以此率人，是绝类也。"① 而近代基督教传入中国，当其颁布教令，禁止中国人拜祖宗，要其信奉上帝时，也就发生了康熙四十六年把教皇公使监禁澳门的事件。这件事，表面上看是信仰问题，但骨子里还是家族伦理问题，还是尊祖敬宗的生生之道问题。这个家族伦理，这个生生之道，是破坏不得的，破坏了，就动摇了中国几千文化历史与社会存在的基石。

历史上是这样，现实生活中也是这样。上个世纪，五八年"大跃进"、公社化，办公共食堂，吃大锅饭，以及扒祖坟，平整土地，所以造成那么大的生产力破坏，也是因为毁掉了家庭，毁掉了尊祖敬宗的伦理，毁掉了国家民族的生生之道。而后来的"改革"，实行"包产到户"，即所谓的"大包干"，也不过是恢复家庭职能，恢复国家民族的生生之道，重新奠定文化历史与社会存在的基石而已，只是奠定的并不太牢固！但由此也可知，家庭及其伦理存在在社会稳定、国家太平中的地位与大用了。

因为中国家族伦理系统，包括它的家国一体存在，仍然是以血缘关系为基础发展起来的，在西方文化看来也许是落后的，有悖于现代工业社会的需要的，但是从中国文化看，它却是建立在天道义理基础上的，是符合天道自然法则的。与此相反，现代工业社会支配下的家庭，则是受工业化社会文化结构支配，有悖于天道自然法则，不符合天道义理的，或者说是它的异化。正是这种异化，不仅破坏了家庭职能及其伦理，也破坏了以家庭为主体的生生之道与相继相养之理，使家庭失去了社会历史存在的主体地位，变成了大工业生产的附属品。

中国文化的家道与国道，与天下之道，是统一的，它们皆源于天道，源于形上大道本体；分别言之，不过是天道性命之理的向下落实。故朱子说："道之在天下，其实原于天命之性，而行于君臣父子兄弟夫妇朋友之间。"② 正是家道与国道、与天下之道，有此本体论上的统一性，所以《大学》才

---

① 《河南程氏遗书》卷15，《二程集》第149页。
② 《续近思录·家道》。

把齐家与治国平天下联系在一起讲。只有从本体论上弄通了家庭与国家、民族与整个社会的联系，才能把齐家、治国、平天下看成是一回事，而不是把它们割裂开来。因此，中国文化认为，家道也就是国家民族之道、天下之道。它皆源于天道本体或形上之道的存在。《大学》讲明明德，就是讲人得理于天，虚灵不昧，有应乎万事而无不善的道德品质和能力。人能明明德于此，能够获得这种品质和能力，则有诸身。夫有诸身者则能施于家，行于家者则能施于国，至于天下。治天下之道，盖治家之道也。

因此，中国文化不仅认为家庭与国家是一体的存在，而且认为人自身也是其大机体的组成部分。故邵康节有"家国与身同一体"①之句。正因为家国与身同一体，所以人应该修身养性，获得天道义理，将自我融于家国之中。惟此，才齐得了家，治得了国，平得了天下。故《大学》讲，"古之欲明明德于天下者，先治其国；欲治其国者，先齐其家；欲齐其家者，先修其身"；"自天子以至于庶人，壹是皆以修身为本"②。这就是修身为齐家治平之本的道理。

三　修身为齐家治平之本

齐家、治国、平天下，为什么要以修身为本？其谓本者何？不修身不可以吗？讲修身为齐家治平之本，今天有什么意义呢？这些问题，是本节所要弄清楚的。

《大学》第五章曰"此谓知本"，而无具体叙述。程子说："衍文也。"曰"此谓知之至也"，也无具体叙述。朱子说："此句之上，别有阙文，此特其结语耳。"然后，解释说，"右传之五章，该释格物致知之义，而今亡矣。"③可知，何谓知本，《大学》原是有阐释的，后来在传播中，释文阙失了，但它所阐释的，仍是"格物致知之义"。《大学》前面讲"格物致知"，最为根本之义，就是"正心诚意"。因此，知本或修身之本，也就是"正心诚意"之旨。故朱子讲："治天下当以正心诚意为本。"④

---

① 《首尾吟》，《击壤集》卷20。
② 《大学》首章。
③ 朱熹《大学章句》。
④ 《续近思录·治体》。

何谓正心诚意？《大学》讲正心诚意，最为要紧的，一曰"知至"，即明明德，达于至善境地，就是后来王阳明讲的"纯乎天理之心"，亦即"尽夫天理之极，而无一毫人欲之思"①；二曰"知止"，即孔子所讲的"知其所止"，即"为人君，止于仁；为人臣，止于敬；为人子，止于孝；为人父，止于慈；与国人交，止于信"②。正心诚意，明明德，能知至知止，则是最高境界；而心之本体，达此境界，万物之理豁然贯通，事物之表里精粗无不到，则全体大用，无不明矣。

如何正心诚意，《大学》不仅提出了知至知止的最高境界，而且还提出了具体要求：即诚意"毋自欺"，正心不要陷入自我忿懥、恐惧、好乐、忧患。毋自欺，就是遇"恶恶臭、好好色"，能够"慎独"，揜其不善，而著其善。正其心，就要超越自我，觉察非理性自我之心的存在；人的一生，不能超越自我，陷入忿懥、恐惧、好乐、忧患而不能察觉，则其心不能正矣。故曰："身有所忿懥，则不得其正；有所恐惧，则不得其正；有所好乐，则不得其正；有所忧患，则不得其正。"③ 这实际上还是要求修齐治平者，保持一颗"纯乎天理之心"。惟心是至善本体存在，发之外，见诸事，全是纯乎天理，而无一毫人欲之私，才齐得了家，治得了国，平得了天下。此即修身为齐家治平之本也。

为什么呢？因为"国者，天下之大器也"④；"天下非一人之天下，乃天下之天下也"⑤。故有国有天下者，惟有明明德，修至善身，仁爱天下，方可为之。这诚如成汤说的："此天子位，有道者可以处之，天下非一家之有也，有道者之有也。故天下者，唯有道者理之，唯有道者纪之，唯有道者宜久处之。"⑥ 不能明德修身，仁爱之心，是不能赢得人心、化成天下的。孔子说"不仁，国不化"⑦；孟子讲"不仁而得国者，有之矣；不仁

---

① 《传习录》上。
② 《大学》第3章。
③ 《大学》第6、7章。
④ 《荀子·王霸篇》。
⑤ 《六韬·文韬·文师》。
⑥ 《逸周书·殷祝解第六十六》。
⑦ 《大戴礼记·千乘》引。

而得天下者，未之有也"①，就是讲的这个道理。惟有修得大德者，方能承担起治国平天下的大任；自私自利者，是不配处于这个位置的，勉强为之，或者逞能，那就像孔子说的："德薄而位尊，知小而谋大，力少而任重，鲜不及矣。《易》曰：'鼎折足，覆公𫗧，其形渥，凶。'言不胜其任也。"②

国家社稷者，乃宗庙神器之所在。天子者，乃刚中而应，大亨以正，天命之所在。不修身，不正心诚意可乎？"政者，正也。君为正，则百姓从政矣"③；"为政以德，譬如北辰，居其所而众星共之"④。治国平天下者，乃天之司也；自身不正，何以正天下！"政者，正也。子帅以正，孰敢不正？"⑤ 政治，不是歪治邪治，而是施贞正予天下，施明德予天下。有国有天下者，不能明德正心，以己之昏昏，岂能使天下昭昭？自己身之不修，心之不正，意之不诚，岂能治得了国，平得了天下？故孟子说，"吾未闻枉己而正人者也"⑥；"相率而为伪者，恶能治国家"⑦？这正如汲黯诘武帝所说："陛下内多欲而外施仁义，奈何欲效唐虞之治乎？"⑧ 也是出于同样的道理，朱子才说："天下之事，千变万化，其端无穷，而无以不本于人主之心。人主以渺然之身，居深宫之中，其心之邪正，若不得而窥，而其符验诸外者，常若十目所视，十指所指，而不可掩。是以古先圣王，兢兢业业，持守此心。虽在粉华波荡之中，幽独得肆之地，而所以精之、一之、克之、复之，如对神明，如临深谷，未尝敢有须臾之怠。"⑨

讲正心诚意，讲明德修身，在一些人看来也许太老套，太不适合现代社会，甚至可能被骂为腐儒之见，但仔细想一想，历史上的盛衰治乱，哪一次不是和治国者心术之邪正良昧联系在一起呢？不和治国平天下者身之

---

① 《孟子·尽心下》。
② 《周易·系辞下传》。
③ 《大戴礼记·哀公问孔子》。
④ 《论语·为政》。
⑤ 《论语·颜渊》。
⑥ 《孟子·万章上》。
⑦ 《孟子·滕文公上》。
⑧ 《汉书·汲黯传》。
⑨ 《续近思录·治体》。

修不修、心之正不正、意之诚不诚联系在一起呢？一个朝代的兴盛时期，大抵是刚健中正的力量占居主导地位的时候。及至这种力量遭排斥或被打压下去，阴柔邪妄的力量占居控制地位的时候，其朝代也就要走向衰亡了。例如，禹夏之兴，则得皋陶、益、稷之助。及至太康失政，经后羿、寒浞之侮，弃良臣而不用，则夏室不竟矣。降及孔甲乖戾，夏桀败德，囚汤于夏台，则夏败于鸣条而亡矣。成汤得伊尹而兴商。及至纣王醢九侯，脯鄂侯，囚西伯，则商危矣。待其杀比干，囚箕子，微子去，而用善谀好利的小人费仲为政，殷人不亲，则兵败牧野，身死鹿台矣。周之文、武，得周公、太公、毕公诸贤而兴。及至厉王不听大夫芮良夫之谏，而用好利不知大难的荣公，幽王不听太史伯阳之劝，而用善谀好利佞巧之小人虢石父，则周朝衰矣。三代之后，汉、唐及宋的盛衰也是这样。汉兴，虽有吕氏篡逆，然终因有陈平、周勃一班中正之臣在，而不能阻挡汉兴之势。及至成、哀之世，身为国家重臣的张禹为子孙计而党王氏，身为太师的孔光无耻地听命于王莽时，社稷祚命移于他人，则西汉亡矣。唐之兴也，是因为有房玄龄、杜如晦、长孙无忌、魏征以及狄仁杰、杜景俭等一批当国守正之臣在。然及至玄宗亲奸邪小人高力士、李林甫、杨国忠，则天下乱矣。同样，宋之治也，是因为有富弼、韩琦、范仲淹、文彦博等一批大节难夺的中正之臣在。及至神宗用王安石行新法，吕惠卿、章惇、曾布等一群小人以进，则国家社稷多事矣。

　　由此可知，国家要治，天下要兴，非聚集一大批当国守正之人不可！当国者，执掌国家大权者也。守正者，刚健中正、不偏不颇者也。当国必须守正，不守正不能当国。守正，乃守天地之正也。当国，乃以天地之正当国也。因此，当国守正之臣，乃是以道为心，以仁为德，以至诚为正理，抱大正以自处，不偏不颇，不谀不阿，立于不可挠之地，佐天子，亲万民，秉国以正，持天下以平者也。具此大德，具此正心，具此诚意，不以天道至德修身可乎？治国平天下，不能只靠草莽英雄！此刘邦登基于汜水，所以立即收回武将兵权，到文帝时，将战时军事体制转变为以陈平为首之文官政府者也。治国平天下，也不能靠一些投机取巧、唯利是图的小人或投机分子！王安石行新法所以失败，一个很重要的原因，就是变法口号一经提出，就有一大批小人、投机分子蜂拥而上，如吕惠卿、章惇、曾布等，致使变法成为少数人谋取自我利益的进身之阶。

　　当国守正之人，以天道至德修身，不仅在知识上通古今，察物理，体幽明，识大义，明显道，更是在道德上，以道为心，以心为守，蕴之以仁义，藏之以中和，大德而居，量宏气静，清而贞正，廉而谦和。惟其以道为心，以心为守，才能持大正自处而不挠，坦然无私，不为外物所动；惟其蕴之以仁义，藏之以中和，才能以仁爱之心，中和之气，从容化物；惟其大德而居，量宏气静，才能宁静淡泊，色温貌恭；惟其清而贞正，廉而谦和，才能懂道义，知廉耻，远声色，绝货利，卓然自立，藉义以安；惟其清而贞正，廉而谦和，才能容物集事而不刻薄，不至于因清节而流于孤介，为慎廉而陷入傲物。此当国守正之人能总天下之务者也，亦其深学温恭，不矜不党，不执不竞，宽宏容物，康济于世，广益国家天下者也。

不修身，不能正心诚意，不仅治不了国，平不了天下，连齐家也是不可能的。这不仅是因为父子、夫妇、兄弟，皆天理自然，非以至亲至情，相敬相爱不可，更是因为父子、夫妇、兄弟，乃人伦至近者也，不能守正不失，则陷入不道矣；特别是夫妇关系，更是不可不慎也。因为"夫妇之不肖，可以能行焉；及其至也，虽圣人亦有所不能也"①。所以如此，正如朱子所说："男女居室，人事之至近，而道行乎其间，此君子之道所以费而隐也。幽居之中，衽席之上，人或亵而慢之，则天命有所不行矣。此君子之道所以造端乎夫妇之微密，而语其极，察乎天地之高深也。非知几慎独之君子，其孰能体之！"② 可知，故欲齐其家，更要修其身，察天理之奥，知几慎独，不可放任自我，溺其流也。

不修身，则不能齐家。那么，不修身齐家，天下可治乎？这是修齐治平的另一个重要问题。

四　不修身齐家天下可治乎？

不修身齐家，可治国平天下乎？《礼记》的回答是非常明确的："所谓治国必先齐其家者，其家不可教而能教人者，无之。"

那么，不修身齐家，为什么不能治国平天下呢？这究竟只是一种迂腐的说法，还是经过历史检验的真理？它在今天有意义吗？

这首先是家国一体的机制决定的。如前所说，中国文化中的"国家"，

---

① 《礼记·中庸》。
② 《续近思录·家道》。

乃是建立在家庭或家族基础上的；而家庭或家族，乃是国家存在的基础。此即所谓国家社稷者也。因此，有国有天下者，或治国平天下者，以何修身治家，则是影响国家盛衰治乱、天下太平与否的。故《礼记》说："一家仁，一国兴仁；一家让，一国兴让；一人贪戾，一国作乱：其机如此。"所谓"其机如此"，就是家国一体的理机如此。"尧、舜率天下以仁，而民从之。桀、纣率天下以暴，而民从之"，就是说的这种家国一体的理机。有国有天下者，或治国平天下者，己之善，然后才能责人之善；己之无恶，然后才可以正人之恶。未有己身不修，善恶不辨，可以责人之善，正人之恶者。

  故治国在齐其家。《诗》云："桃之夭夭，其叶蓁蓁。之子于归，宜其家人。"宜其家人，而后可以教国人。《诗》云："宜兄宜弟。"宜兄宜弟，而后可以教国人。《诗》云："其仪不忒，正是四国。"其为父子兄弟足法，而后民法之也。此谓治国在齐其家。①

"家道正，天下定"②。家道不正，就会内在地破坏国家存在的理机，从而导致国家败乱衰亡。有人不相信这一真理，举出武则天治国有方而治家之道为人所不耻进行辩护。其实，唐之天下，何止武则天呢？唐太宗李世民也是这样。其治国虽然有道，其治家，却是乱糟糟的。然而大唐的衰败，恰是治家无道引起的。若不是玄武门之变后太宗纳弟妇杨氏为妃，哪有高宗纳父妾武才人为昭仪、为后？后来何以有杨贵妃、韦后、张良娣以报之？没有这些人的竞尚奢侈，又何有天下势倾？同样，若不是太宗娇宠魏王泰，何以使其潜有夺嫡之志？及与太子承乾勾心斗角，以致发展到相互谋杀？若不是此家风之不正，何以造成后世各代诸王子甚至包括公主、皇后、贵妃在内的层出不穷的争夺王位的斗争，以至于使天下之颓势终起于萧墙之内？因此，人皆知唐有贞观、开元之治，而不知其有混乱的家风败国家于内也。而此家风之起，始于唐太宗也。因其治家无道，破坏了国家理机，最终造成了唐代的衰败。家道、家教、家风是连着国家社稷、连着天下盛衰治乱的，特别是帝王之家，执国家之权柄者，其家道、家教、家风如何，是与国家的盛衰兴亡直接相关的。故邵康节先生说："邪正异

---

① 以上均见《礼记·大学》。

② 《周易·彖下传》。

心，家国同体；邪能败亡，正能兴起。"①

家庭及其伦理，乃是建纲纪、立人极的本元存在，乃不可毁，不可堕者也。《易传》讲："有天地然后有万物，有万物然后有男女，有男女然后有夫妇，有夫妇然后有父子，有父子然后有君臣，有君臣然后有上下，有上下然后礼义有所错。"② 中国的社会结构及整个伦理，都是以家庭伦理的存在为基础向外推延的。在这个社会结构和伦理关系中，父子兄弟是与生俱来的天然伦理关系；及其与家族之外的人相结合，才构成夫妇、君臣、朋友一类的伦理关系。后者是前者发展出来的，是一种相继相续、相互扶正的关系。故朱子说："父子兄弟为天属。而以人合者居其三焉：夫妇者，天属之所由以续者也；君臣者，天属之所赖以全者也；朋友者，天属之所赖以正者也。"③ 中国自古以来，整个社会伦理、国家纲纪，都是建立在这五种人伦关系基础上的，是最为本元的存在。家庭笃恩义、纯风俗，则社会笃恩义、纯风俗。若各个家庭都能以孝事亲，使一家之人皆孝；以悌事长，使一家之人皆悌；以慈使众，使一家之人皆慈，那么，"不出家而成教于国矣"④。故匡衡对汉元帝说：

> 室家之道修，则天下之理得，故《诗》始《国风》，《礼》本《冠》、《婚》。始乎《国风》，原情性而明人伦也。本乎《冠》、《婚》，正基兆而防未然也。福之兴莫不本乎室家。⑤

福之兴莫不本乎室家，祸之起也莫不本乎室家也。父与父言慈，子与子言孝，兄与兄言友，弟与弟言恭，并由此发展为臣与臣言忠，朋与朋言信，则不仅家族亲近和睦，社会秩序蔼然，而且整个国家纲纪可建，人极可立矣；与此相反，有国有天下者，或治国平天下者，不修其身，不齐其家，若破坏这种伦理关系，父不父、子不子发展为君不君、臣不臣，甚至子弑父、臣弑君，则不仅破坏了家庭伦理，也使纲纪毁、人之极堕矣！人伦如此，国家岂可治，天下岂可平！此治乱莫不本乎家室者也。

---

① 《家国吟》，《击壤集》卷14。
② 《周易·序卦传》。
③ 《续近思象·家道》。
④ 《礼记·大学》。
⑤ 《汉书·匡衡传》。

也许有人会说:"所谓'身不修不可齐其家','治国必先齐其家'云云,乃是家天下时代的事;现代国家的性质,已超越血缘关系的存在,属于党派政治或民主政治,不修其身、齐其家,照样可以治理好。"持此说法的人并没有认识到,不论是现代政治家还是党派领袖,都不可能是纯粹的政治人、党派人,而仍然是有着各种关系的社会人、家族人,是充满亲情的家庭成员和有血有肉的生命个体。他们除冠以政治家、党派领袖的头衔之外,还充当着父亲、母亲、儿子、兄弟、朋友诸多角色,而且他们有着各种物欲、情欲、嗜好、情趣、追求等。凡此都不能保证他们作为纯粹的政治人、党派人存在,因而不能不被各种社会关系、人情事理所纠缠,可能因身不修,家不齐,被家人、被子女牵扯着走向贪腐,因心不正,意不诚,没有坚定的信念,陷入自我难拔的物欲情欲,走向腐败堕落。世界政坛上的"艳照门"事件,中国一些党内干部走向贪腐、走向堕落,不正说明不修身齐家不能治国平天下的正理吗?现在的政治,不论在中国还是其他国家,都有一个非常有趣的现象,那就是:凡是出身名门、有教养的政治人物,则属不腐败、不堕落;而出身卑贱、没教养的人,一旦走向政坛,当了领袖或高官,则非常贪腐,就像八辈子没见过钱一样,恨不得把所有钱财,都变着法子捞到他们家去!现在一些贪官把那么多钞票弄到他们家去,成箱成箱堆藏起来,他们就没有想一想,要那多钞票干什么?是用得了、花得掉、带得走的吗?这已经不仅仅是个贪腐问题,而是走到了非常愚蠢的地步!凡此都说明,不论是传统社会,还是现代社会,不修身齐家,是治不了国、平不了天下的。

  远在3750多年前的商朝,成汤没,丞相伊尹就看出了无度的舞于宫廷、酣歌废德、事鬼神的巫风,无度的昧求财货美色、游戏畋猎的淫风,及狎侮圣言、悖逆忠直、远离耆德、幼稚顽嚚的乱风对家庭、社会、国家的危害,因此训于太甲及国人说:"惟兹三风十愆,卿士有一于身,家必丧;邦君有一于身,国必亡。"① 这个训诫,在今天也是有现实意义的。

  要想不腐败、不堕落,关键是自我修身,使之成为格致诚正的生命。

---

① 《尚书·伊训》:伊尹所说"三风",即巫风、淫风、乱风。"十愆",即巫风之舞也、歌也;淫风之货也、色也、游也、畋也;乱风之侮圣言、逆忠直、远耆德、比顽童也。愆,过失也,罪过也。

五 关键是自我的格致诚正

儒家教典《大学》，开宗明义就讲："大学之道，在明明德，在亲民，在止于至善。"怎样止于至善呢？物有本末，事有终始，然后把修身明德、止于至善的先后次序与格致诚正、修齐治平的关系，讲得一清二楚：

> 古之欲明明德于天下者，先治其国；欲治其国者，先齐其家；欲齐其家者，先修其身；欲修其身者，先正其心；欲正其心者，先诚其意；欲诚其意者，先致其知；致知在格物。物格而后知至，知至而后意诚，意诚而后心正，心正而后身修，身修而后家齐，家齐而后国治，国治而后天下平。[①]

《大学》所讲的修、齐、治、平与格、致、诚、正的关系，并不只是个逻辑学问题，也不只是一个知识论问题，而是先获得天道至德，然后，诚之以心，正之以意，建立起真实无妄的信仰信念，进行治国平天下的历史担当问题。要这样，就要把自我变成格致诚正的生命，变为明天道至德的生命，不歪不邪，不腐不堕，正大光明，澄然净然，纯粹至正，磊落一生。

由此可以看出，这里所谓的"格物致知"，不是知觉对着感官材料获得知识，不是获得物的知识，经验实在的知识，而是物物而不物于物，知天知人，与造化同功，获得天道至德的知识，是通天地之统，序万物之性，达生死之变，透视整个宇宙生命大化流行的存在，所获得的天道本体的至知盛知。故格物者，格天下万事万物也；致知者，致此盛知至知也。致那点物的知识，感官材料的知识，经验实在的知识，那点支离破碎的小知小识，或以强制性的外在规范为知识，是修不了身，齐不了家，治不了国，平不了天下的。

那么，怎样修身？知天知人，与造化同功，获得天道至德。怎样修身成为诚正之身呢？或者说，怎样才能获得知天知人的盛知至知呢？这种修身活动，就是《大学》讲的"知止而后有定，定而后能静，静而后能安，安而后能虑，虑而后能得"的过程。它首先是要求把心静下来。格、致、

[①] 《礼记·大学》。

诚、正，首先要定、静、安、虑，心不静，乱糟糟的，是修不了身、得不了道的。周子《太极图说》所说的"圣人定之以中正仁义而主静，立人极焉"，就是讲静下心来，才能理解领悟天道本体形而上学的存在，才能"立人极"。要心静下来，就要去掉私欲。故周子自注其《太极图说》云："无欲故静。"① 惟致虚守静，反归心性本元，才能无欲而不妄动，去其营营躁动之心。待到私欲尽净，心普万物，情顺万事，也就是程明道先生《定性书》所说的"动亦定，静亦定，无将迎，无内外"②，无物累的境界。然后才能定心性，立人极，"心普万物而无心，情顺万物而无情"，廓然大公，应物不穷，进行形上道德修养。

修身，明明德，就是获得天道至德，获得刚健至正的天道本体，获得"归其有极，会其有极"的"皇极"大中之道，获得"寂然不动，感而遂通"的大道本体至精至神的存在，也就是获得"经天下之大经，立天下之大本"的学问，成为学之统宗，心性之理，明之诚之，建立起真实无妄的信仰和信念。此即《礼记》所说"诚者，天之道也。诚之者，人之道也"③；亦孟子所说"诚者，天之道也。思诚者，人之道也"④。以此建立信仰信念，就是黄梨洲所说的"周子之学以诚为本，从寂然不动处握诚之本"⑤。这是一个自诚明的修养过程，一个《易传》所说的"无妄，刚自外来，而为主于内"⑥ 的明德修养。人惟有能得无妄之道，大亨之理，而为主于内，才能顺性命之理而不妄，才能亨通而不失贞正，才能心不邪，行不歪，致大亨而雷行天下，也才能建立起坚定的信仰信念而至诚不息。此全是在至诚之道上讲的，在天道造化大原和真实无妄之理上讲的。故曰："诚者圣人之本。大哉乾元，万物资始，诚之源也，乾道变化，各正性命，诚斯立焉。"⑦

---

① 《周子全书》卷1。
② 《河南程氏文集》卷2，《二程集》第460～461页。
③ 《礼记·中庸》。
④ 《孟子·离娄上》。
⑤ 《宋元学案·濂溪学案下》宗羲案语，《黄宗羲全集》第3册第633页。
⑥ 《周易·象上传》。
⑦ 《通书·诚上第一》。

中国人，中国的至诚君子，自古讲究"人生贵识真，勿作孟浪死"①。惟以天道无妄之理，建立起信仰信念，才能成就至诚不息之身，也才能不懵懵懂懂而来，懵懵懂懂而去，进行理性自觉的历史担当。特别是修养到闲居独处或居于密室之中，不放肆，不妄行，动静省察，几微之间，皆为善而不为恶，于慎独中养出真道德与真性命，"收拾精神，自作主宰"②，不做半点假、半点欺人之事，有此慎独修养，有此格致诚正之身，才能治国平天下，不腐败、不堕落。

---

① 《赠陈秉常》四首之三，《陈献章集》卷4第287页。
② 《语录下》，《陆九渊集》卷35第455页。

第八章　礼教文明与婚姻家庭

《礼记》说："夫昏礼，万世之始也。"① 我们从这句话，不仅可知婚礼的重要，亦可知婚姻不可苟且也。因为婚姻并不只是男女两人之事，而是牵涉到夫妇之道和家族绵续的大问题，是不可不慎重的。现在的婚姻在失却礼教之后，不仅出现了爱情挫折、婚姻动荡、小三插足、夫妇之道苦，而且危及家庭幸福、青少年成长，造成了各种人生悲剧，高离婚率影响到群体团结、社会稳定。家庭是社会存在的基石，婚姻是国家民族绵延万世之始。因此，重温中国几千年礼教文明如何建构神圣的婚姻殿堂，发展纯正的爱情，不仅对建立现代幸福婚姻和家庭文明是极为必要的，而且对于修身齐家、治国平天下，亦是不可缺少的重要一环。

中国文化中的人，不是原子，不是单子，不是自由个体，而是天地生万物、生男女，为夫妇、为父子、为兄弟的群体存在。因此，中国文化讲婚姻家庭，讲夫妇之道，总是和天地之道联系在一起，和宇宙万物联系在一起，和宗族、社稷、国家、民族联系在一起，而不是孤立的个人。这就是通常说的"群体本位"，而不是"个体本位"。这是研究中国婚姻家庭必须注意的。

那么，中国礼教究竟是怎样建立夫妇之道的呢？怎样促使婚姻家庭发展与文明进步的呢？它对建立现代社会的夫妇之道、婚姻家庭文明，具有怎样的现实意义呢？婚姻家庭没有礼教可否？上章从道德修养角度研究了修齐治平问题，本章讲礼教制度对婚姻家庭建设的大用，是上章研究的继续，亦可视为上章研究的展开与补充。但不论从何角度研究，中国文化讲礼教，讲婚姻家庭，都是离不开天地之道，离不开最高哲学本体论的。这正是中国婚姻家庭建立的哲学基础。

---

① 《礼记·郊特性》。

一　夫妇之道即天地之道

人从哪里来的？男女从哪里来的？西方宗教说，人是上帝创造的，亚当、夏娃是上帝创造让其看守伊甸园的。亚当、夏娃不听上帝的禁令，偷吃智慧果，本身就有争取自由的味道。基督教的上帝也不明智，阴阳之道、男女之情，只可理喻也，岂是可禁的？

中国文化不这样讲。人从哪里来的？男女从哪里来的？它就是上章引《易传》所说的："有天地然后有万物，有万物然后有男女，有男女然后有夫妇，有夫妇然后有父子。"① 这就是说，中国文化中的人、男女、夫妇，皆是天生，皆是原于天地之道。从本体论上说，夫妇之道，即天地之道。故《礼记》说："君子之道，造端乎夫妇，及其至也，察乎天地！"② 男女、夫妇与万物一样，源于天地之道，为天地所生。既然源于天地之道，为天地所生，那就应该以天地的法则对待人之男女。男女婚姻之事，就该遵守天地法则。

天地法则是什么呢？即阴阳之道、乾坤之体也。阴阳之道，即"一阴一阳之谓道"③ 的存在，形而上言之，即大道本体，即化生万物的宇宙原理与普遍法则。按此原理与法则，单阴不生，独阳不化，只有阳抱阴合或老子讲的"负阴而抱阳"④，才能生化。阴阳不孤行于天地之间，男女岂可禁于婚姻之外？所以中国文化不禁婚，不主张独身主义，而是讲究男女之情、夫妇之道，讲究生命绵延与家族民族赓续，而且把这看作是天道命令。仅此一点，也可以看出中国文化与西方基督教文化的不同。

船山先生说："圣人赖天地以大，天地赖圣人以贞。"⑤ 圣人治天下，乃在于贞正天地之道。男女、夫妻、婚姻、家庭，皆是遵此道以为大经，辨治乱以立人极的。这方面，中国文化哲学是非常深远的。远古伏羲时

---

① 《周易·序卦传》。
② 《礼记·中庸》。
③ 《周易·系辞上传》。
④ 《老子》第42章。
⑤ 《周易外传》卷5。

期，不仅以俪皮为婚嫁之礼，以修人之道，而且作《八卦》，讲"以通神明之德，以类万物之情"①，已达天地化育之理、阴阳神明之德。特别是发展为《周易》八八六十四卦，《上经》起于《乾》、《坤》，终于《坎》、《离》，讲天地万物生化之道，《下经》起于《咸》、《恒》，终于《既济》、《未济》，讲男女之情、夫妇之道，将天之道与人之道、生化与绵延，浑然融为一体，成一大系统，中间毫无隔阂。中国文化讲男女，讲夫妻，讲婚姻，讲家庭，全是融于这个大系统并从这个大系统中获得统一性的。

宇宙万物，此处呼，彼处应，此处聚，彼处散，此处开，彼处合，万感万应，变通无穷，创化不息。因此，天地之间，宇宙万物，凡有阴阳、动静、阖辟、往来、盈虚、消长、表里、向背、出入、行藏的地方，皆有感有应，有此感应生化通变之理。故程子说："天地之间，只是一个感与应而已。"② 中国文化，天地之道是众化之统宗、万化之本原，而夫妇则是人伦之纲，婚礼是万世之始。故《周易》六十四卦，《上经》讲《乾》、《坤》之后，《下经》一开始，即讲《咸》、《恒》。《易传》解《咸》卦说："咸，感也。天地感而万物生，圣人感人心而天下和平。观其所感，而天地万物之情可见矣。"③ 程子解之说："男女交合而成夫妇，故《咸》与《恒》，皆二体合为夫妇之义。"又说："《咸》之为卦，兑上艮下，少女少男也。男女相感之深，莫如少者，故二少为《咸》。艮体笃实，止为诚悫之义。男志笃以下交，女心说而上应，男感之先也。男先以诚感，则女说而应也。"咸者，感也。那为什么不曰"感"而曰"咸"呢？程子说："不曰感者，咸有皆义，男女交相感也。"④ 所谓"咸有皆义"，即万物普遍法则。但既曰"男女交相感也"，为什么"不曰感而曰咸"呢？程子并没有给予确切的解释。咸者无心，感者有心，用咸而不用感者，少男少女，相感之初，用直观、直觉而不用心计较也。程子说："心之所感者，只是理也。"⑤ 男女初感者，情也，非理也。情是不能用心计较思考的。若计较考虑对方什么地位，多少房产，有无宝马、奔驰，那也就不是情，而

---

① 《周易·系辞上传》。
② 《河南程氏遗书》卷15，《二程集》第152页。
③ 《周易·彖下传》。
④ 《周易程氏传》卷3，《二程集》第858页。
⑤ 《河南程氏遗书》卷2下，《二程集》第56页。

是用心计较的功利之求了。这不是男女之情，不符天道法则。男女之情是纯正的，相交是不应有功利考虑的，特别是少男少女，相感之始，乃是诚心笃实的纯情绽放，何来用心计较！

自然，这也不是说，男女之交，相感相应，只是凭着直觉，凭着感情，完全无义理。《易传》说："同声相应，同气相求，水流湿，云从龙，风从虎，本乎天者亲上，本乎地者亲下，各从其类也。"① 这就是说，物不同类，是不能相感相应的。鱼儿以濡相沫，鸟儿以声相求，皆是同类相感应也。黄莺不管怎样婉转地放声歌唱，扇动翅膀，卖弄风情，也只能感动它的同类，对别的鸟类，别的动物，则是不能发生感应的。牛马不能感应猪犬，鸟类不能感应于兽类。物以类聚，人以群分，亦各从其类也。君子有君子之道，小人有小人之道，他们之间亦不相感应。人的不同教化、习俗、知识结构以及艺术熏陶等等，是表现为不同思想、情感与精神气质的。男女交感，只有相同的内在教养、知识结构与精神气质，才能相互吸引、相互感动，否则，是不能相感相应的。故王弼解《咸》卦说："凡感之为道，不能感非类者也。""二体始相交感，以通其志，心神始感者也。凡物始感不以之于正，则至于害，故必贞然后乃吉，吉然后乃得亡共悔也。"②

婚姻不是苟且，不是为一时贪欢或放纵自我，而是夫妇两人无怨无悔的生命契合，是相感相应、志通神会地走在一起，从夫妇本义上讲，乃是具相感之道、恒通之理的终生伴侣。故《易传》说："夫妇之道，不可以不久也，故受之以《恒》。恒，久也。"③ 伊川说："《咸》，夫妇之道。夫妇终身不变者也，故《咸》之后受之以《恒》也。"④ 夫妇之道，即天地之道；天地之道，即恒久之道也。故《易传》说："天地之道，恒久而不已也。日月得天而能久照，四时变化而能久成，圣人久于其道而天下化成。观其所恒，而天地万物之情可见矣。"⑤ 因为夫妇之道，即天地之道，即恒久之道，所以婚姻才是神圣的。西方人结婚要上教堂，中国人结婚要

---

① 《周易·文言传》。
② 〔魏〕王弼《周易注·下经》。
③ 《周易·序卦传》。
④ 《周易程氏传》卷3，《二程集》第860页。
⑤ 《周易·彖下传》。

拜天地，就是因为婚姻是神圣的，而不是苟且之事。当男女结婚、新郎新娘双双跪下叩拜天地时，就是向上天承诺：夫妻要地久天长，白头偕老，永守天地恒久之道！这是庄严的承诺，也是神圣的承诺！与今天闪婚或一夜情之类的苟合，是非常不一样的。

自然，所谓夫妇之道即恒久之道，并非仅守一隅而不知变化，而是要守常道法则的。《恒》卦，巽下震上。巽者，风也。震者，雷也。雷震于上，风顺于下，雷震风发，上刚下柔，顺动不已，乃天地造化，恒久之道也。故《易传》解《恒》卦说："刚上而柔下，雷风相与，巽而动，刚柔皆应，恒。"天地造化，恒久不已者，顺动而已。正如《咸》卦并非只是讲山泽之象一样，《恒》之为卦，也并非仅讲风雷之象也。它所隐喻的，实乃是夫妇之道也，亦即刚动于上，柔顺于下，刚柔相应，天地恒久之道也。昔日解经者，以男在女上，男动于外，女顺于内，为人理之常，而以此讲恒久之道，虽带有旧伦理的偏见，但他们能够看到刚柔相应、亨通和谐，而为天地造化之常道，还是对的。天地之道也好，夫妇之道也好，惟能亨通，才能生化持久；不能亨通生化，则不能恒久也。故夫妇之道，顺而动，求柔顺也，求生化也，求亨通也。惟修此常道，才能无咎利贞，终则有始，往而无穷，往而无违，故曰"利有攸往"①。此乃夫妇之道，"观其所恒，而天地万物之情可见"② 者也。

《周易》讲夫妇之道、男女之情者，除《咸》、《恒》两卦，尚有《渐》、《归妹》。此四卦，伊川说："《咸》、《恒》夫妇之道，《渐》、《归妹》女归之义。《咸》与《归妹》男女之情也，《恒》与《渐》夫妇之义也。"《周易》有此四卦，"男女之道，夫妇之义，备于是矣"③。此四卦，不论是讲男女之道，还是讲夫妇之义，皆是本于天地之正道，以贞正其义。《渐》，女渐渐长大，往而归男，嫁娶之道也。故曰："渐之进也，女归吉也。进得位，往有功也。进以正，可以正邦也。"④《归妹》卦兑下震上。王弼解此卦说："妹者，少女之称也。兑为少阴，震为长阳，少阴而

---

① 《周易·恒》卦辞。
② 《周易·彖下传》。
③ 《周易程氏传》卷4，《二程集》第978页。
④ 《周易·彖下传》。

承长阳，说以动，嫁妹之象也。"① 此即女儿渐渐长大以嫁人之义。故《易传》说："渐者进也，进必有所归，故受之以归妹。"② 男婚女嫁，乃人生之大事，家族兴旺之终始也。故《易传》说："归妹，天地之大义也。天地不交而万物不兴，归妹，人之终始也。"③ 阴阳交感，男女配合，天地之常理，生生相续之道也。天之道即人之道也。天之生生相续之道，亦即人之生生相续之理。天地，万物化醇，男女构精，万物化生。人承天地，施阴阳，设嫁娶婚配之礼者，乃重人伦，广嗣继，以生生相续之道而合天地生生不息之理也。故王肃释《归妹》说："男女交而后人民蕃；天地交然后万物兴。故《归妹》及天地交之义也。"④ 伊川更解《归妹》说，"一阴一阳之谓道。阴阳交感，男女配合，天地之常理也"；"天地不交，则万物从何而生？女之归男，乃生生相续之道。男女交而后有生息，有生息而后其终不穷。前者有终，后者有始，相续不穷，是人之始终也"；"永终谓生息嗣续，永久其传也"⑤。

　　夫妇之道即天地之道，那么，男女之情、夫妇之道，是否都要遵守天地之道、遵守这个大法则呢？如果要遵守这个法则，人类社会应该建立什么样的夫妇之道、永终之理以及父子之亲、夫妇之义呢？制定什么样的婚礼、具有怎样的伦理道德规范呢？这一切与人性本身是统一的、一致的，还是相违背的？只有研究礼教本于天道，本于"大一"的存在，才能明白。

二　论礼教本于大一存在

　　中国文化是本于天的。中国文化认为，不仅夫妇之道即天地之道，而且人也为天所生，礼教也是本于天的。故《礼记》讲"夫礼，必本于天"⑥。那么，

---

① 王弼《周易注·下经》。
② 《周易·序卦传》。
③ 《周易·象下传》。
④ 〔魏〕王肃《周易注》，见黄庆萱《魏晋南北朝易学书考佚》第172页，华东师范大学出版社2012年版。
⑤ 《周易程氏传》卷4，《二程集》第978~979页。
⑥ 《礼记·礼运》。

人是否应该本于天，遵守天道法则呢？夫妇是否应遵守礼教，遵守天道法则呢？回答这个问题时，不仅现代人大骂"礼教吃人"，即使在古代，也有人持否定看法。如老子就讲过"失道而后德，失德而后仁，失仁而后义，失义而后礼。夫礼者忠信之薄而乱之首"① 的话；庄子更讲："且夫待钩绳规矩而正者，是削其性者也；待绳约胶漆而固者，是侵其德者也；屈折礼乐，呴俞仁义，以慰天下之心者，此失其常然也。"② 这些话的主要意思是说礼教——自然也包括婚礼——伤害人的天性，使人拘谨约束自己，不利于人的自由发展。但仅从这个层面上讲，儒家也是承认的。孔子就讲过"夫礼，先王以承天之道，以治人之情"③ 的话。

关键是怎样看待人的情性？人情或人的天性究竟是什么？它只是追求自我存在、自我享乐与人生自由吗？人既为天生，那么，人的存在是否也应该在本原上与天保持一致呢？是否应该更加理性地遵守天道法则、遵守本于天的礼教包括婚礼呢？这才是问题的关键。

孔子是这样回答这些问题的。他说：

> 何谓人情？喜怒哀惧爱恶欲，七者，弗学而能。何谓人义？父慈，子孝，兄良，弟悌，夫义，妇听，长惠，幼顺，君仁，臣忠，十者，谓之人义。讲信修睦，谓之人利。争夺相杀，谓之人患。故圣人所以治人七情，修十义，讲信修睦，尚辞让，去争夺，舍礼何以治之？饮食男女，人之大欲存焉。死亡贫苦，人之大恶存焉。故欲恶者，心之大端也。人藏其心，不可测度也，美恶皆在其心不见其色也，欲一以穷之，舍礼何以哉？④

"喜怒哀惧爱恶欲，七者弗学而能"，就是人的天性，即自然之情性。但这种情性，并非任何时候都是理性的；恰恰相反，在人性不能获得自觉之前，大多数情况下，是处于非理性的自然状态的，处于饥则食、困则睡、喜则狂、怒则愤、悲则号、爱则不顾一切地追求的状态；而这状态，大多是动物性的，而非人意识到的意义存在。但是，人不同于动物的地

---

① 《老子》第38章。
② 《庄子·骈拇》。
③ 《礼记·礼运》。
④ 《礼记·礼运》。

方,在于人有先天道德本性,能懂得义理,能理解人生意义。用孟子的话说,就是人与动物的"几希"① 差别,即人有仁义礼智之性。在孔子那里,就是"何谓人义",即父慈、子孝、兄良、弟悌、夫义一类做人的道理、人生的意义。不管孔子关于人义、孟子关于人的道德本性的概括是否准确得当,但他们肯定人有不同于动物的本性,有异于动物的意义追求,这在本质上就把人与动物区别开来了。正是因为人有此不同于动物的道德本性,所以人不能停留于自然本性,只是追求饥则食、困则睡的自然存在,追求自我享乐或自由自在,还应该追求做人的意义,追求作为人类群体的那些道德本性与意义存在。而人在这方面却常常是不自觉的,并且受自然本性即动物本能驱使,争斗不息,忘却自我道德本性,忘却人生意义,忘却做人的道理,忘却父慈、子孝、兄良、弟悌、夫义一类应有的伦理道德。特别是"饮食男女,人之大欲存焉;死亡贫苦,人之大恶存焉",更容易走向疯狂,走向非理性。这正是古代圣人建立礼教,"治人七情,修十义,讲信修睦,尚辞让,去争夺"的原因所在。由此可知,所谓礼教削弱人之情性者,乃是削其物欲情欲也,非削其道德本性也。

纯粹天理或天命之性,不与气之质相结合,就不能构成人的生命,而一结合,从结合那一霎那开始,人的生命之性,就有了阴阳、清浊、动静、善恶。因此,人"弗学而能"的物欲情欲一类的情性与人的道德本性一样,也是与生俱来的,是潜藏于人的本能与内心世界里的,而且是几微深幽、阴阳莫测的存在。它在维持人的生命绵延上,在自我追求生命存在、快乐与自由上,是天然合理的,但它一旦陷入疯狂与非理性,特别是陷入非理性的大欲大恶,自我生命与人类群体生命相悖相逆、矛盾冲突的时候,就不具有合理性了。古代圣王,考虑人性的合理与不合理,考虑建立何种礼教制度,其为哲学,必须从普遍性出发,从最高本体论出发,从大群出发,而不能只是考虑个体的人生哲学,考虑少数人或个体生命的追求与需要。故曰"夫礼,必本于大一";圣人"以天下为一家,以中国为一人者,非意之也,必知其情,辟于其义,明于其利,达于其患,然后能为之"②。礼教立于哲学最高本体论,从人类整个群体的生命需要出发,建立礼教制度。不从本原上建立礼教或者舍弃礼教,不施以礼义教化,何以

---

① 《孟子·离娄下》。
② 《礼记·礼运》。

解决人性中的这种弱点？故唐人孔颖达序《礼记》说：

> 夫礼者，经天纬地，本之则大一之初；原始要终，体之乃人情之欲。夫人上资六气，下乘四序，赋清浊以醇醨，感阴阳而迁变。故曰："人生而静，天之性也；感物而动，性之欲也。"喜怒哀乐之志于是乎生，动静爱恶之心于是乎在。精粹者虽复凝然不动，浮躁者实亦无所不为。是以古先圣王鉴其若此，欲保之以正直，纳之于德义，犹襄陵之浸，修堤防以制之；奰驾之马，设衔策以驱之。①

本于大一，以最高天道法则建立礼教，以防止喜怒哀乐之志与动静爱恶之心，轻浮躁动，无所不为，此即所谓礼教抑制削弱人之情性者也。然此情性者，乃情欲物欲之情性也，非道德本性也。即使是情欲物欲之情性，只要它不陷入大欲大恶，不与人类群体生命相悖相逆、矛盾冲突，也是合理的，亦非礼教之所要抑制削弱的。然它发展为疯狂的非理性，陷入大欲大恶，就非抑制削弱不可了。这一点，即使追求天性自由的道家人物也是承认的。老子之后学，文子讲"圣人之道曰：非修礼义，廉耻不立；民无廉耻，不可以治"②，就是对礼义教化大用的承认。由上可知，中国礼教并非一味地抑制扼杀人的情性，而是让人活得更理性、更健康、更有生命力。因此，礼教并非像某些人所说的那样只是"吃人"的存在，而是恰恰相反，像孔子所说的那样，是"失之者死，得之者生"③的生命支柱。

这个礼教大用，见诸婚姻家庭，就是匡衡对汉元帝所说的"室家之道修，则天下之理得。故《诗》始乎《国风》，《礼》本乎《冠》、《婚》。始乎《国风》，原情性而明人伦也；本乎《冠》、《婚》，正基兆而防未然也"④。那么，婚礼是怎样发挥这种大用的呢？它首先涉及夫妇的根本要义，就是夫妇为人伦之纲的教义。

三　论夫妇为人伦之大纲

中国文化认为，天地开合，万物化生；万物化生，而后有男女；有男

---

① 《礼记正义》序。
② 《文子·礼上》。
③ 《礼记·礼运》。
④ 《汉书·匡衡传》。

女，而后有夫妇；有夫妇，而后有父子、兄弟、君臣等人类社会的关系。天地，在体用上讲，曰乾坤。所以，整个中国文化，皆是以乾坤为万化之统宗、夫妇为人伦之纲的，而夫妇之结合，举行婚礼，则具有万世之始的意义。故《礼记》说："天地合而后万物兴焉。夫昏礼，万世之始也。"①

天地为万物之本原。那么，人类社会呢？它庞大而纷繁，这个系统，那个系统，构成了一个古往今来极为复杂的文化历史存在，是从哪里来的，从哪里开始的呢？西方宗教讲人类起源，总是从亚当夏娃开始；中国神话讲人的产生，总是从伏羲女娲讲起。亚当夏娃也好，伏羲女娲也好，皆是最早的夫妇、人类之始祖。这虽是宗教、神话，然它所揭示的人类学意义，却是不容忽视的，那就是汉代匡衡告诉成帝"妃匹之际，生民之始，万福之原"②的话。

人类社会所以构成，在于社会关系；社会关系的构成，在于人伦；而人伦的产生，在于夫妇、父子之义的发生等等。那么，什么是根本的人伦关系呢？它是怎样发展为人伦系统的呢？这自然也是从夫妇开始的。故汉代王吉说："夫妇，人伦大纲。"③所谓"人伦大纲"，即朱子讲的夫妇、父子、君臣、兄弟、朋友之五伦，"所以纲纪人道，建立人极，不可一日而偏废"④者也。这五伦中，父子、兄弟为天然关系；君臣、朋友关系，是后起的，属于父子、兄弟之天然关系的延伸；唯独夫妇关系，原于乾坤之道、天命之性，最为根本，而为"生民之始，万福之原"，各种人伦关系所以赖以建立者也。无夫妇之伦，则无父子之伦；无父子之伦，则君臣之伦、兄弟之伦、朋友之伦，亦无从建立也。故人伦纲纪，夫妇之伦为人伦大纲也，夫妇关系不可不正，不可一日废也。夫妇关系废，则人伦大纲不立！

夫妇之伦者，继乾坤之道、天命之性而立者也。尽管礼教发展赋予了夫妇之伦诸多天尊地卑、阳刚阴柔、夫健妇顺的内容与性质，但夫妇之伦最为根本的道德品质，还是天地之道、乾坤之德。至少有国有天下者，夫妇之道应该如此。故《礼记》讲："天子之与后，犹日之与月，阴之与阳，

---

① 《礼记·郊特性》。
② 《汉书·匡衡传》。
③ 《汉书·王吉传》。
④ 《续近思录·家道》。

相须而后成者也。天子修男教，父道也；后修女顺，母道也。故曰：'天子之与后，犹父之与母也。'"① 夫妇修父道母道，就是修"日之与月，阴之与阳，相须而后成"之道，也就是修天地之道、乾坤之德。具此品质，其为天子，就应像天一样兼覆一切、光照一切、雨露一切，像大地一样兼载一切、蓄养一切、生化一切，而不能只是矫情自私、偏颇自利。惟此，才可为天下建纲纪、立人极。这虽是对帝王家说的，然即使是普通百姓家，若父母自私自利，父不义，母不慈，而能使子孝、兄友、弟恭吗？恐怕也是不行的。

正是因为夫妇为人伦大纲，所以中国礼教特别重视夫妇之道，此亦《诗》始乎《国风》，《礼》本乎《冠》、《婚》者也。关于《诗》为何始乎《国风》，《关雎》何以为《国风》之始，及其天地大义，《韩诗外传》载有子夏与孔子的一段对话，其论夫妇之道在礼教中的地位，可知矣：

> 子夏问曰："《关雎》何以为《国风》始也？"
>
> 孔子曰："《关雎》至矣乎！夫《关雎》之人，仰则天，俯则地，幽幽冥冥，德之所藏，纷纷沸沸，道之所行，虽神龙化，斐斐文章。大哉《关雎》之道也，万物之所系，群生之所悬命也，河、洛出《书》、《图》，麟凤翔乎郊。不由《关雎》之道，则《关雎》之事将奚由至矣哉？夫《六经》之策，皆归论汲汲，盖取乎《关雎》。《关雎》之事大矣哉！冯冯翊翊，自东自西，自南自北，无思不服。子其勉强之，思服之。天地之间，生民之属，王道之原，不外此矣。"
>
> 子夏喟然叹曰："大哉《关雎》，乃天地之基地。《诗》曰'钟鼓乐之'。"②

《毛诗》序说："《关雎》后妃之德也，风之始也，所以风天下而正夫妇也。"《关雎》所以置《国风》之始，就在于以后妃之德，树立风尚，以此"风天下而正夫妇也"。毛公《诗》序不仅点破了《关雎》为后妃之德，还指出了儒家《诗》、《书》、《礼》、《乐》之教的"经夫妇，成孝敬，厚人伦，美教化，移风俗"的大用。此可知孔子何以置《关雎》于《国风》之始，亦可知《关雎》之道至矣哉！孔子把它与《六经》之旨相关联，讲"《六经》之策，皆归论汲汲，盖取之乎《关雎》"；"天地之间，生民之属，王道之

---

① 《礼记·昏义》。
② 《韩诗外传》卷5。

原，不外此矣"，亦可知孔子将夫妇之道置于何种重要地位了。《六经》之策，即《六经》之教。匡衡说："《六经》者，圣人所以统天地之心，著善恶之归，明吉凶之分，通人道之正，使不悖于其本性者也。故审《六艺》之指，则天人之理可得而和，草木昆虫可得而育，此永永不易之道也。"① 这正是毛公讲《周南》、《召南》"正始之道，王化之基"② 的大用。

　　夫妇之道如何，即家风如何；家风如何，即天下之风如何；天下之风如何，则"正始之道，王化之基"如何也。此《关雎》之义，亦"夫妇，人伦大纲"之义也。历史上，有文王后妃之德，贞正教化天下者，亦有夏桀、商纣淫乱不止，腐败堕落，而亡失天下者。直到今天，这个教训仍是深刻的。天下未有夫妇之道丧，不破坏家庭者；而家庭之破坏，未有不毁坏社会根基者。因此，中国礼教不仅重视夫妇之道，亦特别重视结为夫妇的婚礼，重视婚姻的意义。

四　礼教文明与婚姻的意义

　　礼者，理也。"天秩有礼。"天道法则秩序，就是礼的存在。故《礼记》讲："夫礼，必本于大一。"③ 这是就礼教本体论而说的，至于说各种具体的礼仪或礼教制度的发展，则是有个过程的。关于婚礼的发展，《通典》就说"遂皇始有夫妇之道，伏羲氏制嫁娶，以俪皮为礼，五帝驭时，娶妻必告父母，夏亲迎于庭，殷于堂，周制限男女之岁，定婚姻之时，亲迎于户，六礼之仪始备"④；郑康成更说："《易》者，阴阳之象，天地之所变化，政教之所生，自人皇初起。"人皇即遂皇也。政教所生，自人皇初起，即政教包括婚礼，初起于遂皇也。他接着又说，"遂皇之后，历六纪九十一代，至伏羲，始作十言之教。"⑤ 可知婚礼起源之久远也。说政教"起自人皇"，其后"六纪九十一代"云云，不可考。然《通典》所说的

---

① 《汉书·匡衡传》。
② 《毛诗正义》卷1。
③ 《礼记·礼运》。
④ 《通典·礼典》。
⑤ 《六艺论》，其作十言之教说："虙羲作十言之教，曰乾、坤、震、巽、坎、离、艮、兑、消、息。"

婚礼"夏亲迎于庭,殷于堂,周制六礼之仪始备",大体是对的,即婚礼发展到周代始才完备。

人为什么要结婚?它的意义是什么?结婚只是好玩吗?只是为了满足生理需要抑或为了生命绵延吗?婚礼意义的获得根据何种原则呢?它只是利益需要或由财产多寡决定的吗?如果婚姻没有最高的哲学根据,没有本体论根据,那样的婚姻,只能说是苟合,是不富于任何神圣意义与生命价值的,自然,也不应当进行典礼,成为制度。中国文化的婚礼决不是这样的。它一开始便是立于天地之道、乾坤之理的。《易传》讲"天尊地卑,乾坤定矣"①;"大哉乾元,万物资始,乃统天";"至哉坤元,万物资生,乃顺承天"②,讲的就是婚礼的最高的哲学本体论根据,也就是郑康成所说"《易》者,阴阳之象,天地之所变化,政教之所生"的道理。《易传》讲"女正位于内,男正位于外。男女正,天地之大义也"③,就是讲婚姻要以男女之正,符合天地大法则。这个大法则,就是"天尊地卑"的存在,就是"大哉乾元,乃统天"、"至哉坤元,乃顺承天"的天地开合、乾坤阖辟。婚姻遵从这个大法则,夫妇遵从这个大法则,就是男的遵从乾元之德,像天一样刚健中正,女的遵从坤元之德,像大地一样柔和顺承。惟此,夫妇之道才能像天地之道一样,相感相应、相亲相合,才使夫妇之义具有天地之大义。试想,天不刚健,能统摄一切、光照一切、欣合万物吗?大地不柔顺,能承载一切、蓄养一切、化生一切吗?惟天刚健,惟地柔顺,天地阖辟,刚柔相摩,才能相感相应、相推相合、相激相荡,鼓之以雷霆,润之以风雨,化生万物。男女婚姻也是如此。在中国文化看来,男女结为夫妇,也应该像天地一样,具天地之德、乾坤之性,而相感相应,负阴抱阳,动静歙合,惟"夫乾,其静也专,其动也直,是以大生焉。夫坤,其静也翕,其动也辟,是以广生焉"④。若夫男女结为夫妇,不具此德性,岂具夫妇之义,还能生儿育女吗?故男的遵从乾元之德,像天一样刚健,女的遵从坤元之德,像大地一样柔顺,乃男女之正,天地大义之至正也。由此可知,中国礼教讲尊卑之位,讲男性刚健、女性柔顺,乃

---

① 《周易·系辞上传》。
② 《周易·彖上传》。
③ 《周易·彖下传》。
④ 《周易·系辞上传》。

是从体用上讲的，从天道本体论上讲的，而不是从虚假的"封建伦理道德"价值设定上讲的。男人刚健是一种品格，女人柔顺是一种美德，而且这种品格与美德，是依天地之道、乾坤之理建立起来的，根本与封建伦理道德无关。即使礼教讲"女正位于内，男正位于外"等，可能与后来社会分工的发展有关，但它从根本上说，也绝谈不上封建伦理道德。

中国礼教以天地之道、乾坤之理制定婚礼，乃是为了使夫妇关系和谐，建立一种和顺、美好的夫妇之道，而不是强化一方，弱化另一方，使男女双方处于统治与被统治的地位，处于"夫权"或"大男子主义"的统治之下。男性刚健，并非强暴，而是像乾元之德一样，既至刚至健，又至正至和。惟此，男人才能获得乾元之德，体尽天理，居上不骄，居下不忧，大亨至正，建立刚健和谐的夫妇关系而无不利。女性虽然柔顺，但并不是柔弱，并不是处于受压迫、受欺凌的地位，而是具有大地"坤厚载物"的品格，与天"德合无疆"，发育万物，"含弘光大，品物咸亨"的能力。这种品德与能力，就像牝马一样，虽秉阴柔之性，而健行四方，无不利贞。此即《易传》所说"至哉坤元，乃顺承天"，若"牝马地类，行地无疆，柔顺利贞"① 者也。女性无此坤德，能与刚健之男建立起和谐美好的夫妇关系吗？女性没有像大地一样负载一切、蓄养一切、生化一切的品德，而只是柔弱、矫情，不要说像皇后一样主六宫，恐怕连一个大家族的老祖母也当不了。男有至刚至建之性，女有至顺至柔之性，健顺刚柔相承相合，才是最美好的婚姻。故邵康节诗说："娶妻娶柔和，嫁夫嫁才美。安得正妇人，作配真男子。"② 但健顺刚柔相承相合，并不等于今天所说的"男女平等"，而是男性刚健方面常常处于主导地位，女性柔顺常常处于顺从地位。这就造成了传统家庭男人的权威性。故王肃释《家人》，颇有为男性权威辩护的口气："凡男女所以各得其正者，由家人有严君也。家人有严君，故父子夫妇各得其正。家家威正而天下之治大矣。"③ 王肃之说，虽有为男性权威辩护的性质，但基本上还是遵从天地之道、乾坤之理的。今人以男女平等为最高教义，对王肃之说可以评论，但有一点，即使现代家庭也是应该承认的，即一个家庭男性柔弱，则是支撑不起一个有权威性

---

① 《周易·象上传》。
② 《人贵有精神》，《击壤集》卷15。
③ 〔魏〕王肃《周易注》。

之家庭的!

中国古代男女结合，举行婚礼，乃是"合二姓之好，上以事宗庙，而下以继后世"的大事，礼教是非常重视的。古者女子未嫁，嫁前三个月，"祖庙未毁，教于公宫，祖庙既毁，教于宗室，教以妇德、妇言、妇容、妇功"，特别是贵族女子，进宫做后妃、嫔夫人的，更要"听天下之内治，以明章妇顺"，婚后使"天下内和而家理"。女子婚前受教育，男子婚前也要受教育，特别是古代六官、三公、九卿、大夫、元士，婚前皆要"听天下之外治，以明章天下之男教"，以便能使"外和而国治"。这种婚前教育就是"天子听男教，后听女顺；天子理阳道，后治阴德；天子听外治，后听内职"。通过这种婚前教育，使"教顺成俗，外内和顺，国家理治"。此即"盛德"①，即巨大的婚姻文明也。进行婚前教育，不仅是为了"外内和顺，国家理治"的政治目的，也是为了修父道、母道，即礼教所说的"天子修男教，父道也；后修女顺，母道也"②。在社会学层次上讲，就是使男的做个好父亲，女的做个好母亲。因此，这种婚前教育，不仅是礼教对天子及贵族之家的要求，也是一般士大夫及庶民应该接受的。《礼记》讲女子许嫁，"祖庙未毁，教于公宫三月，祖庙既毁，教于宗室"③，就是对一般士大夫女子婚嫁前的要求。

礼教对婚姻的重视，不仅体现在婚前教育上，更看重婚姻本身的骨肉亲情意义与家族嗣续意义。孔子所说的"嫁女之家，三夜不息烛，思相离也。取妇之家，三日不举乐，思嗣亲也"④，就体现了这种意义。正是婚姻具有如此重要的意义，所以婚姻才不能苟且。举行婚礼，不仅司礼仪者来了，主人如宾，迎于门外，再三礼拜，"揖让而升，听命于庙，所以敬慎重正昏礼"，而且举行婚礼，迎娶时，夫婿"先俟于门外"，及至"妇至，婿揖妇以入，共牢而食，合卺而酳"。"共牢而食"，就是吃同牢所煮的牲畜之肉；"合卺而酳"，就是各执由葫芦做的半个瓢饮酒。这和今天结婚时夫妻的交杯酒颇为相似。不过，当时的"共牢而食，合卺而酳"，更象征

---

① 《礼记·昏义》。
② 《礼记·昏义》。
③ 《仪礼·士昏礼》。
④ 《礼记·曾子问》。

着夫妇"所以合体，同尊卑，以亲之"①。凡此种种，不仅可见古代婚礼之敬慎与庄重，亦可见婚姻本身意义之深刻与重大。这一切并非为了树立"夫权"或"大男子主义"，而是为了建立互敬互爱、和谐美好的夫妇关系。此婚礼对婚姻之文明规定也。

五　夫妇互敬的礼教教义

古代"合二姓之好"的婚姻，不仅婚礼是敬慎庄重的，而且夫妇之间的关系，也是敬慎庄重的，而不是轻薄的、嬉戏式的。惟敬慎庄重，才是夫妇之亲，而非狎妓之玩耍或情人之间的亲昵。故《礼记》讲："敬慎重正而后亲之，礼之大体，而所以成男女之别，而立夫妇之义也。"②

上古时期，礼教讲夫妇之道，讲男女有别，可能与社会分工的发展有关，但它并不含有重男轻女的意思，亦不具有等级贵贱差别之义。古代"夫妇"关系，每以阴阳、日月、乾坤、刚柔表示。它实际是说，夫妇之道即阴阳之道、乾坤之理。因此，阴阳、日月等，不仅是夫妇的定位，也包含着一夫一妻制的哲学。《礼记》讲"祭日于东，祭月于西，以别内外，以端其位"③；"明生于东，月生于西，此阴阳之分，夫妇之位也"④，就是讲的夫妇定位。天地万物，皆是以负阴抱阳而生化的。因此，"夫妇"的本义，即老子所说的"负阴抱阳"⑤之义。它延伸为夫妇关系，即"负阴抱阳，互为一体"。《白虎通》讲"妇者，服也，服于家事，事人者也"，虽然有贬低妇女地位之义，但其讲"夫者扶也，以道相接"⑥，还是保留着夫妇相互"抱负"的原始意义的。随着等级社会的发展，虽然赋予了夫妇关系一些等级地位的差别，但夫妇"负阴抱阳，互为一体"之义，还是体现在夫妇关系上的。《白虎通》说"妻者，齐也，与夫齐体，自天子至

---

① 《礼记·昏义》。
② 《礼记·昏义》。
③ 《礼记·祭义》。
④ 《礼记·礼器》。
⑤ 《老子》第42章。
⑥ 《白虎通德论·嫁娶》。

庶人，其义一也"①，就保留着夫妇"负阴抱阳，互为一体"的原始意义。

中国文化以天地之道，正夫妇之位，所以礼教讲夫妇之道，讲男女有别，才具有天地大义。故《易传》解卦《家人》曰："家人，女正位于内，男正位于外。男女正，天地之大义也。"② 正位，即正定其位也，即以天地之道，定男女之正位也，这对夫妇而言，即表示男女婚姻之正位。惟有定其正位，才能各行其道，相互尊重，而不是轻浮、嬉戏、亵渎。《礼记》所讲"男子入内，不啸不指，夜行以烛，无烛则止。女子出门，必拥蔽其面，夜行以烛，无烛则止。道路，男子由右，女子由左"③，就是讲的男女有别，各正其位，相互尊重。不仅如此，男女有别也标志着人伦意义的发生。《礼记》说："男女有别，然后父子亲；父子亲，然后义生；义生，然后礼作。礼作，然后万物安。无别无义，禽兽之道也。"④ 这就是说，中国文化制定"男女有别"之礼，不仅是按照天道法则建立夫妇的道德规范，同时也是通过这种规范建立社会文明秩序。非此秩序，不足以显示文明进步，不足以区别人之道与禽兽之道！

自然，中国礼教讲"男女有别"，并非只是停留于外在规范或道德形式上，更有着深刻的文化内涵。中国礼教赋予夫妇之道的文化哲理意义是很多的，特别是夫妇之道与天地之道、阴阳化育相关的形上内涵，更是几微深远。《礼记》讲："君子之道费而隐。夫妇之愚，可以与知焉，及其至也，虽圣人亦有所不知焉。夫妇之不肖，可以能行焉；及其至也，虽圣人亦有所不能焉。天地之大也，人犹有所憾。故君子语大，天下莫能载焉；语小，天下莫能破焉。"夫妇虽处居室之内，幽暗之中，衽席之上，然其微密之道，语其极，则如天地之道一样高深。故曰："君子之道，造端乎夫妇，及其至也，察乎天地。"⑤ 君子之道，即知天地之道、夫妇之道者。凡能知几慎独之君子，夫妇之间，不可流于嬉戏，更不可有如狎妓之类的轻薄行为，而应遵乾坤之道、咸恒之礼，像《诗》之《周南》、《召南》那样，以礼自防、互敬互爱而守天地之正。惟"敬慎重正而后亲之"，才

---

① 《白虎通德论·嫁娶》。
② 《周易·彖下传》。
③ 《礼记·内则》。
④ 《礼记·郊特性》。
⑤ 以上均见《礼记·中庸》。

符合礼之大体。此乃礼教"所以成男女之别，而立夫妇之义也"①。今天的人们，以婚姻解放、个性自由为由，已经不能理解古代夫妇这种敬慎庄重的礼教素养。其实，这也正是朱子批评"道存乎饮食男女之事，而溺其流者，不知其精"之故。朱子认为，夫妇之间的敬慎庄重，"接而知有礼焉，交而知有道焉，惟敬者能守而不失"②，只有不敬者，方失此道。朱子的这些批评，就是从几微深远的天地之道，讲夫妇之道，讲男女婚姻之天地大义的。

正是因为夫妇之道即天地之道，男女婚姻具有天地大义，所以婚姻才是神圣的，不可随便离异的。古代离婚，虽有"七出"之说，但也有"三不去"③之规定。上古时期，虽然发展出了一夫多妻制或媵妾制④，但夫妇关系还是社会的根本伦理关系，夫妻地位还是处于不可代替的地位。"妻者，亲之主也"⑤；"妾者，接也，仅得与夫接见，贵贱有分，不可紊也"⑥。夫妻是明媒正娶的婚姻，而妾多是从因罪逃亡或贫贱之家买来的，不具婚礼者，故地位是不同的。因此，虽然有过一夫多妻制或媵妾制，但就中国文化而言，还是以一夫一妻制为常道的。《易传》解《周易·革》卦说："革，水火相息，二女同居，其志不相得，曰《革》。"⑦夫妇之道，男女之情，一男一女，相感相应，和谐美好！而一旦实行妻妾制度，二女同居，争风吃醋，其志终不相得，则变革必生矣。因此，在中国文化看来，一夫多妻制或媵妾制，实乃家道之乱源也，是要不得的。而一夫一妻

---

① 《礼记·昏义》。
② 《续近思录·家道》。
③ 《大戴礼记·本命》称"七出"为"七去"，曰"妇有七去：不顺父母去，无子去，淫去，妒去，有恶疾去，多言去，窃盗去"，并解释说："不顺父母去，其逆德也；无子，为其绝世也；淫，为其乱族也；妒，为其乱家也；有恶疾，为其不可与共粢也；口多言，为其离亲也；盗窃，为其反义也。""三不去"为："有所取，无所归，不去；与更三年丧，不去；前贫贱，后富贵，不去。"
④ 《春秋公羊传》庄公19年："媵者何？诸侯娶一国，则二国往媵之，以侄娣从。"媵之为制，起于贵族婚姻，一国或一姓之女出嫁，由同姓之女，随而送往夫家，处于从嫁地位。故媵之为制，亦一夫多妻制之变相形式。
⑤ 《大戴礼记·哀公问于孔子》。
⑥ 《大清律例·妻妾失序注》。
⑦ 《周易·象下传》。

制，夫者扶也，妻者齐也，齐眉举案，白头偕老，才是人生常道。故古代是非常重视婚姻关系的维持的，除非不得已或重大事故，是不可轻言离异的。这一点，从《韩诗外传》所讲的孟母不准孟子去妻，可以看出来：

  孟子妻独居，踞。孟子入户视之，白其母曰："妇无礼，请去之。"母曰："何也？"曰："踞。"其母曰："何知之？"孟子曰："我亲见。"母曰："乃汝无礼也，非妇无礼。《礼》不云乎：'将入门，问孰存。将上堂，声必扬。将入户，视必下。'不掩人不备也。今汝往燕私之处，入户不有声，令人踞而视之，是汝之无礼也，非妇无礼也。"于是孟子自责，不敢去妇。诗曰："采葑采菲，无以下体。"①

《礼记》说："礼始于谨夫妇。"② 可知礼教之设，夫妇关系最初是极为关注的。最初，为居室，辨外内，男子居外，女子居内，可以说许多礼教，皆是为夫妇关系制定的。但这些礼教并非只是限制妇女的，对于丈夫的行为也是有规定的，是相互制约的。礼教规定："将入门，问孰存"，乃是致敬之意；"将上堂，声必扬"，则有告诫之意；"将入户，视必下"，则是恐见人过错的意思。凡此礼教规定，皆是不掩人不备。而孟子回家，往燕私处走，不声不响、轻悄悄的，使妻子陷入不觉察而踞的状态，这对孟子来说，则是无礼的行为。故孟母批评孟子："是汝之无礼也，非妇无礼也。"我们虽然不能由此说古代礼教有男女平等的思想，但从这些礼教规定至少也可以看出，古代礼教还是非常强调夫妇相互尊重的，而不是后世以夫权奴役妻子。相反，古代夫妇是彼此敬重、相互爱护的。孔子所说的"昔三代明王之政，必敬其妻子也，有道。妻也者，亲之主也，敢不敬与！"③ 指的就是夫妇彼此敬重、相互爱护。《诗》曰"妻子好合，如鼓瑟琴。兄弟既翕，和乐且耽。宜尔室家，乐尔妻帑"④，由此诗可知古代怎样追求"妻子好合"及家庭和谐美好了。即使发展到汉代"三纲"说的出现，讲"夫为妇纲"，宋代人也是讲父子之爱与夫妻和谐美好的。邵康节

---

① 《韩诗外传》卷9。
② 《礼记·内则》。
③ 《礼记·哀公问》。
④ 《礼记·中庸》引。

之诗，说"语爱何尝过父子，讲和曾为若夫妻"①，就是证明。

礼教为夫妇而设，制定男女行为规范，对双方无疑具有一种束缚力。但这是婚姻发展由野蛮走向文明的必要一步。它不仅使男女双方的婚姻得到了制度上的保障，而且对维护家庭稳定、子嗣绵延，皆是有利的。一旦婚姻之礼丧，就造成了"夫妇之道苦"，并带来一大堆婚姻家庭问题。

六　婚礼废则夫妇之道苦

为什么要制定礼教？从根本上说，礼教之制定，乃是为了建立社会秩序。"礼之于正国也，犹衡之于轻重也，绳墨之于曲直也，规矩之于方圆也。"若国家没有了礼教，也就没有是非曲直、规矩方圆，没了价值判断标准与行为准则，国家乃至整个社会就会处于混乱无序状态，甚至造成各种犯罪与野蛮复归。故《礼记》在叙述各种礼教的地位与大用以及若礼教毁而造成社会秩序的巨大破坏时，接着讲了下面一段话：

> 故朝觐之礼，所以明君臣之义也。聘问之礼，所以使诸侯相尊敬也。丧祭之礼，所以明臣子之恩也。乡饮酒之礼，所以明长幼之序也。昏姻之礼，所以明男女之别也。夫礼，禁乱之所由生，犹坊止水之所自来也。故以旧坊为无所用而坏之者，必有水败。以旧礼为无所用而去之者，必有乱患。故昏姻之礼废，则夫妇之道苦，而淫辟之罪多矣。乡饮酒之礼废，则长幼之序失，而争斗之狱繁矣。丧祭之礼废，则臣子之恩薄，而倍死忘生者众矣。聘觐之礼废，则君臣之位失，诸侯之行恶，而倍畔侵陵之败起矣。②

中国几千年文化历史，可以说没有礼教就没有中华民族的文明。虽然法律亦可维护社会秩序，然它远不如礼教建立内在道德更使人自觉。故孔子说："道之以政，齐之以刑，民免而无耻。道之以德，齐之以礼，有耻且格。"③ 即使一些国家民族通过宗教建立了不同类型的文明，也不如中国礼教维持文明数千年之久！

---

① 《首尾吟》，《击壤集》卷20。
② 《礼记·经解》。
③ 《论语·为政》。

然而进入近现代，礼教成了最受批判的文化存在，特别是"五四"运动，以礼教"吃人"、礼教扼杀人的天性为由，对礼教展开了空前未有的大规模批判和激烈抨击。当时所要破坏、冲决的，是礼教；所要攻击、批判、诅咒的，是礼教；所要打倒、粉碎、毁灭的，也是礼教！在当时的所谓思想家看来，中国的历史，就是"吃人"的历史；礼教所在的地方，都在"吃人"或被人吃；特别是礼教统治下的家庭或家族，变成了"坟墓"、"棺材"，变成了罪恶之源或万恶之首，因而更应该被诅咒、被破坏、被毁灭。礼教被废了，传统的家庭也遭到了破坏。但是从那以后，中国并没有进入一个彝伦攸叙的新社会，也没有创造出一个自由、和乐、理性的新天地，相反，在社会生活的一些领域，疯狂代替了理性，苟且代替了贞正，父子争吵代替了父子有亲，夫妻反目代替了夫妇有义，违法乱纪代替了纲纪制度，僭越无礼代替了长幼有序，腐败堕落代替了仁义廉耻，做假伪善代替了至诚信义，感官刺激代替了良知良能，人欲横流代替了人格理想与道德精神，一句话，昔日的礼义之邦，几乎变成野蛮复归、恣意肆行的地方。

特别是近些年来，随着改革开放，西方各种色情文化大量传入及肆无忌惮地传播，一些应声虫也打着维护"人权"的旗号，提倡"性解放"、"性自由"，大肆宣扬"未婚同居"、"试婚"、"同性恋"、"一夜情"、"派对"之类的非婚淫荡行为，造成了"昏姻之礼废，夫妇之道苦，淫辟之罪多"。三代以后，虽然为子嗣赓续，发展出了一夫多妻制或媵妾制，但那也限于贵族等级本身，一般庶民是不能随便纳妾的，只有到了四十岁尚无子嗣者，经父母同意，方许选一人置侧室，否则，"违而娶者，笞四十"[①]。现在不论贵贱，只要有了权、有了钱，几乎无不置"小三"、"包二奶"、"包三奶"等等。一些贪腐官员所以堕落，除了贪钱受贿外，有不少人色情淫乱、情妇成群、骄奢淫逸，以至于走向犯罪。凡此谁之罪也？原因固然是多方面的，但从文化上讲，乃在于礼教之失，乱之所以生也，特别是夫妇之礼废，社会人生陷入邪僻淫乱状态。

夫妇关系乃是家庭主轴与核心结构，是破坏不得的，也是不可轻易动摇的。这个家庭主轴与核心结构动摇了，就会影响整个家庭的结构与功能，影响根根脉脉的发展及后代的正常发育与成长。因此，中国礼教特别

---

① 《明律·各例附例》。

重视婚姻，重视夫妇之道，目的就在于防止感情的洪水泛滥，冲破理性的堤防，造成家庭的破坏及伦理道德的丧失。故曰："夫礼，禁乱之所由生，犹坊止水之所自来也。"现在的性解放与婚外情泛滥以及越来越多的未婚生育与层出不穷的未成年人犯罪，不仅造成"婚姻之礼废，夫妇之道苦，淫辟之罪多"，造成了无数的婚姻悲剧、家庭悲剧，也破坏了家庭结构与社会伦理，其涤荡泛滥，正冲击着伦理道德的堤防，动摇着社会稳定的基础。

现在，我们仍必须像中国礼教那样重视婚姻家庭，不仅要把家庭建设成一个温情美好的港湾，一个彝伦攸叙的乐园，父子情笃，兄弟和乐，使那些为工作奔波劳累的生命回到家里得到休息与慰藉，同时，把家庭建设成一个坚固强大的堡垒，一个富有康乐之地，使老人颐养天年，为孩子教育成长提供良好的生活机遇与保护。有这样一个家庭，像《诗经》所描述的那样，"兄弟既具，和乐且孺；妻子好合，如鼓瑟琴；兄弟既翕，和乐且湛；宜尔室家，乐尔妻帑"①，那就不仅使每个人有一个和谐美好的家庭，而且社会亦将得到持久的稳定与和平。而要做到这一步，婚姻之礼正，夫妇之和谐，乃是关键。因为"夫昏礼，万世之始也"，婚姻的结合，妃匹之际，乃是"生民之始，万福之原"的存在。这也是中国自古重视《关雎》之教的原因所在。在古代，只有"致其贞淑，不贰其操，情欲之感，无介乎容仪，宴私之意，不形乎动静"，然后才"可以配至尊而为宗庙主"。因此，匡衡说"此纲纪之首，王教之端也"，鉴于上古三代以来，天下兴废，无不由此，他疏戒成帝说："愿陛下详览得失盛衰之效以定大基，采有德，戒声色，近严敬，远技能。"②

明儒刘蕺山（宗周）认为，"天下治乱，不能舍道而别有手援之法，一涉功利，皆为苟且"③。事业发展，完全无功利之求，是不可能的。但是，从古到今，人们没有像现在这样一味地追求功利。因此，一切追求，也都流于苟且：不仅经济建设流于苟且，如"豆腐渣工程"之类，而且连婚姻家庭也流于苟且。不仅"高富帅"、"白富美"成了婚姻追求的标准，而且公开提出年薪有多少万才能成为婚嫁对象。这其实已经不是婚姻，更

---

① 《诗经·小雅·常棣》。
② 《汉书·匡衡传》。
③ 《明儒学案·蕺山学案》。

谈不上爱情，而是像一个微信说的那样，是赤裸裸的"财"、"貌"交易：一方出钱，一方出貌，相互交易。但这从经济学的角度讲，钱可以增值，貌可是要贬值的。因为女性不可能一年比一年漂亮，随着岁月增长，窈窕的身段、俏丽的容貌会渐渐消失。因此，一位金融家用华尔街"交易仓位"的理论，给出回答说：不论多么宝贵的物资，一旦价值下跌，就要立即抛出。这听起来很残忍，但这就是你想要的婚姻。这就是今天许多功利婚姻悲惨下场的真实写照！一些美貌女性所以被朝爱暮弃，置于悲惨境地，就是将婚姻视为功利之求，流入了苟且，使神圣美好的婚姻失去了纯净性，也不再具有天地之道的永恒性。

婚姻是神圣美好的，不仅夫妇居室之道、男女交感之情，要得天地之正，合天地大义，而且"窈窕淑女，君子好逑"，要具有"思无邪"的纯洁性。此即君子淑女的人格魅力，而其"温柔敦厚"，就是千古《诗》教，它赋予了青年男女人格修养的审美境界，也给夫妇之道提供了最美好的行为准则。这就是下一章所要研究的内容。

第九章　君子与淑女的人格魅力

世界古老民族进入文明阶段时，差不多都对男女婚姻提出过最为理想的道德标准与情感标准。不过，文化不同，标准是不一样的。如古代希腊希望立法者选出一些有品质的女人，然后派给品质一样的男人，让"这些男人女人同吃同住，没有任何私财；彼此在一起，共同锻炼，天然的需要导致两性的结合"，是最为合理的，因为"情欲的必然比几何学的必然有更大的强制力与说服力"，"如果两性行为方面或任何他们别的行为方面毫无秩序，杂乱无章，在幸福的国家里是亵渎的。我们的治理者是决不能容许这样的"。虽然古希腊文化也要求"婚姻大事应尽量安排得庄严神圣"，但男女婚姻却是建立在情欲基础上的，不然就不会以"一些猎狗和不少纯种公鸡"作为"交配与生殖"的"良种"①了。

而古代阿拉伯文明时期，对男女婚姻的要求，则与古希腊文化不同。《古兰经》要求男人，"你们不要娶以物配主的妇女，直到她们信道"；要求父母，"你们不要把自己的女儿嫁给以物配主的男人，直到他们信道"。因为"以物配主"的婚姻是不道德的，不符合伊斯兰教信仰的，而那些"已信道的奴婢，的确胜过以物配主的妇女"，"信道的奴仆，胜过以物配主的男人"，如果这些人真能使你们爱慕，真主也"随地叫你们入乐园，和得到赦宥"②。这种婚姻标准，显然是以宗教信仰为基础的，是以真主的信仰为男女婚姻的最高标准的。

与古代希腊、阿拉伯文化不同，古代印度《吠陀》文化的最高理想，是要求婆罗门"弃其后嗣之想、财富之求、世间之恋"，通过修养，追求

---

① ［古希腊］柏拉图著《理想国》卷5第191～192页，郭斌和、张竹明译，商务印书馆1986年版。
② 《古兰经》第2章第25页，马坚译，中国社会科学出版社1981年版。

"唯彼伟大不生（不灭）之自我，无老、无死、永生、无畏之大梵"。因为"嗣之想望者，财富之欲求也，财富之欲求者，世间之贪恋也。二者，皆唯贪欲而已"，只有"归于安静、柔和、敛退、坚忍、定一，唯于自我而见性灵"，才能克服一切罪恶，"罪恶不能胜"，"罪恶不能灼"，才是婆罗门族应追求的神圣"大梵世界"①！即使在婆罗门未有牛禁以前的时代，男女结婚，也要未婚女子的丈夫在婚礼中祈祷着火神、爱神、太阳神，以水洒其妇，三祝"起起由此去，且往求他女，丰容盛鬋者"云云，然后才能"使此妇与夫，伉俪能共处"②！

中国礼教文化则不是这样。它既不像古代希腊文化那样以情欲为基础追求男女婚姻的幸福，也不像古阿拉伯文化那样以真主的信仰为根本建立择偶标准，更不像古印度《吠陀》文化那样超越现世男女的情欲，追求一个"大梵世界"的存在，而是立于现实的人生，从文化修养和道德品质方面，为男女青年建立起一个理性美好的配偶标准：男的要有君子之德，女的要有淑女之美。这就是《诗经》所说的"窈窕淑女，君子好逑"③。这里，没有任何功利之求、赤裸裸的物欲情欲，也没有神秘的宗教性主宰，或要人放弃现世的美好婚姻，去追求一个彼岸虚无飘渺的存在，而是曲尽人情，明王道教化，教之"温柔敦厚"，止之于仁爱礼义，一言以蔽之："思无邪"④，建立起一种神圣美好的婚姻准则。这就是孔子删《诗》以三百篇所建立起来的诗教。这个诗教，有着中国文化数千年的大道教理，也包含着当时无数青年男女对婚姻理想的追求及应有的文化教养、道德品质与人格精神。它对今天国民的《诗》、《书》、《礼》、《乐》教化，仍然是有现实意义的。

一 《关雎》的诗教意义

《诗》有风、雅、颂三部分，而《国风》之诗，首《周南》、《召南》，

---

① 《大林间奥义书》第四部分《第四婆罗门书》，《五十奥义书》第 619~620 页，徐梵澄译，中国社会科学出版社 1995 年版。
② 《大林间奥义书》第六部分《第四婆罗门书》，《五十奥义书》第 659 页。
③ 《诗经·国风·关雎》。
④ 《论语·为政》。

而《周南》又以《关雎》为首篇。孔子删诗,最后留此三百篇,并作此编辑安排,究竟是为什么呢?它是出于孔子的个人意愿,还是寓意着大道教理?是明王道教化,还是识历史盛衰?它包含着怎样的政治哲学与伦理学考虑呢?这是研究《关雎》篇的《诗》教意义时首先应该弄清楚的。

《诗经》虽属收集上古以来的诗歌,但主要还是殷周两世的歌谣作品,而以周诗为多。周诗之《风》、《雅》、《颂》,从文化哲学上说,虽然《雅》、《颂》部分成就最高,但从历史哲学上讲,能反映国家盛衰治乱的,则属于《国风》部分。《国风》中能反映王道教化、提出政治哲学与伦理学思考的,则是《周南》、《召南》。正是从这个意义上,邵康节才赞孔子编删《诗》说:"三百五篇天下事,后人谁敢更讥非!"①

曰周曰召,皆地名,古在雍州岐山之阳,今陕西岐山县西南,以"南"称之,除含"岐山之阳"义,亦商代古国名,有南方之国义。它在周代,为周、召二公采邑封地,周公治左,召公治右。《国风》以《周南》、《召南》称之,即南方二国之风也。但实际内容所反映的,则是周公、召公制礼作乐、王道教化的社会风貌。现存《周南》、《召南》,读之的确更给人一种天下太平、人民康乐的景象。我们翻开《周南》,读《关雎》"参差荇菜,左右采之;窈窕淑女,琴瑟友之;参差荇菜,左右芼之;窈窕淑女,钟鼓乐之";读《卷耳》"采采卷耳,不盈顷筐;嗟我怀人,置彼周行","陟彼高冈,我马玄黄;我姑酌彼兕觥,维以不永伤";读《樛木》"南有樛木,葛藟累之;乐只君子,福履绥之","南有樛木,葛藟萦之;乐只君子,福履成之";读《桃夭》"桃之夭夭,灼灼其华;之子于归,宜其室家","桃之夭夭,其叶蓁蓁,之子于归,宜其家人";读《芣苢》"采采芣苢,薄言采之;采采芣苢,薄言有之;采采芣苢,薄言掇之;采采芣苢,薄言捋之"等,正如我在《中国精神通史》中所说的那样,似乎进入了歌德《浮士德》所描写的"在自由的土地上居住着自由的人民"的理想国度②。

《关雎》为《国风》之首,亦是《周南》首篇。它具何意义,为何放到这么重要的位置?依《毛诗》所说,《关雎》乃是写后妃之德的。《毛

---

① 《观诗吟》,《击壤集》卷15。
② 见《中国精神通史》第1卷第7章第5节"《诗经》的两周精神",华夏出版社2015年版。

诗》序说："《关雎》，后妃之德也，风之始也，所以风天下而正夫妇。"《诗》传首章说"后妃说乐君子之德无不和谐，又不淫其色，慎固幽深，若关雎之有别焉"；又说"后妃有关雎之德，是幽闲贞静之善，宜为君子之好匹"；二章传说"后妃有关雎之德，乃能供荇菜，备庶以事宗庙"；三章传说"德盛者宜有钟鼓之乐"①，凡此皆说后妃之德也。至于所说的后妃是谁，郑玄《诗谱》虽历述古公亶父以来助其所治的太姜、太任、太姒之德，但观其所说"二国之诗，以后妃、夫人之德为首终，以《麟趾》、《驺虞》，言后妃、夫人有斯德，兴助其君子，皆可以成功，至于获嘉瑞"②，可知所说的后妃，乃泛指后妃、夫人言之，并非专指太姒也。从《周南》的《汉广》序讲"文王之道，被于南国，美化行乎江汉之域"；《汝坟》序讲"文王之化，行乎汝坟之国"，及《召南》的《甘棠》序讲"召伯之教，明于南国"；《羔羊》序讲"召南之国，化文王之政"；《摽有梅》序讲"召南之国，被文王之化"③ 等等，可知当时的周南、召南，乃周、召二公以文王之道、后妃之德，推行礼乐教化最为成功的地方，或者说是首善之区。读《周南》的《关雎》、《卷耳》、《樛木》、《桃夭》、《芣苢》，有一种天下太平、人民康乐的景象，而且翻开《召南》，读《采蘩》"于以采蘩？于沼于沚；于以用之？公侯之事"；读《采蘋》"于以采蘋，南涧之滨；于以采藻，于彼行潦"；以及读《甘棠》"蔽芾甘棠，勿剪勿伐，召伯所茏；蔽芾甘棠，勿剪勿败，召伯所憩；蔽芾甘棠，勿剪勿拜，召伯所说"等等，似乎进入了召公所治理的祥和太平的国度。

那么，什么是周、召二公施教的文王之道、后妃之德呢？它包含着何种大道教理、具何种礼教精神呢？它就是孔子所说的"温柔敦厚"、仁爱礼义的诗教。而曰《风》者，"风者，风也，教也"，即诗教成风，礼乐之教，风行天下也。《毛诗》序所说的"《关雎》、《麟趾》之化，王者之风。故系之周公，《南》，言化之北而南也。《鹊巢》、《驺虞》之德，诸侯之风也，先王之所教，故系之召公"，就是讲的周公、召公行礼乐教化于周、召，而成王者之风、诸侯之风也。此风风行天下，风以动之，教以化之，即可"经夫妇，成孝敬，厚人伦，美教化，移风俗"的大用，具有

---

① 《毛诗》卷1。
② 见《诗谱》序附《〈周南〉〈召南〉谱》，《毛诗正义》卷1。
③ 《毛诗》卷1。

"正得失，动天地，感鬼神"①的精神。夫妇之道，人伦之教，及其至也，察乎天地。故其道也大，其教也深。故儒家诗教，乃统天地之心，著善恶之归，明吉凶之分，通人道之正，而不悖于人之本性者也。周代所以能致之，而刑措不用，就在于周公兴敦厚诗教，禁邪于冥冥，绝恶于未萌也。《周南》、《召南》之诗，所以具经世大用和感动精神，诚如匡衡所说，乃在于它"被贤圣之化深，故笃于行而廉于色"②。周公兴礼乐之教，以仁爱礼义教化天下，不仅确定了周代的正统地位，也为其绵延赓续奠定了八百多年的基础。故《毛诗》说："《周南》、《召南》，正始之道，王化之基。"③

《关雎》所以冠《国风》之首，不仅在于《周南》、《召南》之诗教关乎夫妇之道、人伦之教的天地大义，亦在其风以动之，教以化之，风行天下也。故《关雎》之于诗教，乃是具有教化原本、风俗枢机之意义的。此教化流行，蔚然成风，天下效之，建为至治，则邪无不禁，恶无不绝，经夫妇，成孝敬，厚人伦，美教化，无不承教而成淳厚民风矣。《关雎》之君子淑女，正是成于此教，淳于风俗，深化笃行，具有人格魅力者。行《关雎》诗教，此风成，君子淑女的人格魅力出现，才有《雅》之大小，《颂》之美德。及至王道衰，礼义废，政教失，国异政，家殊俗，则变风变雅作矣，但它更显出《关雎》君子淑女人格魅力的地位。这不仅影响了周代，亦长久地影响了后世。

那么，《关雎》君子淑女的人格是怎样教化出来从而成为一种有持久魅力的存在的呢？西周时期，不论是文王之道，还是周公制礼作乐，无不是以刚健和顺的天地之道，克治之诚，教化天下，匡正民行的。此《周易》、《周书》之根本，亦其诗教之宗旨也。《关雎》君子淑女人格之形成，亦出此教也。这一点，从《周南》、《召南》诸篇深于王道教化、建立后妃之德上，可以看得很清楚。

二　何谓君子淑女的人格

《关雎》说："窈窕淑女，君子好逑。"什么是君子，什么是窈窕淑女？

---

① 《毛诗》卷1。
② 《汉书·匡衡传》。
③ 《毛诗》序，《毛诗》卷1。

这是研究君子淑女的人格魅力首先应该弄清楚的。

现代社会关于人的分类多种多样，有职业的、阶层的、集团的等。但中国文化关于人的分类，就是两种：君子与小人或大人与小人。这不是阶层或身份地位的划分，而是人格的划分、品质的划分。关于阶层或身份地位的划分，古代有"天子、三公、九卿、二十七大夫、八十一元士"；王者制禄爵，有"公、侯、伯、子、男，凡五等。诸侯之上大夫卿、下大夫、上士、中士、下士，凡五等"①。但关于人格划分，则只有君子与小人或大人与小人。如孔子讲"君子周而不比，小人比而不周"②、"君子怀德，小人怀土；君子怀刑，小人怀惠"③ 以及讲"夫大人者，与天地合其德，与日月合其明，与四时合其序"④ 等，就是属于人格品质的划分。

正因为君子属于人格品质，所以它并不用来称赞某个阶层或身份地位的人，而是用来说明某些人的高尚品质与人格。如孔子讲"禹、汤、文、武、成王、周公，此六君子者，未有不谨于礼者也"，禹、汤、文、武、成王、周公，就是以其讲礼义而被称为君子的。但一般人被称为君子，并不是因为他们像禹、汤、文、武、成王、周公那样"以著其义，以考其信，著有过，刑仁讲让，示民有常"⑤，而是因为具有君子的道德品质与人格。如孔子讲"君子不忧不惧"⑥；"君子义以为上"⑦；"君子道者三：仁者不忧，知者不惑，勇者不惧"⑧；"君子贵人而贱己，先人而后己"⑨。孟子讲"君子不怨天，不尤人"⑩，《易传》讲"君子以见善则迁，有过则改"⑪ 等，就是从道德品质与人格上对君子的赞许。从这些赞许可以看出，

---

① 《礼记·王制》。
② 《论语·为政》。
③ 《论语·里仁》。
④ 《周易·文言传》。
⑤ 《礼记·礼运》。
⑥ 《论语·颜渊》。
⑦ 《论语·阳货》。
⑧ 《论语·宪问》。
⑨ 《礼记·坊记》引。
⑩ 《孟子·公孙丑下》。
⑪ 《周易·象下传》。

君子之为人之道德与品格，上古时期已经构成《易传》所说的"谦谦君子"①的形象。

君子所以有此形象，有此道德与品格，在于其有很深的道德修养。《周易·乾卦》辞讲"君子终日乾乾，夕惕若，厉，无咎"，《易传》讲"乾道变化，各正性命"②、"君子体仁足以长人，嘉会足以合礼，利物足以和义，贞固足以干事"、"君子敬以直内，义以方外，敬义立而德不孤"③等，讲的就是君子的道德修养。道德者，修道得之为德，宜之为义者也。最高道德修养，是体悟天道法则，按照"乾道变化，各正性命"。这种修德，就是体悟仁义礼智之道，体悟天道的"元亨利贞"之德。君子具此四德，才能"与天地合其德，与日月合其明，与四时合其序，与鬼神合其吉凶，先天而天弗违，后天而奉天时"，才能终日乾乾，与时偕行，不犯错误。"敬以直内，义以方外"，是体悟的方法。知识是方的，哲学是圆的。只有把道的知识，通过领悟，变为哲理，"主敬以直其内，守义以方其外"④，才能变为内在的道德修养，故曰"敬义立而德不孤"。而所谓"终日乾乾，夕惕若"者，即终日修德，警惕不已也，修到无大过，则"无咎"也；厉，过危其道，就要犯错误，则咎也。孔子对此解释说："君子进德修业。忠信所以进德也。修辞立其诚，所以居业也。知至至之，可与言几也。知终终之，可与存义也。是故居上位而不骄，在下位而不忧，故乾乾因其时而惕，虽危无咎矣。"⑤ 此即"刚自外来而为主于内"⑥也，亦体悟天道，"君子以反身修德"⑦者也。

君子获得这种道德，经过刚健、笃实、日新其德的蓄养，是非常高尚的。《易传》讲"天行健，君子以自强不息"⑧，讲"君子进德修业，知至

---

① 《周易·象上传》。
② 《周易·彖上传》。
③ 《周易·文言传》。
④ 《周易程氏传》卷1。
⑤ 《周易·文言传》引。
⑥ 《周易·彖上传》。
⑦ 《周易·象上传》。
⑧ 《周易·象上传》。

至之，知终终之"①，《大学》讲"明明德，止于至善"等，全是立于大道本体论与价值论的基础上，以太极本体之"仁"与至善存在，为其最高价值世界的。君子拥抱宇宙，与之契合，就是将自我的生命融入宇宙大化流行的生命精神，就是将天地之心变为我心，将天地之性变为我性，将天地之德变为我德，将天地之道变为我道的真理性；与天契合，就像天一样悠久高明，兼覆一切，光照一切；与地契合，就像地一样深厚博大，坤厚载物，德合无疆；与日月契合，就像日月一样光明，往来相推，悬照于天地间；与上帝鬼神契合，就像上帝鬼神一样阴阳莫测或寂然不动，辨其吉凶。此即孔子讲"与天地合其德，与日月合其明，与四时合其序，与鬼神合其吉凶"者也，亦是君子进德修业，"明明德，止于至善"，获得的最高道德精神世界，而且这种精神是非常真诚纯粹的。《礼记》讲"君子之于礼也，有所竭情尽慎，致其敬而诚若，有美而文而诚若"②；讲君子"礼乐不可斯须去身。致乐以治心，则易、直、子、谅之心油然生矣。易、直、子、谅之心生则乐，乐则安，安则久，久则天，天则神"③，就是讲的精神世界之至诚纯粹。易者，和也。直者，正直也。子者，童心也。谅者，诚信也。君子于礼乐，致乐以治心，和易、正直、童心、诚信之心油然生矣。惟此，人生才能安而不躁、性命长久、信之如天，进入诚信和乐的精神世界。否则，"心中斯须不和不乐，而鄙诈之心入之矣，外貌斯须不庄不敬，而易慢之心入之矣"，那也就不是君子的精神世界了。

君子正是有此道德修养，有此至诚纯粹精神，所以才有高尚的品质与独立的人格行为。《易传》讲"君子以独立不惧，遁世无闷"④，"君子以同而异"，"君子夬夬独行"⑤；《礼记》讲君子"大德不官，大道不器，大信不约，大时不齐"⑥；孔子讲"君子隐而显，不矜而庄，不厉而威，不言而信"，"君子不失足于人，不失色于人，不失口于人，是故君子貌足畏

---

① 《周易·文言传》。
② 《礼记·礼器》。
③ 《礼记·乐记》。
④ 《周易·象上传》。
⑤ 《周易·象下传》。
⑥ 《礼记·学记》。

也，色足惮也，言足信也"①，"礼也者，理也。乐也者，节也。君子无理不动，无节不作"②；子思讲"君子素其位而行，不愿乎其外。君子无入而不自得焉。在上位不陵下，在下位不援上，正己而不求于人"③；《史记》讲"君子内省不疚，无恶于志。君子之所不可及者，其唯人之所不见乎！《诗》云：'相在尔室，尚不愧于屋漏。'故君子不动而敬，不言而信"④，无不是说君子有高尚的品质与独立的人格行为。但他们并不是自尊傲世者，而是"尊德性而道问学，致广大而尽精微，极高明而道中庸，温故而知新，敦厚以崇礼，居上不骄，为下不倍。国有道，其言足以兴；国无道，其默足以容"者，是"淡而不厌，简而文，温而理，知远之近，知风之自，知微之显，可与入德"者；"内省不疚，无恶于志"；"不动而敬，不言而信"⑤者。中国自上古以来，就出现了这样一批君子，唐虞时代世济其美，不陨其名的"八恺"、"八元"，夏代具有纯正知识品味的皋陶、伯益、后稷、夔，殷商之末的微子、箕子、比干、伯夷、叔齐，成汤时期的伊尹、仲虺、义伯、仲伯、女鸠、女房，中宗太戊时期的伊陟、巫咸，高宗武丁时期的傅岩，等等，就是这样一批士人君子。他们不一定是贵族，也不一定是有权力者，但皆有一颗爱心，有极高的道德品质与独立人格。故孔子说："君子而不仁者有矣夫！"⑥

正因为君子之为人，有此道德品质与独立人格，有此爱心，"尊仁畏义，耻费轻实，忠而不犯，义而顺，文而静，宽而有辨"⑦，而且中正仁义、始终如一，故其特别具有道德威信与人格魅力。孔子讲"君子居其室，出其言善，则千里之外应之"，就是讲君子的言行，"枢机之发，荣辱之主"，"所以动天地也"。但这不是说其言行充满戾气，而是说其见解深厚广大，关乎"天下至动而不可乱"者也。若就其和谐美好而言，还是善与人同、相互契合的。故孔子又说，君子与人相处，"或出或处，或默或

---

① 《礼记·表记》。
② 《礼记·孔子闲居》。
③ 《礼记·中庸》。
④ 《史记乐记》。
⑤ 《礼记·中庸》。
⑥ 《论语·宪问》。
⑦ 《礼记·表记》。

语。二人同心，其利断金；同心之言，其臭如兰"①；子思讲"古之君子，进人以礼，退人以礼"②。故《韩诗》描述说："君子者，貌恭而行肆，身俭而施薄，故不宵者不能逮也。殖尽于己，而区略于人，故可尽身而事也。笃爱而不夺，厚施而不伐。见人有善，欣然乐之；见人不善，惕然掩之，有其过而兼包之。"③ 凡此，皆可见君子之仁爱、谦和、大度也。

虽然君子不一定富有，"不以绀緅饰，红紫不以为亵服"④，衣食住行，还是非常检点的，一切都是有格调、有情趣、有韵味、有风范的，动静言默，无不以不失君子风度为准则；特别是他们大多能通音律，会钟鼓，善琴瑟，以此相感相通。上古唐虞时期，"舜弹五弦之琴，歌南风之诗，以治天下"⑤，即以和顺美好的诗歌音乐，感动天下。自然界，人类社会，君臣、父子、夫妇、亲戚、朋友，无不以情意相感相通也。而诗歌咏唱、琴瑟和合，则是最为美好的相感相应形式。伯牙鼓琴，钟子期听之。意在高山，子期则说"善哉！巍巍若泰山"；意在流水，子期则说"善哉！汤汤如江河"⑥，就是属于咏唱琴瑟相交往的美好形式。孔子在和他的弟子们讨论诗书礼乐教化时，为使识其大用，说"礼云礼云，玉帛云乎哉？乐云乐云，钟鼓云乎哉"⑦?《礼记》记载说："士无故不彻琴瑟。"⑧ 此可知咏唱琴瑟相交往已是包括君子在内的上层交往、互动、感知的重要礼节形式。《诗经》"阪有漆，隰有栗。既见君子，并坐鼓瑟"；"阪有桑，隰有杨。既见君子，并坐鼓簧"⑨；"呦呦鹿鸣，食野之苹。我有嘉宾，鼓瑟吹笙"⑩；"南有嘉鱼，烝然罩罩。君子有酒，嘉宾式燕以乐"⑪；"妻子好

---

① 《周易·系辞上传》引。
② 《礼记·檀弓上》。
③ 《韩诗外传》卷2。
④ 《论语·乡党》。
⑤ 《尚书大传》。
⑥ 《列子·汤问》、
⑦ 《论语·阳货》。
⑧ 《礼记·曲礼下》。
⑨ 《诗经·国风·关雎》。
⑩ 《诗经·小雅·鹿鸣》。
⑪ 《诗经·小雅·南有嘉鱼》。

合，如鼓瑟琴"①等，正是周代《诗》、《书》、《礼》、《乐》教化风行天下者。而《关雎》之君子，以"窈窕淑女，琴瑟友之"；"窈窕淑女，钟鼓乐之"，以琴瑟吟唱追求配偶，正是礼乐教化纯正美好的表达形式。

何谓"窈窕淑女"？窈窕并非仅指身材而言的，不是现在所说的身材苗条、高挑美女或"美女不过百"（斤），而是指一种极有文化教养的美好女性。《毛诗》传说："窈窕，幽闲也。"《说文》解"窈窕"二字说，"窈，深远也"；"窕，深肆极也"，可知"窈窕"并非仅指仪容，而是和"幽深"、"闲适"联系在一起的，和文化教养联系在一起的。《方言》说，"窕，美也。陈、楚、周南之间曰窕"，"秦晋之间，美心为窈，美状为窕"。由此可知西周时期所说的"窈窕淑女"，并非仅指深宫美女，只要有教养、心性美好的女子，皆可以"窈窕"称赞之。这应该说是西周时期关于"窈窕淑女"的审美意识。秦汉魏晋讲的"窈窕淑女"，专指深宫幽闲专贞的善女，则有些贵族化了。这从《关雎》所讲"关关雎鸠，在河之洲"；"参差荇菜，左右流之"；"参差荇菜，左右采之"；"参差荇菜，左右芼之"一类的环境描述上可以看出，所说的"窈窕淑女"并非贵族化的深宫美女，而是周召一带勤劳、有教养、心性美好的女子。

西周时期所说的"窈窕淑女"，虽指勤劳、有教养、心性美好的女子，但依《毛诗》序，所说"《关雎》，后妃之德也，所以风天下而正夫妇也"；《诗》传首章说"后妃说乐君子之德无不和谐，又不淫其色，慎固幽深，若关雎之有别焉"；"后妃有关雎之德，是幽闲贞静之善女，宜为君子之好匹"；《诗》传第二章说"后妃有关雎之德，乃能供荇菜，备庶物，以事宗庙"；《诗》传第三章说"德盛者宜有钟鼓之乐"，亦可知《关雎》所说的"窈窕淑女"，并非指一般女子，而是指周、召一带有极高文化教养的幽闲贞静美好的女性。她们不仅知晓宗教祭祀之礼，而且通音律、懂礼乐，钟鼓在庭，琴瑟在堂，皆可理会其盛大之义。没有如此高的文化教养，是不能匹配有极高的道德品质和人格之君子的，君子也是不能"钟鼓乐之"、"琴瑟友之"的。窈窕淑女的这种极高的文化修养，从《诗经》其他篇章所讲"嗟我怀人，寘彼周行"②、"乐只君子，福履绥之"、"乐只

---

① 《诗经·小雅·常棣》
② 《诗经·国风·卷耳》。

君子，福履将之"、"乐只君子，福履成之"① 的诗句中，不仅可以看出其怀念君子之心、思慕远世之求、以礼乐乐君子以及思考终身大事的高尚追求，亦可知当时女性所受教育之高，绝非今日"女汉子"之类。《周易·姤卦》辞曰"女壮，勿用取女"②，就是讲女汉子气太重，非为淑女，失男女之正，不宜娶之为妻。

中国上古自唐虞以来，随着礼教的发展，历代皆培养造就出许多品质高贵、人格独立的士人君子与高贵贤淑的女性，特别是发展到西周时期，随着周公制礼作乐及《诗》、《书》、《礼》、《乐》教化的施行，君子淑女的高贵品质与独立的人格精神，不仅作为一种人格类型得到了社会承认，而且成为一种高尚的文化精神而行于世。希冀将青春年华与爱情生命连接在一起，构成了《诗经》中君子淑女之间的相互倾慕。这种相互倾慕，是一种文化品质，也是一种礼教精神。

三　相互倾慕的君子淑女

中国文化不仅注重宇宙万物的生化，更重视人的生命绵延。所以，如前所说，《周易》上经首《乾》、《坤》讲天地之道、万物生化，下经首《咸》、《恒》讲男女之情、夫妇之道。咸者，感也。阴阳之道，男女之情，彼此之间有不可阻挡的吸引力，正如《诗》所说："雄雉于飞，泄泄其羽。我之怀矣，自诒伊阻。雄雉于飞，下上其音。展矣君子，实劳我心。瞻彼日月，悠悠我思。"但是爱情不是动物的性欲情欲，不是柏拉图所说的"猎狗和纯种公鸡"的交配，而是男女之间经过礼义教化与文化熏陶的两情相好与精神追求。故追求爱情不光看其外表，像大公鸡一样展示美丽的翅膀，内心道德品质如何、是否善良，才是最重要的。故曰："百尔君子，不知德行。不忮不求，何用不臧。"③

爱与不爱，不是无缘无故的，也不是什么都能相感相应、相亲相合的。凡物相感相应，皆有亨通之理，无亨通之理，则是不能相感相应的。特别是有文化、有教养的人，在情感上，在两性关系上，并不是任何情况

---

① 《诗经·国风·樛木》。
② 《周易正义》卷5。
③ 《诗经·国风·雄雉》。

都会做出反应、感应、呼应、彼此配合的。惟一笑一颦、一往一来、一语一默，皆情意相投、和顺亨通，才能情感相悦、彼此相应、相互契合，成为情侣，最后走向夫妇之道。此相感之道，即男女相悦之道，亦即《诗经》中君子淑女之间的倾慕相悦之道。

男女倾慕彼此相悦，自然离不开姣好相貌。"有美一人，清扬婉兮，邂逅相遇，适我愿兮"，"有美一人，婉如清扬，邂逅相遇，与子偕臧"①，如此清扬婉丽的美女，自然撩人心动，虽"邂逅相遇"，亦愿与之友好相处。但这不是说不期而遇，即可相约，即可马上跑过去追求。只是有此心愿而已。故《毛诗》传曰："君子之泽不下流。"君子建立家室，对女性的要求还是相当高的。《出其东门》一诗就是这样：

> 出其东门，有女如云。虽则如云，匪我思存。缟衣綦巾，聊乐我员。
> 出其闉阇，有女如荼。虽则如荼，匪我思且。缟衣茹藘，聊可与娱。

虽然"出其东门，有女如云"、"出其闉阇，有女如荼"，但那如云如荼的美女，并非君子所要追求的。只有那穿着洁白的衣服、系着苍翠的巾带者，才可娶为家室。《毛诗》序此为"兵革不息，男女相弃，民人思保其家室焉"②。战乱时期，选择妻室，尚且如此要求，何况和平时期呢？不过，从"出其东门，有女如云"的诗句看，说其为"兵革不息"的战乱时期似乎与现实不符。哪有战乱时期东门之外有女如云的呢？但从此诗亦可看出当时爱情追求之不苟且。

事实上也是如此。三代礼教文明的发展，特别是周公兴礼制乐，风以动之，教以化之，经夫妇，成孝敬，厚人伦，美教化，移风易俗，民风大变，而择偶成家，乐得淑女，以配君子，已成普遍的风尚。民已化成，心性淳朴，男女之情，相悦相求，自然莫不发乎情性，止乎礼义，表现为美好情境与人生追求。《蒹葭》就是这样一首境界非常美的诗：

> 蒹葭苍苍，白露为霜。所谓伊人，在水一方，溯洄从之，道阻且长。溯游从之，宛在水中央。
> 蒹葭萋萋，白露未晞。所谓伊人，在水之湄。溯洄从之，道阻且跻。溯游从之，宛在水中坻。

---

① 《诗经·国风·野有蔓草》。
② 所引均见《毛诗》卷4。

> 蒹葭采采，白露未已。所谓伊人，在水之涘。溯洄从之，道阻且右。溯游从之，宛在水中沚。①

寒秋，蒹葭苍苍，白露为霜，自己所思念追求的人，在水的那一边，逆流而上，道路险且长，想着游过去，那人就好像在大水的中央。这种思念和追求，绝非私欲情爱，而是人性最美好的渴求。《蒹葭》虽属秦风，然未必如《毛诗》传所说是"刺襄公未能用周礼"②的诗。秦虽周之旧地，然从诗所写蒹葭之"苍苍"、"萋萋"、"采采"及伊人在"水一方"、"水之湄"、"水之涘"，再看秦风其他诗所写的"阪有漆，隰有栗"；"阪有桑，隰有杨"③、"鴥彼晨风，郁彼北林"④等，乃上古一片原始自然风貌之地也。其为礼乐教化，亦应源远流长，非秦襄公新为诸侯所能致。因此，《蒹葭》所描述的发乎情性、止乎礼义的人性之美及其美好追求，应为上古以来特别是西周兴礼制乐、长期风动教化所致。

正是有此长期的礼乐教化，所以不仅培育出人性之美，而且礼乐之好，琴瑟友之，已成为君子淑女的一种审美追求。《淇奥》就是一首既有人性之美又有礼乐之好的审美诗篇：

> 瞻彼淇奥，绿竹猗猗。有匪君子，如切如磋，如琢如磨，瑟兮僩兮，赫兮咺兮。有匪君子，终不可谖兮。
>
> 瞻彼淇奥，绿竹青青。有匪君子，充耳琇莹，会弁如星。瑟兮僩兮，赫兮咺兮。有匪君子，终不可谖兮。
>
> 瞻彼淇奥，绿竹如箦。有匪君子，如金如锡，如圭如璧。宽兮绰兮，猗重较兮。善戏谑兮，不为虐兮。⑤

淇、奥流水，绿竹猗猗。于此美好静穆的环境中，品貌端庄，鼓动琴瑟，明德赫赫，威仪容止，该是多么美好的人性啊！君子之美貌，"充耳琇莹，会弁如星"；君子之品质，"如金如锡，如圭如璧"。这样美好的人格与品质，怎么能使人忘记呢？君子之威仪，"赫兮咺兮"；君子之庄重，

---

① 《诗经·国风·蒹葭》。
② 《毛诗》卷6。
③ 《诗经·国风·车邻》。
④ 《诗经·国风·晨风》。
⑤ 《诗经·国风·淇奥》。

"宽兮绰兮"。这样善良宽厚的人品，怎么能不敬重而戏虐之呢？

《诗经》中有关君子淑女之间人性美好追求的诗篇很多。《卷耳》讲"采采卷耳，不盈顷筐。嗟我怀人，寘彼周行"；《樛木》讲"南有樛木，葛藟累之。乐只君子，福履绥之"；《桃夭》讲"桃之夭夭，灼灼其华。之子于归，宜其室家"；《汉广》讲"南有乔木，不可休息。汉有游女，不可求思。汉之广矣，不可泳思"；《汝坟》讲"遵彼汝坟，伐其条枚。未见君子，惄如调饥"；《麟之趾》讲"麟之趾，振振公子"；《殷其雷》讲"振振君子，归哉归哉"；《泉水》讲"毖彼泉水，亦流于淇。有怀于卫，靡日不思"；《竹竿》讲"籊籊竹竿，以钓于淇。岂不尔思？远莫致之"；《风雨》讲"风雨如晦，鸡鸣不已。既见君子，云胡不喜"；《女曰鸡鸣》讲"女曰鸡鸣，士曰昧旦。子兴视夜，明星有烂"、"宜言饮酒，与子偕老。琴瑟在御，莫不静好"等，莫不是对君子淑女之间相感相应、相悦相求的美好心性的描写。它所反映的是礼乐教化之见于美好人心人性者。

心性美好的爱情，乃是男女两心的相倾、爱慕与景仰。它不仅需要全身心的投入，而且常常伴随着相互牵挂。这种牵挂，虽有爱恋，但不是情欲，也不仅仅是浪漫，而是一种关心，一种爱护，一种心灵的感通，一种情感的期待，一种精神的守候，一种心愿的等待，一种绵绵之思，一种不尽之情。它是甜蜜的，激情、兴奋、回味时，几乎让人陶醉，然而无尽的等待与难以忘怀的思念，也令人痛苦和无奈。《诗经》中，这种君子淑女之间的倾慕、景仰、追求及相互牵挂，深切感人：

> 未见君子，惄如调饥。既见君子，不我遐弃。①
>
> 未见君子，忧心忡忡。亦既见止，亦既觏止，我心则降。
> 未见君子，忧心惙惙。亦既见止，亦既觏止，我心则说。
> 未见君子，我心伤悲。亦既见止，亦既觏止，我心则夷。②
>
> 青青子衿，悠悠我心。纵我不往，子宁不嗣音？
> 青青子佩，悠悠我思。纵我不往，子宁不来？

---

① 《诗经·国风·汝坟》。
② 《诗经·国风·草虫》。

> 挑兮达兮，在城阙兮。一日不见，如三月兮？①
>
> 有狐绥绥，在彼淇梁。心之忧矣，之子无裳。
>
> 有狐绥绥，在彼淇厉。心之忧矣，之子无带。
>
> 有狐绥绥，在彼淇侧。心之忧矣，之子无服。②
>
> 君子于役，不知其期。曷至哉？鸡栖于埘。日之夕矣，羊牛下来。君子于役，如之何勿思！
>
> 君子于役，不日不月。曷其有佸？鸡栖于桀。日之夕矣，羊牛下括。君子于役，苟无饥渴？③

爱情的相感相应、相悦相求，最高境界是心灵的契合、精神的会通。当真诚、美好、纯正之心，彼此倾慕、相互景仰，连接在一起，精神上达到纯一程度，心灵弥合无间时，也就是《诗》所说的"淑人君子，其仪一兮。其仪一兮，心如结兮"④ 的境界。

"彼泽之陂，有蒲与荷。有美一人，伤如之何！寤寐无为，涕泗滂沱"⑤。虽然美好的女性，让人动心，让人思念，让人追求，但爱情毕竟是心灵、情感、精神的契合，并不是任何两性都能相感相应、相契相合最后走到一起的。故《易传》说："同声相应，同气相求，水流湿，火就燥，云从龙，风从虎，本乎天者亲上，本乎地者亲下，各从其类也。"⑥ 爱情问题、婚姻问题，也是这样。惟同气才能相求，同类才能相从。三代以后，特别是经过西周兴礼制乐，教化天下，择偶成家，男女相悦，礼教已成为最高准则。故《诗》曰： "相鼠有皮，人而无仪！人而无仪，不死何为！"⑦ 西周时期，礼教之实行，已发展出"取妻如何，匪媒不得"⑧ 的婚姻制度。因此，虽然仍有"东方之日兮，彼姝者子，在我室兮"⑨、"静女

---

① 《诗经·国风·子衿》。
② 《诗经·国风·有狐》。
③ 《诗经·国风·君子于役》。
④ 《诗经·国风·鳲鸠》。
⑤ 《诗经·国风·泽陂》。
⑥ 《周易·文言传》。
⑦ 《诗经·国风·相鼠》。
⑧ 《诗经·国风·伐柯》。
⑨ 《诗经·国风·东方之日》。

其姝，俟我于城隅"① 的约会、私奔的现象，但君子淑女的爱情追求与婚姻嫁娶，则是追求礼义、反对非礼行为的。故《诗》曰："东门之墠，茹藘在阪。其室则迩，其人甚远。"② 爱情、婚姻是严肃的，一物不具，一礼不备，守节贞理，守死不往。故诗曰："虽速我讼，亦不尔从。"③ 君子娶妻，以道为宜，绝不可有无道之求与污道之行。此《行露》行贞信之教者也，亦匡衡所说"《周南》、《召南》被贤圣之化深，笃于行而廉于色"④ 者也。

上古礼教的发展，所教化出的君子淑女，构成一种人格精神，构成一种文化传统，也构成一种审美类型。这种审美类型，就是男女之间的爱情，要以心灵的真诚、纯正、美好为基础，以心灵的契合、精神的会通为最高境界。这种传统的审美类型，影响了秦汉以后中国两千多年青年男女的爱情追求，也影响了文化历史的爱情观与婚姻观。

四 传统审美类型的意义

中国几千年的文化历史上，有非常美好动人的音乐、绘画作品，亦有诗人、英雄、美女，更有无数圣贤明哲、爱国将领可作为终生表率者，但这些都是个体审美的存在，而非文化上的审美类型。而君子淑女则不然，其存在已不是个体审美的存在所具表率意义，而是由三代礼教培育发展出来的审美文化类型。因此，君子淑女具有巨大的传统审美类型的意义。

中国几千年的文化历史上，虽然在品评人、评价人的品质与行为方面，不同时代有不同的标准，但君子与小人，则是最为基本的分类标准。君子属于人品高尚者，一旦划归小人，就成为不耻于人类的角色了。邵康节作有《君子吟》，一气写了八首，将君子与小人作对比。如说"君子尚德，小人尚力"；"君子作福，小人作威"；"君子乐善，小人乐恶"；"君子好誉，小人好毁"⑤ 等，可知对君子之崇尚，对小人之厌恶。

---

① 《诗经·国风·静女》。
② 《诗经·国风·东门之墠》。
③ 《诗经·国风·行露》。
④ 《汉书·匡衡传》。
⑤ 《击壤集》卷16。

这在古代文学作品中更为突出。中国古代描写爱情的小说、戏剧不少，但大多是以君子淑女为其典型人物形象的。这些作品，即使写浪漫爱情，不论是墙头马上，还是待月西厢，所写也是君子淑女之间的相互倾心与爱慕，而不是下流小人的私心与情欲，更多的描写则是对君子淑女人格的赞美、对小人行径的谴责，如小说《卖油郎独占花魁》对秦钟憨厚品质的赞美、《杜十娘怒沉百宝箱》对负心小人的鞭策，就是这样。

程子在谈到君子淑女的典范意义时说："《关雎》之义，乐得淑女，以配君子。其所忧思，在于进贤淑，非说于色也；哀窈窕，思之切也，而不在于淫色。"① 三代之后，君子淑女乃是中国文化伦理道德的典范、价值的主流。故曰"文明以健，中正而应，君子正也"②。此乃君子通天下之志者也。君子淑女的审美文化类型所以产生，所以能培育出来，能成为伦理典范与价值主流，在于礼教中国，行教化盛于天下。正是这种礼乐教化，使中国人、中国男女，不论是动静言行，还是婚姻家庭，懂得了礼义的重要，懂得礼义之教的深且正之存在。因此，"凡用心之术，由礼则理达，不由礼则悖乱。饮食衣服，动静居处，由礼则和节，不由礼则垫陷生疾。容貌态度，进退移步，由礼则雅，不由礼则夷固"③。反对礼教，背叛君子淑女的人格做人，乃是反对中国传统文化的根本精神。

关键是中国礼教是法于天、源于天的，是天道法则秩序的存在。因此，礼教之设，并非任意为之，而是以天道为本体论，得之为德，宜之为义，建立社会法则秩序的。故《诗》曰："嘉乐君子，宪宪令德。宜民宜人，受禄于天，保佑命之，自天申之。威仪抑抑，德音秩秩。受福无疆，四方之纲。"④ 君子淑女的文化类型与人格精神出于礼教，实乃立于天道本体，由天道至德所培育发展也。由此可知，以君子淑女的文化类型与人格精神为伦理典范，为价值主流，乃是有本体论根据的。反对礼教，背叛君子淑女的人格做人，则不得为人也。因为如此做人，即流而为下品，失去人格也。礼教失，人格丧，整个社会就会滑到"夫妇之以淫交，君臣之以

---

① 《河南程氏遗书》卷10。
② 《周易·象上传》。
③ 《韩诗外传》卷1。
④ 《诗·大雅·假乐》。

媚说，上下之以邪僻"①的道路上去，那样，社会人生失却本体论存在，就谈不上中正和谐了。此孔子删《诗》三百篇，教之"温柔敦厚"，止之于仁爱礼义，一言以蔽之，曰"思无邪"②者也，亦朱子讲"读《诗》之大体，善者可以劝，而恶者可以戒"③者也。

太史公说，余闻之先人曰："伏羲至纯厚，作《易》八卦。尧舜之盛，《尚书》载之，礼乐作焉。汤武之隆，诗人歌之。《春秋》采善贬恶，推三代之德，褒周室，非独刺讥而已。"④这就是太史公对中国上古礼教文明的认识与肯定。这种认识与肯定也是后来史学家、哲学家、伦理学家的看法。然而进入近现代以来，随着西方文化及整个自然主义、经验实在论哲学的传入，中国兴起了一股疑古思潮，特别是"五四"时期，由批判传统、反传统，发展为怀疑历史、推翻历史，就把上古以来的整个礼教文明史给推翻了。"五四"运动时期的人们，不是把几千年的礼教看作塑造华夏文明的文化根基，而是当作历史的沉重包袱，当作束缚人的枷锁、桎梏、罗网与樊篱，而粉碎之、挣脱之，乃至破坏、毁灭它的整个价值。"打倒孔家店！""破坏孔教，破坏礼法，破坏国粹，破坏贞节，破坏旧伦理"⑤，成为当时最革命的行动！批判的锋芒，指向礼教，指向礼教的纲常、伦理、道德的价值，也指向包括婚姻文明的礼教！破坏礼教，破坏贞节，破坏伦理道德，还能谈什么君子之风、淑女之教呢！君子淑女作为传统审美类型还能如何发挥社会效应呢？

如果说"五四"时期的反传统，所毁掉的只是礼教纲常与伦理道德，那么，西方科教文明实证哲学的传入，由于它本身的坎陷，不仅造成环境破坏、生态危机，而且以其自然主义、机械论的宇宙观和人生观，颠覆了中国礼教文明的价值体系，从根本上动摇了文化精神，给社会带来了生存危机与精神危机。从这些哲学出发，人是物质的，是刺激反应者，是生物有机体，整个宇宙都是物的存在，没有善，也没有恶，没有天堂，也没有地狱，有的只是物欲追求与性欲冲动。在这种哲学支配下，社会人生再也

---

① 《周易程氏传》卷3，《二程集》第855页。

② 《论语·为政》。

③ 《朱子语类》卷80。

④ 《史记·太史公自序》。

⑤ 陈独秀《本志罪案之答辩书》，《新青年》第6卷第1号，1919年1月。

没有价值理想与道德精神，没有真理与正义、大美与崇高、庄严与神圣，有的只是得过且过、及时行乐，寻求刺激，于是"钱权交换"、"以权谋私"成了发横财致暴富的杠杆！追求情欲刺激、物欲满足，造就了不顾一切地挣钱、拼杀、争斗的疯狂的一群人。当人生成为没有道德、没有良知、没有灵明之心的存在时，已经根本谈不上君子之风、淑女之教了。特别是改革开放以来，一些人不断宣扬西方人的生活方式，鼓吹西方的"自由"、"人权"、"性解放"等，不仅造成道德失范和生活腐败，而且造成家庭动荡、亲情疏离、婚姻脆弱、两性关系混乱，导致人性危机与精神危机，各种社会病态与乱象丛生。现在，人们已经忘记礼教的"中正仁义"之道，根本不再懂得"温柔敦厚"的诗教及"思无邪"的训诫。

中国向何处去？中国现代化向何处去？怎样实现现代复兴？如何以礼教开出现代文明？已是礼教文明研究所面临的极为重要的现代课题。这就是本书最后一章所要阐述的问题。

第十章　由礼教开出现代文明

船山说:"六经责我开生面。"①《六经》是中国文化的源头,文化精神的发端处,哲学的最高原理存在。因此,凡欲建树新学说,阐述新理论、经世致用、开出历史新局面者,无不从《六经》获得精神动力,以《六经》之道为最高哲学原理,阐述自己的学说。此船山曰"六经责我开生面"者也。

《六经》之道,落实到经世致用、匡济天下,成为经国家、化万民、拯危世的政道与治道者,则集中在礼教。故荀子讲:"天地者,生之始也;礼义者,治之始也。"②此亦董仲舒讲明王之治天下,"莫不以教化为大务"、"圣王之继乱世,扫除其迹而悉去之,复修教化而崇起之"③者。因此,今天欲变革更化,扫除积弊,开出现代文明,欲为时代建立政道与治道,虽然应以现时代积累的经验,从先进国家寻找借鉴,但若从国家民族的文化传承、垂续与绵延之精神命脉上讲,仍离不开礼教原理,必须遵循礼义之教,解决人心人性问题,正法度之宜,建立社会秩序。此即由礼教开出现代文明者也。

这样讲,有人或许不以为然。不以为然,也可以理解。因为讲现代文明本身,人们就存在着不同的理解、认识与价值判断。所以讲由礼教开出现代文明,就涉及什么是现代文明、开出何种现代文明的问题,进一步言之,更涉及谁有发言权及建立何种现代文明、怎样建立现代文明的问题。

---

① 《观生居堂联》,《船山全书》第15册第921页,岳麓书社1996年版。
② 《荀子·王制》。
③ 《汉书·董仲舒传》。

一　重新定义现代文明性质

　　什么是现代文明？它的本质或根本性质是什么？它就是西方的工业化与商业化文明吗？就是西方用战争、杀戮、大规模轰炸以及用各种虚伪的"和平"手段，向全世界推行的自由、民主价值观吗？人类文明发展到今天，由传统文明迈向现代文明，它作为社会文化的变革，无疑带来了许多新的特征，如强大的科学技术发展及其所带来的全球信息化、网络化、交通现代化以及国际贸易、全球贸易往来等。凡此已经或正在改变着宗法社会、礼俗文化、自然经济及落后的技术等。但每一个国家民族，皆有一个文化传统，有传统精神所支配的价值观。它不仅影响着不同国家民族对历史变革的选择，支配其历史发展方向，更影响着他们对文明与不文明的价值判断。欧洲古代人体雕塑，多赤身裸体者，连生殖器也暴露在外面，西方文化认为，这是人的生命力之表现。从西方文化的审美观看，属于古代欧洲文明的最高表现，这在中国文化看来，则是还没有经过礼义教化，属于不开化、不文明者。西方人看阿拉伯民族妇女蒙着面纱，认为她们不够解放，甚至在当代女权主义者看来，简直是对女性的奴役，但在阿拉伯民族看来，则是文明的表现，是符合《古兰经》教义的。不仅古代文明是这样，现代文明也是如此。有的西方国家，男女见面在大庭广众之下，就互相拥抱着深度接吻，甚至在公共场所进行性交，倡导同性恋、性伙伴多样化，认为这是现代的"先锋"行为，是人的权利，这在中国文化看来，则是人类野蛮的复归，是极不文明的表现。这也是某性学者宣扬西方性行为而遭到大妈泼粪的原因所在。因此，现代文明究竟应该是什么样的，什么文明什么不文明，不是西方说了算，也不是少数人说了算的，而是由不同国家民族的文化传统与价值判断说了算的。因此，现代文明究竟应该是什么样的，这应该由世界各族人民依其不同的文化传统与价值判断，重新定义、重新阐释。

　　事实上也是如此。关于现代文明的不同判断与选择，不仅表现在东西方文化上，即使在西方，在如何实现工业化文明的问题上也存在着差异。当17、18世纪法国以机械化、工具性的思维夸示自己工业文明的成就时，德国虽然落后，但并未急于向邻国学习，实现法国那种工业化文明，把自己的社会建设成工业文明所要求的结构秩序，而是把眼光转向了宗教、哲学、诗歌、艺术一类深邃超验的领域。因此，德国没有像法国大革命时期那样将僵化的机械文明转化为新的暴力，而是以宗教、哲学、诗歌、艺术的深邃眼光，透视一个不同于法国文明的新世界，发展起一个非同世俗的浪漫主义时代。这就是人类学史上有名的德国的"文化"，不同于法国的"文明"。原因何在？为什么德国会以自己的文化发展出不同于法国的文明？刘小枫先生说："德国人追求超验，追求诗、宗教、哲学，与他们对人类的境遇的反思自始就很审慎有关。"① 我想，这是对的。中国以礼教开出现代文明，也应该对人类的现代处境进行审慎反思，重新定义。

讲现代文明，自然涉及普遍价值问题。现在有些人把它称之为"普世价值"。其实，所谓的"普世价值"，就是普遍的价值思维与价值肯定。有没有这种所谓的"普世价值"呢？摩尔根说："人类的经验所遵循的途径大体上是一致的；在类似的情况下，人类的需要基本上是相同的；由于人类所有种族的大脑无不相同，因而心理法则的作用也是一致的。"② 因此，所谓的"普世价值"，不过是人类以其共同的心理法则和基本需要对外部世界的法则秩序所作出的大体一致的价值思维形式与肯定形式。例如世界古代文明民族都是从宇宙结构法则秩序的均衡、对称、和谐、美好、有序中获得人类社会应有的真理、正义、和平、善、美以及自然法与国家观念的。应该说，这些文化创造及其所获得的理念或观念，就是人类的普遍价值或普世价值。但是，文化是沿着不同的历史道路发展的，经过长时期的文化积累与价值沉淀，世界各族人民的文化心理与价值判断是不一样的。文明或不文明问题也是这样。在有些人看来，所谓的现代文明，就是西方的自由、民主，就是西方政治的民主选举制度，这才是普世价值；没有这种制度，不具有这种普世价值，就不称之为现代文明。其实，这是一种文化上的"西方中心论"。若抛开这种理论，单就民主选举制度而言，中国孔子讲的"选贤与能，讲信修睦"③，孟子讲的"选于民，荐于天"④，就是中国古代的民主选举制度。"选于民"，即是民主，即政出于民；"荐于天"，就是神圣的民主，而且这种民主是建立在"天下为公"的基础上的。若天下为私，国家为私有制度的

---

① 刘小枫著《诗化哲学》（重订本）第46页，华东师范大学出版社1993年版。
② 〔美〕路易斯·亨利·摩尔根著《古代社会》上册第8页，杨东莼等译，商务印书馆1977年版。
③ 《礼记·礼运》。
④ 《孟子·万章上》。

产物，不是保护人民而建立的，那样的国家，必然为私有制度服务，为党派、利益集团服务，在此基础上的所谓民主选举，也不过是一个利益集团代替另一个利益集团而已，根本谈不上真正的民主，也无普世价值可言。中国古代"选贤与能，讲信修睦"的民主，"选于民，荐于天"的民主，建立在"天下为公"的基础上，"圣人无常心，以百姓心为心"①，没有任何私心可言，其为民主，其为选举制度，才真正具有普遍价值或普世价值，而不是"普世价值"的伪说。

民主选举制度是这样，其他像自由、平等、博爱一类的价值观也是这样。西方文化从个体本位出发，讲究个人的自由，但这自由，只有按照上帝的旨意才能获得。中国文化扬弃"自我"、"小我"，讲"吾丧我"②，讲忘物忘我的自由、自在与自适，讲遗世独立，提神太虚，飘然远举，外天地，遗万物，"与造物者为人，而游乎天地之一气"，像那大鹏"绝云气，负苍天"③，翱翔于太虚；讲"圣人不从事于务，不就利，不违害，不喜求，不缘道；无谓有谓，有谓无谓，而游乎尘垢之外"；讲至人"乘云气，骑日月，而游乎四海之外。死生无变于己，而况利害之端"④；讲"彼至人者，归精神乎无始而甘冥乎无何有之乡"⑤；"夫至人者，上窥青天，下潜黄泉，挥斥八极，神气不变"⑥；"入无穷之门，以游无极之野。吾与日月参光，吾与天地为常"等等，谁更自由呢？我看中国文化讲自由比西方更具有广阔的尺度。不仅道家如此，儒家于暮春，"冠者五六人，童子六七人，浴乎沂，风乎舞雩，咏而归"⑦，后来周叔茂的"窗前草不除"，程明道的"吟风弄月以归"，也全是活活泼泼的，于勿忘勿助之间，具有自由自在之生命精神的。西方文化最讲一个"爱"字，但这个"爱"，多用于情爱性爱，如歌德的小说中维特为夏绿蒂⑧而死。它于形上处讲，也只是对上帝的爱，并不具有父

---

① 《老子》第49章。
② 《庄子·齐物论》。
③ 《庄子·逍遥游》。
④ 同上。
⑤ 《庄子·列御寇》。
⑥ 《庄子·田子方》。
⑦ 《论语·先进》。
⑧ 维特与夏绿蒂为德国作家歌德的小说《少年维特之烦恼》中的男女主人公。

义、母慈、兄友、弟恭、子孝的普遍伦理道德价值。于本体论上说，西方文化讲上帝之爱，讲上帝的仁慈，也是有贵贱等级差别的，它并未惠及天下众生、黑人奴隶等。与此不同，中国孔子讲的"泛爱众，而亲仁"①，墨子所讲的"兼相爱，交相利"②，则是具有"博爱"的普遍价值或普世价值的。它不仅在人与人的关系上，讲"己所不欲，忽施于人"③；"己欲立而立人，己欲达而达人"④；讲"视人之国，若视其国；视人之家，若视其家；视人之身，若视其身"⑤，而且在本体论上，讲天地之道的兼覆兼载，讲天地大德的"万物并育而不相害，道并行而不相悖"⑥；讲"天之行广而无私，其施厚而不德，其明久而不衰"⑦，岂不比西方基督教上帝的爱更具有博大的德性吗？特别是儒家讲"大哉乾元"、"至哉坤元"的天地之道，讲天道本体的"元亨利贞"四德，一个"仁"字，浑然贯通宇宙万物，无不发育，无不成长，盈天地间一个大生，浑然只是一个"仁"的存在，中间无何纤毫间隔，此宗旨，此文化精神，岂不比西方的自由、平等、博爱，更具有普世价值吗？

凡此种种不同国家民族的文化传统及其价值判断与选择，岂是开拓历史、建立现代文明可以忽视不顾的吗？难道只能以西方大国所推行的自由民主为价值尺度，而不能根据不同的国家民族文化重新定义、重新阐释吗？我的回答是否定的。特别是由礼教开出现代文明，它应具有怎样内在的文化本质与价值精神，中国无疑应该重新定义，作出新的解释。

那么，开出现代文明，建立一套现代文明制度，到底谁说了算呢？谁更有发言权呢？如果说现代文明需要重新定义，是关乎文明的性质，那么，讲开出现代文明的发言权，则是关乎开出现代文明的根据与理由。

---

① 《论语·学而》。
② 《墨子·兼爱上》。
③ 《论语·颜渊篇》。
④ 《论语·雍也》。
⑤ 《墨子·兼爱中》。
⑥ 《礼记·中庸》。
⑦ 《墨子·法仪》。

二　开出现代文明谁更有发言权？

建立现代文明，制定文明制度，谁更有发言权？谁最有权提出道德规范与理论体系？而今，由资本支配的世界，自然是有钱人、富人、有权势的人有发言权。近现代以来，连最民主的选举权规定，也是为富人制定的，穷光蛋有什么发言权！但有钱人、富人、有权势的人，多是为了满足自己的消费欲望、加强自己的权势而制定制度、提出道德规范与理论体系的。这事儿，若就现在世界范围的地缘政治而言，恐怕只有某些军事、政治、经济都非常强大的西方帝国才行，穷国、弱国是没有发言权的，即使有发言权，说了也不算数。这些国家只会制定霸权制度，提出符合帝国利益的理论规范，不可能违背帝国的利益，为人类制定制度，提出理论规范。但是，他们这样做也是有局限性的，因为，虽然他们有经济垄断权、高科技控制权及帝国霸权，然而在人生意义问题上，在人为什么活着、怎样活着的问题上，他们并没有垄断权、控制权！并不能让世界上所有的人都按照他们制定的章程活着，或者说，若他们把一个自己设定的自由民主的所谓现代文明社会，硬是塞给世界人民，恐怕世界人民也是不能接受的。因此，建立何种现代文明社会，由哪里开出现代文明社会，最终还是要由世界各族人民依据自己的文化做选择，现代文明社会为何种样子，还是他们说了算，他们最有发言权。由礼教开出现代文明也是这样。

我这样说不是狂妄，不是出于武断，或藐视西方帝国的权势与利益，而是根据文化人类学、文化哲学的原则讲这些话的。原则，即法则，即原理、通则、规律，即不可违背的规定性，即开出现代文明社会的内在理由与根据。人类文化历史上，哲学社会科学家们提出过各种文化原则、哲学原理，许多是很有见解的，但对于由传统文化开出现代文明来说，有三条原则或原理是应该注意的。

一是摩尔根的文化制度发展原则。美国文化人类学家摩尔根说，"人类是从发展阶梯的底层开始迈步，通过经验知识的缓慢积累，才从蒙昧社会上升到文明社会的"；又说"人类的主要制度是从少数原始思想的幼苗发展出来的"；"近代文明吸收了古代文明中一切有价值的东西，并使之面貌一新；近代文明对人类全部知识的贡献很大，它光辉灿烂，一日千里，但是，其伟大的程度却还远远不能使古代文明暗淡无光,并使它沦于不甚重要的地位"①。这就是说,人类文明及其制度的发展,乃是建立在文化积累的基础上的。近代文明(自然包括现代文明)的开出,虽然要发展科学技术,发展工业经济,但从根本上说,是离不开原有的文化传统与文化基础的。从这个意义上讲,就世界各民族文化之发展而言,现代文明的开出,谁的文化积累深厚,谁的文化刚健中正,谁的文化博大悠远,谁就能够为现代文明的开出提供最有价值的东西,谁就最有发言权。

二是胡塞尔的历史内在目的论原则。德国哲学家胡塞尔说:"欧洲这个称呼指一种精神生活和一种创造性活动的统一体——包括它所有的意图、兴趣、关怀和烦恼,包括它的规划、机构和制度";这一切都"展现内在于欧洲(精神的欧洲)历史中的哲学观念",即"历史的内在的目的论"存在。这就是说,每一个有文化传统的国家和民族,都有一种历史的内在目的论存在。这种内在目的论,乃是一种精神的存在,一种文化传统的存在,一种文化历史固有的、超乎寻常的存在。它不仅构成了不同国家民族文化生命的精神源泉,赋予它们存在的理由与人生意义,而且自始至终控制着国家民族文化形象的变化,规定着它们历史的选择及发展方向,即胡塞尔所说的"向一个永恒的极的运动"②。那么,开出现代文明,有文化传统的国家和民族,岂能不受其文化历史的内在目的论制约?反过来说,他们开出什么样的现代文明,岂不更有发言权?更有选择的权力?岂是某个根本没有文化传统,没有几多历史的帝国,可以任意凭着强权向其他国家民族推销一种文明、一种价值观的?

三是孔孟的先天道德本性原则。不论何种文明、何种经纶事业,皆根于人性,皆于人的心性上开出。因此,开出现代文明,立于何种心性之基础,是非常重要的:立于善,开出善良美好的天地;立于恶,则必是邪恶横行的存在。西方历史包括理想世界,乃是立于柏拉图所说的"情欲的必然"基础上的,不然就会"毫无秩序,杂乱无章"③。但是,"情欲的必然"若失去理性,则会泛滥为人性之恶。在西方,虽有宗教控制,然其历史道路也是经常被恶魔占领堵塞的。开出现代文明,岂能只是满足于人的

---

① 《古代社会》上册第1、23、298页。
② 《欧洲人的危机与哲学》,《胡塞尔选集》下第946、948页,上海三联书店1997年版。
③ 柏拉图著《理想国》卷5第192页。

物欲情欲、建立在性恶论基础上？与西方不同，中国礼教则首先承认人是有先天道德本性的。孔子讲"性相近也，习相远也"①；孟子讲仁义礼智之心，"非由外铄我也，我固有之也"②，就是讲的人的先天道德本性存在。这也是继承了《诗》、《书》所讲"惟皇上帝，降衷于民"③、"天生烝民，有物有则，民之秉彝，好是懿德"④的思想。衷，善也。"好是懿德"，就是追求美好道德的本性。惟有承认人有这种道德本性，以性善论为基础，涵养、扩充、大化人的灵明心性，才能开出刚健、笃实、光辉、日新的现代文明事业。因此应该说，谁的文化立于性善论的基础上，开出现代文明，谁就更有发言权。

由上看出，开出现代文明，并不只是发展科学技术、实现工业化及建立信息化、网络化一类的事，也不只是建立西方自由民主的政治制度问题，而是在深厚的文化积累基础上，按照不同国家民族文化历史的内在目的论，以人的灵明道德本性，开出现代新的诚明、光辉、笃实、日新事业的伟大历史进程。从人类文化历史的角度看，真正能够为人类制定制度、提出道德规范与理论体系的，开出现代文明的，应该是文明最为古老而且文化最为成熟的国家和民族。现在世界范围内，尚保存这种文明或文化价值体系的，只有印度"吠陀"文化、西方基督教文化和中国道体文化。印度"吠陀"文化所关心的是形上宗教世界的事，对于人世间的事，究竟根据何种人性，建立何种制度和道德规范，并没有完整的社会历史哲学体系。西方古代希腊时期，柏拉图虽然根据人类"情性之必然"，设想过理想国度，但随着古希腊文化哲学的宗教化，历史哲学变为宗教神学，所关心的也就是天国之事了。17、18世纪启蒙思想家所提出的自由、平等、博爱之理想，不过是将天国理想落实到世俗人间。至于如何建立其理想，除提出建立社会契约外，也并无提出完整的社会文化制度。而中国文化就不同了，它虽然也关心形上道德精神世界，但一开始就根据人的道德本性，提出了"大同世界"的理想，并为其制定了一整套社会文化制度。这就是礼教文明的诞生。中国不仅有经史记载的五千年文明史，而且典章制度发

---

① 《论语·阳货》。
② 《孟子·告子上》。
③ 《尚书·汤诰》。
④ 《诗经·大雅·烝民》。

展之健全，可见于《通典》、《通志》、《通考》①。这些都是世界其他民族所没有的。它不仅可以为中华民族开出现代文明，提供前所未有的文化基础，而且其深厚博大、高明悠远，蕴含着无物不然、万物一然的历史目的论，仁义之端，是非之途，燦然毅乱，无不可辨。堂堂中国，巍巍华夏，五千年乃至七千年的深厚文化，加上心性灵明的中华民族，什么人间奇迹不可以创造出来！开出现代文明，岂能没有发言权？

那么，由礼教开出的现代文明，究竟应该是什么样子的呢？它具有何种本质？有什么特点？这就是礼教开出何种文明的问题。

三 礼教开出何种现代文明

由礼教开出现代文明，自然不是说排除其他文明，不从其他民族文化吸取优良传统，或排除从当代西方文明的进步中吸取优良成分，但原则上讲，它本身是立足于中国礼教的内在教理的，是从中国礼教的本体论与根本精神拓展出来的。因此，由礼教开出现代文明，应该说不论是文化内涵，还是在哲学本体论上，都应不同于西方现代文明，也不同于其他民族文明，而是有自己的本质及特性。

首先是政治文明的开出。中国文化讲"天视自我民视，天听自我民听"②。天心即民心，民意如何，即天意如何。因此，中国可以从礼教文明重新开出新的"选于民，荐于天"的神圣民主制度。"选于民"，由人民中选出，即是民主，即是政出于民。但这种民主制度，不一定非是"一票制"的选举，可以实行推荐与选举相结合的办法；"荐于天"，不一定像古代那样荐于"天"的形上神秘存在，可荐于代表"天心即民心"的存在，如议会、国会之类。被推荐者应是具有天道至德、仁爱天下者，而且应该"暴之于民"，具有公开性、透明度，经过政治实践，得到人民承认并且在走向政坛、执政之前，要向具有"天"之象征意义的存在宣誓。此即具有神圣民主性质的选举制度。这种神圣民主制度，是不同于现在西方民主选举制度的。西方17、18世纪的思想家，将天国理想落实到世俗人间，所提出的"自由、平等、博爱"的理想，是非常可贵的，发展为当代资本主

---

① 这里指宋代马瑞临所作的《文献通考》。
② 《尚书·泰誓中》。

义社会，建立起了一套非常精致的制度体系，是有许多可学习之处的。但若仅就它的自由民主选举政治制度而言，与中国"选于民，荐于天"的制度相比，则仍然是粗糙的、不完备的，甚至是苟且的。国家是公器，是天下之大器、神器。中国古代文化认为，国家权力是有神圣性的，正如婚姻具有神圣性一样。中国传统社会的男女结婚要拜天地，西方人结婚要进教堂。为什么？因为婚姻是神圣的。我过去说过，"国家权力没有这种神圣性，就会变成苟且；男女婚姻没有这种神圣性，就会变为苟合"，并且指出，"西方17、18世纪以前，教权大于政权，教皇代表天或上帝，授予国王权力，可谓'天与之'。但它缺乏'民与之'这一环。少了这一环，就会走向专制独裁。而西方现代社会的政治民主选举制度，虽有'民与之'，但又缺了'天与之'这一环。缺了这一环，国家权力的存在，也就缺乏了神圣性。没有这种神圣性，选举就会变成权力争夺，就会出现沽名钓誉的'窃权'，或使政治选举变为苟且之事"①。从礼教文明开出新的"选于民，荐于天"的神圣民主制度，乃是德治、礼治与民主制度互为一体的制度，它既可保证政出于民，亦可避免民主选举流于苟且之弊。

再就是开出新的现代科教文明。由礼教文明开出新的现代科教文明，乃是以中国文化的大道本体论为最高存在，本体论、价值论与最高知识论相统一的广大悉备的体系，而不是西方受实证科学支配，理论上有坎陷的科教文明。中国文化哲学所追求的天地万物存在，不是孤零零的知识片段，而是一个"立天之道曰阴阳，地之道曰柔刚，人之道曰仁义，兼三才而两之"②的广大悉备的体系。用宋儒的话说，就是"天、地、人只一道"，万物只是一理，"道一也。岂人道自是人道，天道是天道"③？胡塞尔说："实证主义在扼杀哲学。"④ 扼杀哲学，就是扼杀哲学的人生意义，扼杀最高和最终的真理及其形上精神世界。这样，实证主义就摧毁了人类世世代代所建立起来的永恒真理与精神大厦，并以其封闭的知识体系的制造物破坏环境，造成了生态危机。中国文化关于世界存在的哲学，从来不是割裂地看问题，而是认为人与天地万物乃浑然一体的存在，"观乎天文

---

① 《盛衰论》第251页，华夏出版社2012年版。
② 《周易·说卦传》；另见《周易·系辞下传》。
③ 《河南程氏遗书》卷18。
④ 《欧洲科学的危机与先验现象学》，《胡塞尔选集》下第985页。

以察时变"与"观乎人文以化成天下"① 是统一的,从来不讲单纯的自然科学与人文科学。中国由礼教文明开出新的现代科教文明,无疑要利用西方实证科学析物之真所获得的封闭知识,但要把它制造的不能生、不能化的"产品",紧紧锁在笼子里,在可控制的范围内为人类服务。从哲学体系上说,就是将西方科教文明的封闭知识,纳入中国由礼教开出的新科教文明广大悉备的知识体系,弥补其坎陷与不足,从而在新的科教体系下,遵守天地万物一体的大法则、大原理,不扰民,不干预自然法则,莫之命而常自然,使国家民族回归天人一体的最高和最完美的生存状态。

其三是开出现代新王道经济。"新王道经济"的概念,最初我是在《中国文化精神的现代使命》一书中提出来的,后来此书修改后,以《论文化复兴》的名义重新出版。我所说的"经济",不是指商品买卖或投入、产出、市场、利润、价格一类的活动,而是指经国家,抚百姓,"知周乎万物,而道济天下"的事情,或者说,是指"开物成务,冒天下之道,以通天下之志,以定天下之业,以断天下之疑"② 的事情。故经济者,经世致用,道济天下者也。中国文化的最高理想,就是追求天德王道之治。由礼教开出现代新王道经济,就是由内圣开出新外王的经世致用活动。它属于现代新外王的经世致用之学或新的体用之学。具体地说,它有以下特点:第一,新王道经济的历史活动,以人为本,保护人民,仁爱天下;第二,新王道经济历史活动的目的是追求善而不是恶,是追求和谐而不是争斗;第三,现代新王道经济的成功之道在于致中和,在于积蓄涵养,而不是靡费;第四,现代新王道经济实行权力公有,财富共享;第五,现代新王道经济以广大悉备的知识,开物成务,化成天下。新王道经济本质上是一种经世致用的新人本主义。它的核心思想,就是以天下为公为政治大法,以人的存在为一切经济活动的元点,以天道至德为最高精神境界,以此经纶天下,仁爱人民,成己成物,尽心尽性,为国家和天下人民谋取最大利益③。这种新人本主义,与视国家为私有,视历史发展为逐物活动,利用手中的国家政治权力,为家族或党派集团之私利而打拼的政治经济活

---

① 《周易·象上传》。
② 《周易·系辞上传》。
③ 请参看《中国文化精神的现代使命》第280~289页,山西教育出版社2008年版;《论文化复兴》第212~214页,社科文献出版社2013年版。

动,是完全相反的,也是与西方的霸道经济相反的。实行新王道经济,乃是以大公之心和最高道德精神境界,执国家之大器,遇公利而兴之,遇公害而除之,"不以一己之利为利,而使天下受其利,不以一己之害为害,而使天下释其害"①的经世活动。

其四是开出现代新伦理道德。中国文化所说的"道德",不是外在的强制规范,而是对形上之道的体验领悟,得之为德、宜之为义的一种理性自觉。凡伦理道德,皆是以形上本体论为根据,是由那里开出来的。正如西方近代资本主义伦理精神来源于新教伦理一样,中国文化的伦理道德,也是源于天、本于天,由天道本体发展出来的。它也就是我一再引证《尚书》所讲的"天叙有典"、"天秩有礼"的存在。因此,由礼教开出现代道德及伦理精神,亦应由此本原上开出也。实行新王道经济,自然需要一种新的现代伦理精神。因为新王道经济的核心是天德王道、仁爱天下,所以与之相适应的伦理道德精神,亦应是以仁为体,以义为用,以格、致、诚、正为根本精神。它向下落实为社会伦理,就是重建"父义,母慈,兄友,弟恭,子孝"②的伦理道德,并发挥它的绝对精神,使仁义礼智的品质追求,成为社会风尚,人人皆能以"仁义廉耻"为向背,而不是以唯利是图、见利忘义或以"恶的实用","贪婪、高利剥削、防范戒备"为信条。惟此,才能重建华夏礼仪之邦。

其五是开出现代文明制度。现在,人们虽然都渴望建立一套好的社会文明制度,但对怎样建立这样一套制度及它应以何种哲学为基础,遵循怎样的根本法则,似乎并没有认真考虑过,而且在当今世界,什么制度文明,什么制度不文明,不同的文化背景及其价值观,对文明制度的认同,也是各不一样的。人类古代文明包括中国礼教文明建立的法则,虽然被淹没了,但其文明制度建立的内在的合理性原则,还是不应该抛弃的,特别是中国礼教文明建立的法则。因为礼教文明作为一套制度,不仅是以宇宙法则、天道法则为哲学本体论建立起来的,同时又是立于人的性善论基础上的。因此,礼教文明对建立现代制度提供了三条不得不考虑的基本原则:第一,它应该在宇宙本体论上站得住,惟此所建立的制度才是建立在真实无妄之理的基础上的,而不是虚妄的理想城邦制度或虚假的价值设定

---

① 《明夷待访录·原君》,《黄宗羲全集》第 1 册第 2 页。
② 《史记·五帝本纪》。

的制度；第二，它应在人性论上站得住，即它应建立在性善论基础上，能抑制人性之恶，而不能建立在性恶论基础上，让人性之魔鬼堵塞文化历史的道路；第三，它与现实的社会历史之间有真实的逻辑关系，而不只是虚假的理论设定。由礼教开出现代文明制度，应该符合这三条基本原则。符合的或基本符合的，应该说是好的、有价值的；不符合的或违背这三条原则的，任何文明制度设想，不管多么美妙动听，都是靠不住的。由礼教开出现代文明制度，应该以这三条基本原则建立，它应是德治、礼治与神圣民主制度相结合的典范制度，并且应该将其落实到从城市到乡村的社会文化生活中。

以上所说，由礼教开出现代政治文明、科教文明、新王道经济、新伦理道德、现代文明制度五个方面的发展，大体可以看出中国所要建设的现代文明是什么样子的。当然，由礼教开出现代文明社会，不止这五个方面，它应该是一种新的文化形态，一种文明方式的全面复兴与重建。这在一些人看来，也许认为从几千年文化中开出现代复兴之路，似乎是不可想象的。然而摩尔根所提出的"人类的主要制度是从少数原始思想的幼苗发展出来的"，"近代文明吸收了古代文明中一切有价值的东西，并使之面貌一新"的人类学原则，是不应该被怀疑的。中国文化有五千多年的文明史，持续二百年以上的王朝就有八个，它今后的发展与垂续，绝不会像新康德主义者所说的那样，文化发展是一次性的，灭亡了就永远不会复兴了，而是盛了衰、衰了盛，未完未了，不断绵延赓续的。它的衰败与复兴，就像《周易》的《复》卦所说的那样，剥落到最后，哪怕是隆冬冰雪，只要有一线回阳，就会消之俄倾，走向一个阳光明媚的春天。所以，中国文化由礼教开出现代新的文明，并不是不可期待的。

自然，由礼教开出现代文明，较之传统社会，无疑会有极为复杂的情况，各种不测的因素掺杂进来，都会打乱历史的进程，并不是以今天的理论设想所可以完全搞定的。这里所讲的五个方面，只是几条原则，历史发展要比任何设想复杂得多，特别是现代社会资本的力量，比一大堆道德说教都会更有力地改变现实，主导历史发展。因此，实现现代复兴，由礼教开出现代文明，如何以德主导各种力量的运演，特别是政治、文化与资本之间的力量运演，是个关键问题。

四　以德主导各种力量运演

　　人类社会历史是被各种力量推动着运演的，例如阶级、阶层、党派及各种社会集团。但随着商品经济的发展，出现了货币，也构成了一种力量。这种力量发展到现代商品社会，货币遂发展成为一种资本的力量。

　　还有一种力量，就是文化的力量。这是人类文化创造发展起来的一种力量。它是自古至今都存在的力量，在现实生活中构成一种看不见、摸不着的潜在力量。文化不论是作为传统，还是作为理念、价值观，仍然是作为一种巨大力量存在着。

　　当今世界力量的运演是极为复杂的：不仅国内有各种阶级、阶层、党派和社会集团的力量，还有国际贸易、商品往来、贸易保护、区域划分及各种结盟或不结盟军事集团的力量等等，特别是信息技术发展起来的互联网，更是打破时空限制，构成一种超越性力量，影响着人类的政治生活、社会生活与精神生活，有力地推动着社会历史的运演。但若透视这些力量背后的隐形存在并把它简化，则主要由三种力量构成：一种是资本的力量，另一种是文化的力量，还有一种起主导作用的力量，那就是政府的力量。中国由礼教开出现代文明，能不能开出，怎样开出，以及开出的文明究竟是什么样的，主要看这三种力量的运演。

　　新加坡国立大学东亚研究所所长郑永年先生写过一篇"笨蛋，这是资本"的文章，认为社会抗议运动牵涉到资本、社会与政府三者之间的关系，资本永远是最有力量追求自由的[1]。是的，资本作为财富，作为有巨大功能的存在，甚至作为霸权，是有很大力量和诱惑力的。不然，就不知道梁惠王见孟子，何以开口便言利[2]；秦孝公见卫鞅，听其语帝道、王道，皆昏昏欲睡，而听其霸道，为何就"不自知厀之前于席，语数日不厌"[3]了。特别是在当今社会，资本的力量不仅摧毁了道德的堤防，也侵蚀了国家权力，它以极大的诱惑力，使廉吏变成了贪官，美女变成了娼妓，像歌德的《浮士德》中的魔鬼一样，攫走了人的灵魂。因此，资本的力量所追

---

[1]　见《参考消息》2014年10月17日第10版《参考论坛》。

[2]　《孟子·梁惠王上》。

[3]　《史记·商君列传》。

求的不只是自由，更为重要的是权力和地位。它并不仅仅要享受最好的消费，而且要获取权力，最大限度地支配他人、支配社会。正是这样，所以汉代才限制商人参政，不允许他们介入国家政治权力①。但资本作为货币之社会存在，只是一种势力。从大道历史哲学的角度看，凡是势力，皆有来有去、有涨有消，并非永恒存在的力量。

文化的力量，虽然有盛有衰、有消有涨，但它作为一种超有机体被人类创造出来，就不会为个体人或个别时代而存在，而是垂千古、传万代，不断赓续绵延的。特别是它作为国家民族文化的形而上学存在，所发展出的道德理想、信仰信念等精神世界的存在，更是构成社会历史内在的目的论，支配着国家民族文化历史的选择及其走向。但这种力量，正如孔子所说的，乃是"人能弘道，非道弘人"②的存在。"大哉圣人之道！洋洋乎发育万物，峻极于天，优优大哉！礼仪三百，威仪三千，待其人然后行。"③它只有被人、被国家民族所理解、所领悟，成为意识到的存在时，才能成为社会历史的永恒力量，并发挥大用。但是，正如孔子谈到中庸之道时所说的那样："中庸其至矣乎！民鲜能久矣！"④从这个意义上说，文化的力量又是很弱的。因为能理解它的大用的，常常是少数人，而且可能是社会中最没有权力、没有地位的读书人。这样的人怎么能与货币的力量相较高低呢？即使再耐得住清贫与寂寞的纯粹学者与读书人，也抵不过货币的力量！他们的文章与著作，他们的呼号、奔走，抵不上由金钱支配的一场歌星演唱会！李白所说的"珠玉买歌笑，糟糠养贤才"⑤的情况，一定环境下还是存在的。

当今社会力量的运演，虽然外在表现极为复杂，但若隐去各种外在形式，就其内在的隐形力量的存在而言，则主要是货币力量与文化力量的对比与较量。改革开放以来，一些人利用各种手段富了起来，但他们并不是有知识、有文化的商人，而多是白丁起家者。这些人虽不乏有见识或热爱

---

① 《汉书·食货志下》说："高祖乃令商人不得衣丝乘车，重税租以困辱之。孝惠、高后时，复弛商贾之律，然市井子孙亦不得为官吏。"
② 《论语·卫灵公》。
③ 《礼记·中庸》。
④ 《礼记·中庸》引。
⑤ 《古风》五十九首。

文化事业者，但有钱就走向腐败堕落者也不在少数。因此，他们作为货币力量，对文化的作用多是负面的。不光商人是这样，其他实业家、地方政府、名人、富人，虽然很有钱，具有货币的支配力量，但有几个愿为学术担当、为文化发展做出贡献呢？西方近代文化史似乎与此相反。欧洲所以出现文艺复兴与启蒙时代，文化所以得到长足发展，是与当时的国君、富商、名媛、贵妇皆竞相愿意做学术保护人分不开的。现在，中国提出了文化大发展，不少地方提出要建"文化大省"、"文化大市"，可是除了搞些面子工程，又有几个真正愿意为学术做贡献，为文化发展出力呢？所以，中国当今的货币力量，并没有真正成为支撑学术繁荣、文化发展的正能量，而且还在以低俗的手段，不断玷污亵渎文化历史的存在。在这种情况下，讲由礼教开出现代文明，岂不是一句空话！

　　至于说国外货币力量与中国传统文化力量的对比与较量，则更让人忧虑。改革开放，发展国际经济与贸易，无疑是很重要的。但中国近代以来，从来就没有单纯做生意的西方商人，随之而来的是文化渗透与侵略。其目的，就是让殖民地半殖民地的人民，忘记自己的历史，忘记自己的文化。改革开放以来的商业贸易发展也是这样。西方所讲的"自由、民主"一类的价值观，表面看是文化问题，是西方文化与中国文化之矛盾问题，但实际上，它仍然是货币力量的附属物。讲"自由、民主"等等，就像春秋战国会盟诸侯时，霸主仍宣天子之德一样，乃是恐诸侯不服的口号，从根本上说，不过是帝国利益的保护伞或护身符；西方网络传媒，应该说也有中正的，对中国友好的，但有些网络媒体，则不过是受货币力量支配的工具而已，它们所维护的仍然是帝国的利益。现在，这种国际货币力量非常强大，它较之国内货币力量，对于传统文化更有压倒性的优势，更具破坏性的力量。因此，要由礼教开出现代文明，发挥大用，中国传统文化力量与隐含西方价值观的国际货币力量之对比与较量，能不能取胜则是关键性所在。

　　政府可以成为正能量的存在，也可以成为负能量的存在。大凡廓然大公、坦然无私，以天道至德仁爱天下的政府，对于文化来说，多属于正能量，唐虞及三代，即是这样；与此相反，大凡以权力为私有，以功利为崇尚，把持权力，迷信武力，追求霸业的政府，对于文化来说，则多是负能量，秦朝就是这样。我曾在《盛衰论》一书中，把前者的作为称为"德的哲学",后者的作为称为"力的哲学"①。不论是"德的哲学",还是"力的哲学",政府都是一种力的存在、能量的存在。它在历史运演中,在货币力量与文化力量的对比与较量中,是一个重要变量,一个可以起主宰或主导作用的力量。

有国有天下者、经国治世者,代表政府执掌国家权力,在历史的运演中,在货币力量与文化力量的对比与较量中,惟有成为正能量,成为主宰或主导力量,惟有坚持德的哲学,坚持德主刑辅,仁爱天下才行。汉代作为中国主流文化的儒学所以能够复兴,是和汉武帝举贤良方正,"置《五经》博士"②,恢复儒学的决策分不开的;宋代所以有声明文物之治,道德仁义之风,文化学术的繁荣昌盛,是和宋太祖崇尚礼教,重视文化,让"武人尽读书,以通治道","宰相须用读书人"③,保护士人的英明决策联系在一起的。过去是这样,现在、将来也是这样。要想实现文化复兴,由礼教开出现代文明,国家作为政府的存在,必须成为德的力量,主导文化历史的运演,在货币力量与文化力量的对比与较量中向文化力量倾斜。特别是要造成一种地方政府、商界、实业家、名人、富人(包括外国企业家及投资者)皆竞相愿意为学术担当、为文化发展做贡献的时尚与风气。惟有这样,文化复兴才有希望,由礼教开出现代文明,才能变为现实。

国家要想由礼教开出现代文明,要想在文化历史的运演中成为道德的力量,成为主宰或主导的力量,并发挥大用,就要站得很高,看得很远,有博大的胸怀和极高的视野,有大格局、大思维的智慧。这就是站在"廖天一"的高处安排去化问题。

五 "廖天一"高处安排去化

现代社会与传统社会相比,无疑变得愈来愈复杂、愈来愈难以治理。传统社会,只有天子、诸侯、大夫、士、农、工、商几个阶层,只要礼以教之,德以化之,使各就其位,各安其业,没有大的失误,没有长期积弊,天下即可大体太平无事。即使出一点儿事,只要不是揭竿而起,还是

---

① 《盛衰论》第216~225页,华夏出版社2012年版。
② 《汉书·武帝纪》。
③ 《宋史·太祖纪》。

比较好处理的。但是，今天就大不相同了：不仅国内有各种阶级、阶层、党派、集团、圈圈的地位争夺，更有国际贸易、商业往来、投资集团、金融大鳄及各种企业高管、商家集团的利益竞争，特别是大众媒体、信息技术及互联网的发展，超越时空地笼罩着世界，不仅用智能手机、互相联系，使用 FB（脸书）、LINE 等免费软件，迅速连接社团或粉丝团，造势、传播非理性的文化意识，影响改变舆论、路线、政策、政治等等的认同，也从根本上改变了人们传统的生活方式与思维方式，影响着社会价值观念和文化意识形态。更为重要的是，它们所传载的并不仅仅是政治新闻、商业广告、文体娱乐、报纸消息，而且背后隐藏着各种社会集团、利益群体带有政治目的和思想倾向的价值观念、意识形态。凡此结对打怪式的网络传播，不仅把人的思维、心灵变成传播某种思想意识的跑马场，也把现实生活弄得极为复杂，弄得是非难辨，弄得极为难以治理。即使是非常好的政策、非常正面的话题，只要有人不喜欢，或违背了某些人的意志与利益，也会被恶搞、调侃，变得没有是非与正义。

但不管世界变得多么复杂，多么纷然殽然、竞争不已，但也不过是司马迁所说的"天下熙熙，皆为利来；天下攘攘，皆为利往"①，而提升一点儿看，再复杂、再纷然，也存在着王船山先生所说的"相乘之几"与"贞一之理"②。几，即动之微，相激相荡，则成势；理，即惟精惟一，纯乎不已者。天下事物，虽无常不变，但也无变非常，即使"恢恑憰怪"的存在，也是"道通为一"③者。天下之势，虽喧腾流离，甚至一时不可一世，然居高以视之，徐缓以察之，未有不旋起旋灭者。因此，看待天下事物，要抱纯一之心，透过情伪万变，看到私欲尽净、天理流行的存在。此即是公心，即是仁心，即是天心道心，即是孟子说的"同然"之心④。而以此心观天下，透视宇宙万物的生命存在，去此去彼、去芜去杂、去掉一切偏见与边执，抱以纯一之心，体尽无穷，安排生命，适应造化，以尽万物死生之理，就是庄子讲的"安排而去化，乃入于廖天一"⑤处。由礼教

---

① 《史记·货殖列传》。
② 《读通鉴论》卷 2，《船山全书》第 10 册第 117 页。
③ 《庄子·齐物论》。
④ 《孟子·告子上》。
⑤ 《庄子·大宗师》。

开出现代文明，就要有此纯一之心和博大胸怀。惟此，才能站得高，看得远，于"廖天一"的高处安排去化。

因此，于"廖天一"的高处安排去化，首先要大其心，不为物蔽，不为形役，掌握天地之道及其纯粹之理。惟此，才能"范围天地之化而不过，曲成万物而不遗"①。明儒陈白沙讲"身居万物中，心在万物上"②，讲"天地我立，万化我出，而宇宙在我。得此霸柄入手，一齐穿纽，一齐收拾"③等，就是讲的于"廖天一"处安排去化，掌握造化之理。治国平天下，由礼教开出现代文明，虽然要调查研究，但只靠那点经验知识，或靠感官材料获得的知识，是不够的。因为它不仅肤浅片面，而且常常心被物蔽形役，不能理解领悟天道纯一之理，掌握天地生化的大法则。惟懂得道体的形而上学存在，领悟无形无象的天道法则，才是"万物皆备于我"，才能"上下与天地同流"④，才是"虚一而静，谓之大清明"者，才能"坐于室而见四海，处于今而论久远，疏观万物而知其情，参稽治乱而通其度，经纬天地而材官万物，制割大理，而宇宙里（理）"⑤。此尧舜文王"上律天时，下袭水土，小德川流，大德敦化"⑥者也。可知，有国有天下者，要想站得高，看得远，于"廖天一"处安排去化，开出现代文明，心无此纯粹大法则是不行的。惟有获得至高至精至纯的天道性命之理，不局限于物的经验实在的知识，才能知无不明，处无不当，安排天下生命而没有过错，没有闪失，国家方可治，天下方可平！

于"廖天一"的高处安排去化，不仅要获得至高至精至纯的天道性命之理，更要乘天地之正，顺万物之性，方能安排性命之情，使万物生化流转不停。天地之间，鸢飞鱼跃，风动蛇行，乌黑鹄白，皆天机自然，活活泼泼，一个"仁"字，一派浑然生机，草木之间可见春意，视听之际可见灵性。此天理流行，活活泼泼，浑融自化，天机自张者也，亦天地生万物，放任自得之场，各任其性，各称其能，物之自然，理之当然者也。此

---

① 《周易·系辞下传》。
② 《随笔六首》，《陈献章集》卷5第517页，中华书局1987年版。
③ 《与林郡博》，《陈献章集》卷2第217页。
④ 《孟子·尽心上》。
⑤ 《荀子·解蔽》。
⑥ 《礼记·中庸》。

乃天地之所以为天地，大道之所以为大道，公理之所以为公理者也。圣人之生也，胸次悠然，直与天地万物，上下同流，得其妙处，隐然自见天机，只有顺此而动，岂有私意而曲折之哉！此孔子所以讲"毋意、毋必、毋固、毋我"①，孟子所以讲"勿忘、勿助"②者也。治国平天下，有此天地大德和胸襟，才能使"万物并育而不相害，道并行而不相悖"③，特别是在大众媒体、信息技术及互联网极为发达的今天，面对利益操作、政治宣战及所传播的种种民意、倾向、追求、话题、意念等等，只是以狭隘的意识形态去对待，而无历史开合的大格局、大思维，无并育不害、并行不悖的大胸怀，是无法应付鸢飞鱼跃、风动蛇行、乌黑鹄白之天地及"恢恑憰怪，道通为一"之存在的。惟"毋意、毋必、毋固、毋我"，才能无我、无私、不固、不滞，合得大道，尽得公理，才能见天下之动，会通各种意向，制定新的理论，给予一个理想，一个新的说法，一种有感染力的召唤，也才能廓然大公，物来顺应，开出周流不息的广阔天地。此圣人经国治世或以礼教化成天下，乘天地之正，顺乎万物之性，于物不伤，物亦不伤人者也。

　　于"廖天一"的高处安排去化，乘天地之正，顺乎万物之性，从根本上说，就是不违背自然法则，干预自然法则。老子讲"无为"，就是教人依乎本性，顺乎自然，不要干预破坏自然法则。故王弼注《老子》讲，"自然已足，为则败也"；"为则伪也"④。天道不可违，人性不可背，万物之性不可随意曲折，此天地之正理！如果不是这样，而是背弃自然，扭曲物性，倒行逆施，伤生殉物，殃及天下万物，则"乱天之经，逆物之情，玄天弗成"⑤，为天地所不容，必然造成祸灾。故《史记》说，天地之气失其序，"土无所演，民乏财用"，"伊、洛竭而夏亡，河竭而商亡"⑥。故治国平天下，由礼教开出现代文明，安排万物去化，切不可违背自然法则，扭曲人性而为之。

---

① 《论语·子罕》。
② 《孟子·公孙丑上》。
③ 《礼记·中庸》。
④ 〔晋〕王弼《老子注》第2章。
⑤ 《庄子·在宥篇》。
⑥ 《史记·周本纪》。

惟"莫之命而常自然"①，通变趋时，成己成物，使天下自正，才是合乎天地法则的为政之道。"其心不以为然者，天门弗开"②。这就是说，治国平天下，特别是以礼教化成天下，必须真诚！"诚者物之终始，不诚无物"③。不诚，是什么事也干不成的，"相率为伪者，恶能治国家"④！

于"廖天一"的高处安排去化，要乘天地之正，顺乎万物之性，还必须将亨通之道与贞一之理，贯通一切、会通一切、旁通一切、贞一一切，统会天下之治。在中国文化看来，天道本体不仅具有大化流行、创造万汇的功能，更有亨通之道与贞一之理的大用。惟其有亨通之道，才能会通万理，集其大成；惟其有贞一之理，才能使万物之动，刚健中正，和谐而统一，有序而不乱。故曰："一天下之动，贞也。"⑤ 有国有天下者，治国安民，经纶天下事物，不仅要看到"相乘之几"，如前所说，更要看到"贞一之理"。几，即动之微，即阴阳大化，有无生有之萌动者。它相激相荡，可以成大势。惟知"相乘之几"，"善动以化物"，才能"居静以不伤物，而物亦不能伤之"。但是，只知"相乘之几"，不懂"贞一之理"，也是不行的。因为天下事物，激之而动，动不可止，林林总总，肴然纷然，则会荼毒天下。岂能不知"贞一之理"？惟懂"贞一之理"，才知动静消长，才能统会万物以顺性命之理，才能顺乎大命，"以平天下之险阻"，而不是躁动不安，永远处于不测之中⑥。由此可知，于"廖天一"处安排去化，由礼教开出现代文明，要想统会大治，是离不开纯粹至正的亨通之道与贞一之理的。贯通者，以此贯通；旁通者，以此旁通；会通者，以此会通；贞正者，以此贞正。惟此，统而会之，才能以礼教建立起现代文明的法则秩序。

六　礼法合治，重建文明秩序

中国五千年的文明，从四千三百多年前的唐虞时代，就是法于天道的

---

① 《老子》第51章。
② 《庄子·天运篇》。
③ 《礼记·中庸》。
④ 《庄子·天运篇》。
⑤ 《周易·系辞下传》。
⑥ 《读通鉴论》卷2第117页。

和谐美好，法于宇宙结构秩序之井然，将人伦与德治、礼治、法治联系在一起的，平治天下，建立礼教文明的法则秩序的，从来就没有单独主张德治、礼治或法治的。惟有以五常之教，淳厚天下；天秩之礼，使人有常，才能使天下人都恭敬和善相处；惟有使天子、诸侯、卿、大夫、士，皆服从天道至德，使有天道大德者，以法律刑典，以讨有罪，才能天下兴旺发达，以成盛治。

中国的礼教与法典，皆是源于天、源于天道法则秩序的。不知道这个道理，讲礼教，讲法典，皆不足为据。故荀子说："礼者人道之极也，然而不法礼不足礼。"① 王先谦注此说："言不法礼不是礼也。"② 所谓"法礼"，即知礼之源也。中国文化，礼之源，即法之源也，皆同源于天道法则秩序。故荀子又说："礼者，众人法而不知，圣人法而知之。"③ 故过去我讲"德法同源，大用一体"④。今天我也同样说"礼法同源，大用一体"。用礼教开出现代文明，建立法则秩序，离不开礼教，也离不开法制。

法典本来就是源于天道法则秩序的，故其用也，能够建立法则秩序，是可以理解的。此韩非子所以讲"万物必有盛衰，万事必有弛张，国家必有文武，官治必有赏罚"⑤ 者也。没有法律，就不能讨有罪，不能整治"强弗友"者。因为人性毕竟有物欲情欲，有由物欲情欲膨胀肆虐，发展为性恶，甚至走向犯罪而不知悔改者。对于这样一些人，只讲礼教道德是没有用的，必须据法典以惩罚之。此孟子所以讲"徒善不足以为政"⑥ 者也，亦《大戴礼记》讲"刑法者，所以威不行德法者也"⑦。

但是，仅靠法律，并不能解决人性教化问题，不能解决人的信仰信念及精神世界的问题。不解决这些问题，人类社会要求得大治，真正建立起社会文明与法则秩序，也是不可能的。中国文化的早熟，已经隐退了上帝，再也没有像西方那样以神性形而上学为本体论，发展起担当教化人性

---

① 《荀子·礼论》。
② 王先谦《荀子集解》卷13。
③ 《荀子·法行》。
④ 《盛衰论》第317~326页。
⑤ 《韩非子·解老》。
⑥ 《孟子·离娄上》。
⑦ 《大戴礼记·盛德》。

的宗教。但中国发展起了礼教，所以解决人心人性教化的任务，就交给礼教了。孔子正是看到了这一点，才讲："道之以政，齐之以刑，民免而无耻。道之以德，齐之以礼，有耻且格。"① 可知礼教之教化人生，使其懂得仁义廉耻，改变其心性，对于建立人类社会文明的大用，具有重要的意义。此孔子讲"夫礼，先王以承天之道，以治人之情"② 者也。

但不论是讲礼，还是讲法，皆离不开道德，离不开天道至德的大用。即使法家讲"圣人为法国者"，亦是讲"顺于道德"③ 的。关于盛大道德的地位与作用，《大戴礼记》说：

> 古者天子常以季冬考德，以观治乱得失。凡德盛者治也，德不盛者乱也；德盛者得之也，德不盛者失之也。是故君子考德，而天下之治乱得失，可坐庙堂之上而知也。德盛则修法，德不盛则饰政，法政而德不衰。④

德者，得也，悟得天地性命之理者也。人得之为德，就是人的道德，治国平天下者的道德。天道或天地之道的存在，就是《易传》所讲的"大哉乾元，万物资始，云行雨施，品物流形"；"至哉坤元，万物资生，含弘光大，品物咸亨"⑤ 的生化万物、蓄养万物的大用。它作为人的道德，作为治国平天下者的道德，就是以天道至德仁爱天下或以天地之道兼覆兼载。所以，不论是讲德法，还是讲礼教，皆在于仁爱天下、蓄养万物。此之盛者，谓之盛德；此之大者，谓之大礼。《礼记》讲天子"德配天地，兼利万物"⑥；《大戴礼记》讲"圣王之盛德；人民不疾，六畜不疫，五谷不灾，诸侯无兵而正，小民无刑而治，蛮夷怀服"⑦，就是讲的有国有天下者之盛大道德。荀子讲礼，单讲一个"养"⑧ 字，亦可知礼教道德之用，在于仁爱天下、蓄养万民。经国治世者，只有以天道至德，仁爱天下，教

---

① 《论语·为政》。
② 《礼记·礼运》。
③ 《韩非子·奸劫弑臣》。
④ 《大戴礼记·盛德》。
⑤ 《周易·彖上传》。
⑥ 《礼记·经解》。
⑦ 《大戴礼记·盛德》。
⑧ 《荀子·礼论》说："礼者，养也。"

化万民，蓄之养之，使人的生命得到安顿，并经过教化，知仁义廉耻，才能真正建立起法则秩序。故《管子》说："仓廪实则知礼节，衣食足则知荣辱，上服度则六亲固，四维张则君令行。"①

　　天地之道，不仅是生化万物、蓄养万物的本体论存在，亦是人伦道德的本原。君子进德修业，知至至之，知终终之，可与存义者，就是从天地之道获得道德。《易传》讲"天行健，君子以自强不息"，讲"地势坤，君子以厚德载物"②，就是从天地之道获得的道德。人源于天，为天所生，自然应该遵守天道法则秩序。《尚书》所讲的"天叙有典，敕我五典五惇哉"，讲的就是淳厚人伦道德、遵守天的常道法则秩序。至精至神的天道本体，不仅是"万物资始"者，还是"大哉乾元，乃统天"的存在。乾道变化，生育万物，洪纤高下，各以其类，无不各正性命。此天之所赋，人之继善成性者也。因此，天道乾元本体，乃是统摄天地万物的存在。其至健至正、至精至神，就是统摄之道、贞一之理。宇宙万物，虽然各以其性，放任于自得之场，活活泼泼，自由自在，但其存在，也是遵天道变化、各正性命的。此乾道首出庶物而万汇具亨，而统摄万物者也。所以，不仅讲于"廖天一"处安排去化，将亨通之道与贞一之理，贯通一切、会通一切、旁通一切、贞一一切，而且讲天下统会，讲天下法则秩序，也必须讲统摄之道、贞一之理，而不能只讲万物的多元存在。不讲统摄之道、贞一之理，不讲乾道变化，各正性命，只讲放任自得之场的多元存在，天下万物就没有统摄者、回归处。此王弼所以讲"统之有宗，会之有元"③者也。其实，这不仅是王弼的思想，《尚书》讲"会其有极，归其有极"④，老子讲道的"大曰逝，逝曰远，远曰反"⑤，讲的也是这个道理。所以，现在讲天下之道与天下之治，不能只是一味地讲多元存在，还必须讲统摄之道与贞一之理。不然，没有大道至理、纯一存在，没有统摄者、回归处，天下将永远各以其性，放任自得，处于非理性状态，则处于乱世矣。如此之世界，岂能建立法则秩序！

---

①　《管子·牧民》。
②　《周易·象上传》。
③　《周易略例·明象》，王弼著《周易注》卷10。
④　《尚书·洪范》。
⑤　《老子》第25章。

但是，法律也好、礼教也好，都必须出于仁德。不然的话，如果只是统摄，只是主宰，只是驾驭，只是剥落，没有仁体大爱，那样的法律，也就真成为墨子所说的"法不仁不可为法"，礼教真成为"吃人"的礼教了。但中国文化的礼教、法律，出于天道法则，恰恰不是这样的。中国文化的大道本体，乃是如老子所说"衣养万物而不为主，万物归焉而不为大"① 的存在。西方基督教的上帝，乃是主宰天地万物者，连人的自由，也只有听从上帝的旨意才能获得。中国文化则不是这样的。只要读《庄子》所讲"感应之会，通塞之纪，来不可遏，去不可止"② 的存在，讲"极物之真，能守其本，外天地，遗万物，而未常有所困"③ 的自由，向秀、郭象所说"与物冥而循大变，能无待而常通"④ 的自由等等，也就知道中国文化是怎样不统治人、压迫人、主宰人，具有天道自然、活活泼泼的本性了。天道者，自自然然之道也；天理者，自自然然之理也。曰至刚、曰至健、曰至精、曰至神、曰亨通、曰贯通、曰贞一、曰统摄，皆指天道本体纯粹至正之大用，非基督教之上帝主宰一切者。

正因为乾元之道，是仁体、德体、刚健中正之体，具有元亨利贞的本体大用，所以人得之为德，宜之为义，其为仁义礼智的存在，才是仁者、义者、礼者、智者；而为帝、为君、为圣、为哲，刚健中正、仁义礼智，才可以"保合大和，乃利贞。首出庶物，万国咸宁"。此帝尧"克明俊德，以亲九族，平章百姓，协和万邦"⑤ 者也，亦帝舜"浚咨文明，温恭允塞，玄德升闻，慎徽五典，五典克从；纳于百揆，百揆时叙；宾于四门，四门穆穆；纳于大麓，烈风雷雨弗迷"⑥ 者也。大禹"德惟善政，政在养民"；"地平天成，六府三事允治，万世永赖"⑦ 者，靠此也；皋陶"日宣三德，夙夜浚明有家；日严祗敬六德，亮采有邦"⑧，亦靠此也。中国自古

---

① 《老子》第 34 章。
② 〔晋〕陆机《文赋》，《文选》卷 17。
③ 《庄子·天道》。
④ 见刘义庆《世说新语》文学类，刘孝标注引向子期、郭子玄《逍遥义》。
⑤ 《尚书·尧典》。
⑥ 《尚书·舜典》。
⑦ 《尚书·大禹谟》。
⑧ 《尚书·皋陶谟》。

以来，一切圣人之化，明王之治，一切内圣之道，外王之理，一切所谓的圣迹，包括《六经》所出、《六经》所归及整个盛德伟业，无不源于天道法则，源于"于穆不已"、"无声无臭"者，或者说，皆是以天道本体为其根本大用的。圣人法天，法此也；圣人则天，则此也；圣人效于天，效此也；圣人象于天，象此也。它构成了一个纯粹至善的价值世界，一个包含万汇与普遍生命的世界，一个万理悉备、圆满周遍的世界。此圣贤明哲"尊德性而道学问，致广大而尽精微，极高明而道中庸，温故以知新，敦厚以崇礼"①，平治天下之所据也。圣人之化，明王之治，不过是凭此天道至理，乘天地，驰万物，用于人群之道而已。礼者，理也，即以天理、以至德大仁，所制之礼也。若能像孔子所说的那样，人人"克己复礼"，去掉非理性，变为具有"仁"心的理性存在者，"天下归仁焉"②，归于天理焉，归于至德大仁存在，人人都有一颗爱心，天下岂不可治，可以建立新秩序！故今日之治天下，只要获此大道，获此天道至理，明明德于天下，恢复礼教，以天为本，统之有宗，会之有元，随时变化，观其会通，为典为制，就可以开出新天地，建立新秩序，呈现新气象。

① 《礼记·中庸》。
② 《论语·颜渊》。

附录一　礼教与宗教[1]

摘　要　礼教者，以理为教者也。宗教者，以宗为教者也。礼教与宗教不同的地方，不仅在于它们的形而上学本质，而且它们所建立的人性论基础也是不一样的。由于礼教与宗教所建立的人性论基础不同，因此它们的教义宗旨也是各异的，教化形式也是不同的。由于礼教和宗教的形而上学存在及人性论基础不同，它们所引申出的伦理道德精神，也是各不相同的。

如果说某个人或某些人没有信仰，那是他们的自由，谁也不好说三道四。但是，如果说某个国家民族没有信仰，特别是像中国这样一个有五千多年文明史的国家民族，如果说它没有信仰，那可能就是无知了。因为中国这么大，人口这么多，能够绵延赓续五千多年，没有大道理、大哲理，没有真实无妄的信仰，是根本不可能绵延赓续这么多年的。为使人理解中国人几千年精神世界的信仰及其真实无妄之理，这里不妨对中国礼教与西方宗教作一比较。

明儒陈白沙先生诗说："人生贵识真，勿作孟浪死。"(《赠陈秉常》)个人尚且贵于认识至真的存在，何况国家民族呢！西方人相信上帝，接近上帝，以此建立起真诚的信仰与发展出宗教情怀，这是无可非议的，因为那是西方民族的信仰自由。但对中国人，对中华民族来说，大凡理性的人生，无不即事穷理，无不求乎真知至善，未有不察乎人心天命之本然，领悟得真知至善的所在，而能够正其心，诚其意，建立起坚定的信仰信念，成为至诚之身的。懵懵懂懂而来，懵懵懂懂而去，这样的人不能说没有，但就整体而言，就中国这个理性自觉的民族来说，若无诚身之道，或只以

---

[1]　本文发表于《文化学刊》2012年第5期。

某种虚幻的价值设定,让其建立起坚定的信仰和信念,是办不到的。因为中国是一个文化上早熟的民族。当人类大部分地区尚处于蒙昧野蛮状态时,中国远在公元前二十四世纪的唐虞时代,就建立起了以古华夏氏族部落与东夷氏族部落联盟为基础的统一国家。希腊人建立斯巴达国,希伯来人建立犹太国,比这晚得多,而且国家也小得多;罗马帝国的出现,比唐虞帝国更晚了一千八百多年。而俄罗斯九世纪才建立国家,欧洲直到今天还没有统一。没有国家民族的统一,是很难真切地思考人生大哲学、大道理,思考世界万物的最高存在,而建立最高信仰信念的。中国不仅在公元前二十四世纪的唐虞时代,就建立起了以古华夏氏族部落与东夷氏族部落联盟为基础的统一国家,而且在宇宙万物存在的哲学思考上,达到了"惟精惟一"(《尚书·大禹谟》)的高度。因此,中国不仅是一个文化早熟的民族,而且也是一个穷理尽性至于命的民族,一个信仰上最早理性觉醒的民族。他们凡事皆要问个为什么,皆要穷尽其理,明白那至真至善者为何种存在。不然的话,他们是决不会诚其心,正其命,以此建立信仰信念的。这就是儒家讲的"诚身有道"问题。诚身有道,才能建立诚明的信仰信念;而若"诚身无道","不明乎善",则"不诚乎身矣"(《中庸》第 20 章)。

正因为中国是一个文化上早熟的民族,一个穷理尽性至于命的民族,一个最早理性觉醒的民族,所以中国远在上古时期,就渐渐隐退了"上帝"一类的宗教信仰,发展出一种本于天道法则的礼教,以此建立信仰信念,教化天下人民。唐虞时期讲"天叙有典"、"天秩有礼"(《尚书·皋陶谟》),帝舜命契作司徒,"敬敷五教";命伯夷作秩宗,"典三礼";命夔"典乐,教胄子",以此平治天下,使人性"直而温,宽而栗,刚而无虐,简而无傲"(《尚书·尧典》),就是这样的礼教。特别是发展到周代,周公制礼作乐,以礼乐教化天下,礼教不仅成了中国文化政治教化的重要形式,而且成了国家民族建立信仰信念的最高知觉形式与性命之理。

那么,中国的礼教与西方的宗教有什么不同呢?礼教者,以理为教者也。宗教者,以宗为教者也。不论是礼教,还是宗教,哪怕是原始宗教,都牵涉到形而上学存在,牵涉到哲学本体论问题,不论礼教、宗教都是这样,只不过图腾、巫术一类的原始宗教之形上存在,文化形态较为低级而已。中国的礼教,乃是以天道义理设教的。故曰"礼者,理也"(《礼记·经解》);"大乐与天地同和,大礼与天地同节"(《礼记·乐记》)。礼即天理也，乐乃天乐也。大音乐的旋律同天地的旋律一起和谐，大礼的升降旋转合于天地的节奏。这就是中国的礼教。它是一种道体形而上学，是以天理的最高存在设教的。而西方宗教，乃是以上帝的神性形而上学为天下万物之宗而设教的。西方宗教中的"上帝"，最初的耶和华，本是源于宗教神话，后来与希腊哲学相结合，也就变为"逻格斯"与上帝同在或圣父、圣子、圣灵三位一体的存在了，但就其神圣本质而言，仍属于神性形而上学存在。即使现代神学把"上帝"解释为存在的根据，解释为"存在的存在"，它也没有脱离神性形而上学本质。中国文化以天道义理设教，虽然讲"道"也以"至精、至神、至妙"形容它的存在，如《易传》讲"阴阳不测之谓神"；"寂然不动"而为"天下至神"（《系辞上传》）；"神也者，妙万物而为言者也"（《说卦传》）等，但不管怎样至神至妙、变化莫测，它仍然是"道"的存在，是天道义理的存在。即使讲"圣人以神道设教"（《彖上传》），它也是天道四时不忒的存在，真实无妄之理的存在，而不是"上帝"的价值设定。故孔子说"知变化之道，知其神之所为乎！"（《系辞上传》引），宋儒明道更讲"天者，理也；神者，妙万物而为言也"（《河南程氏遗书》卷1）。所以，中国礼教不同于西方宗教者，就在于它以天道的真实无妄之理为教，而不是像西方宗教那样以"上帝"的价值设定而为宗教信仰。

中国自古是一个本于天的民族。以天为本，就是以天道法则、宇宙法则为万物本原，为生命源头与性命之理的存在。故自古以来，中华民族就是以天为信仰，以天道义理的存在为最高信仰。这种信仰是不同于西方以"上帝"为宗的宗教信仰的。中国文化在漫长的发展中，虽然各原始氏族部落的信仰一直存在着低级形态的宗教、图腾、巫术，但对"天"或"天道"的信仰，从伏羲时代仰观于天，俯察于地，始作八卦，"以通神明之德，以类万物之情"（《系辞下传》）开始，则一直是信仰天道法则的。发展到唐虞时期，天道法则的形而上学思维已经达到"惟精惟一"的高度，即使殷人尚鬼神，在哲学上也是以"惟和惟一"（《尚书·咸有一德》）思考天下万物之理的。发展到殷周之际，虽然仍然存在着"皇矣上帝"、"昊昊上帝"的存在，但那不过是皇皇光明的上天存在。故汉代儒家解释《诗》、《书》中的"上帝"，无不曰"天也"。"万物本乎天，人本乎祖"（《礼记·郊特性》）。周人礼教郊祭天地，以祖配之，就是报谢天地本始的存在，而"以祖配之"，就是将祖先神提升到祖先所出神的高度，提升到皓旰光明的"昊昊上帝"存在。如果说它还带有神性形而上学性质,那么《诗经》讲"维天之命,于穆不已,文王之德纯,假以溢我"(《周颂》);"上天之载,无声无臭,刑仪文王,万邦作孚"(《大雅·文王》),则已是以纯粹道德获得天道命令与政治法则了。特别是晚周隐退"上帝",代之以"道"的法则以后,如老子讲"道"的存在"象帝之先"(《老子》第4章),庄子讲"道"的"自本自根、未有天地,自古以固存"(《大宗师》),其为"天"的存在,其为"天道"或"天理",已成为中国文化的最高形而上学存在了。三代之后,中国文化中虽然仍然有鬼神的存在及其信仰信念,特别是在民间,但就中国文化的主流而言,就国家政治教化而言,鬼神的存在及其信仰信念,已经不占主流地位;占主流地位的是礼教文化,而不是上帝鬼神的宗教信仰。在这一点上,不仅儒家孔子"敬鬼神而远之"(《论语·雍也》);"不语怪力乱神"之事(《论语·述而》),即使道家也是不相信鬼神的,老子讲"以道莅天下,其鬼不神"(《老子》第60章),就是这样。晚周虽有墨子尚鬼神,试图恢复宗教,汉代以后也有道教的兴起与佛教的传入,但从中国文化主流来说,占统治地位的基本上不是宗教,而是礼教。尽管它在不同时期也有兴废,但解决信仰信念一类精神世界的问题,主要是靠礼教,靠天道形而上学的最高存在,靠这个真实无妄之理的存在,而不是像西方宗教文化那样依赖"上帝"的价值设定。"诚者,天之道也。诚之者,人之道也"(《中庸》第20章);"诚者,天之道也。思诚者,人之道也"(《孟子·离娄上》)。诚,即客观实在,即实有是理,即真实无妄,即天道法则之本然存在。故程子说"无妄之谓诚"(《河南程氏遗书》卷6);故朱子说"诚者,真实无妄之谓,天理之本然也"(《中庸章句》第20章注)。张子更说"诚,故信"(《正蒙·天道篇》);"君子教人,举天理以示之而已"(《正蒙·诚明篇》)。此即《大学》所讲"知至而意诚"者也。有此无妄之理,人明之诚之,以为性命之理,才能各正性命,建立信仰信念及道德精神世界,才能不虚不妄。故伊川说:"无妄者,至诚也;至诚者,天之道也。"(《周易程氏传》卷1)没有天的诚,何来人的诚?此中国礼教不同于西方宗教之形上本体论者也。不懂中国文化"天道"的真实无妄之理,不懂中国以天道义理设教,妄说中国人没有信仰,无知也。

礼教与宗教不同的地方,不仅在于它们的形而上学本质,而且它们所建立的人性论基础也是不一样的。中国礼教以天道义理为教,是承认人的先天道德本性的，其为教理是立于性善论基础上的。《周易》文王《乾》卦辞，讲"元亨利贞"四德，讲天道本体的美好大用，周公爻辞九三讲"君子终日乾乾，夕惕若，厉无咎"，就是设定人性之美好而建立道德修养之教的。它是作《易》之本义，亦是周公制礼作乐，教化天下的心性本体论根据。中国文化讲人的气质之性，虽然承认有阴阳、动静、清浊、善恶，但讲人的良知，讲先天道德本性，则是纯粹至善的。因为这种本性是天生的，是皇天上帝赋予人的。《尚书》讲"惟皇上帝，降衷于下民，若有恒性"（《汤诰》），即指此本性也。衷，善也。皇天上帝，降衷于民，即上天赋予人的永恒道德本性也。《诗经》讲"天生烝民，有物有则。民之秉彝，好是懿德"（《大雅·烝民》）；孟子讲人有"非外铄"的"仁义礼智"之性，以及后儒王阳明讲"天理良知"，皆是承认人之先天道德本性的。先天道德本性乃是人最为本质的规定性，是人区别于动物的本质差别，尽管这种差别很小，用孟子的话说，是人区别于动物的"几希"存在，但是，正是人有此本质的规定性，才能追求美好事物，追求信仰和信念，追求道德精神世界；有道德本性，才可以教化，故明之诚之，才可以成圣成哲，成为尧舜。中国礼教就是建立在此种性善论基础上的。然而西方的宗教，并不是以性善论而设的，而是立于性恶论基础上的。西方的基督教就是这样。若依基督教所说，人是上帝按照自己的形象创造的，人是有神性的，属于性善论的，但它讲上帝创造亚当和夏娃，让其看管伊甸园，因其受了蛇的诱惑，偷吃了智慧果，又是犯有原罪的，因此基督教认为，人性本质上是恶的，是充满贪婪、物欲、情欲一类的邪恶本质的。基督教就是在这种性恶论基础上立教，拯救人性罪恶的。

由于礼教与宗教所建立的人性论基础不同，因此它们的教义宗旨也是各异的。由于中国礼教建立在性善论基础上，承认人是有"仁义礼智"的先天道德本性的，所以其立教主旨就是以"仁义礼智"教化天下。《礼记》所说的乐正掌国子之教，"春秋教以《礼》、《乐》，冬夏教以《诗》、《书》"（《礼记·王制》），就是这种礼教的教义与主旨。以《诗》、《书》、《礼》、《乐》为教，就是以仁义礼智为教。《周礼》讲以乐德教国子，使之"中、和、祗、庸、孝、友"；以乐语教国子，使之培养起"兴、道、讽、诵、言、语"的能力（《周礼·春官宗伯·大司乐》）；"大师掌六律、六同，以合阴阳之声，教六诗"，使之懂得"曰风、曰赋、曰比、曰兴、曰雅、曰颂"（《周礼·春官宗伯·大师》）的诗义与境界，其为礼乐教化，也是以人的道德本性为基础的；没有这种心性基础，礼乐是不可能以此立教，造就人才，使之成为有道德、有学问的存在者的。此即中国礼教立于性善论建立自己的教义、主旨者也。即使它承认人的气质之性有阴阳、动静、清浊、善恶，持此心性有陷入非理性的时候，但礼教也是教之以仁义礼智，使人去掉非理性，归于理性的，使天下人与人的关系建立在"仁"的基础上，皆有一颗仁爱之心，惟此，世界才会变得更加美好。此即孔子讲"一日克己复礼，天下归仁焉"（《论语·颜渊》）者也。由此可知中国礼教是如何立于性善论，建立自己的教义与主旨了。而西方基督教是以性恶论立教的，所以它最为根本的教义，就是拯救人的罪恶。而人信仰上帝、接近上帝，虽然有追求美好存在之意义，但主要还是向上帝忏悔自己的罪恶。既然人性本质是恶的，所以不管怎样对其教化，人也成不了尧舜，成不了圣贤明哲，除了耶稣为上帝独生子，其他任何人也不能成为上帝或上帝之子的存在。既然人性是恶的，所以不管西方17、18世纪的启蒙思想家怎样把人性之恶合理化，他们所设计的自由、平等、博爱的理性王国，终究是不能实现的；同样，既然人性是恶的，不管西方19世纪思想家怎样试图将基督教的天国理想搬到世俗社会中来，所设计的种种乌托邦世界，终究也是不能实现的。因为所设计的理想社会再美好，只要是建立在人性的自私、贪婪、争斗、物欲、情欲一类的邪恶本质的基础上，最后都会被它所构成的邪恶力量破坏掉。

礼教与宗教的教化形式也是不同的。礼教的教化内容与形式，是极为广泛的，它并不像宗教那样只是通过遵守教规、过礼拜、唱颂神诗、默想、念经、祈祷、修道等形式与上帝或神的存在相交通，达到对教徒施行教化，建立宗教信仰的目的。礼乐之教，从车、服、冠、冕之制，到冠、昏、丧、祭之礼，无不有礼教的要求，尽管这种要求在夏商周各代是不同的，但是，大到班朝治军、涖官行法，小到乡饮乡射、民间细行，其为礼教之数，皆有明确规定。故以"大哉！圣人之道洋洋乎！发育万物，峻极于天。优优大哉！礼仪三百，威仪三千"（《中庸》第27章）。不管其礼数怎样繁，规范怎样细，但它最根本的要义、核心的内容，则在于人性的教化。故曰"礼义也者，人之大端也"。所以讲信修睦，所以制定辞让、饮食、冠昏、丧祭、射御、朝聘之礼，所以养生送死，以事鬼神，皆在于"达天道，顺人情之大窦也"（《礼记·礼运》）。自然，这也不是说礼教只是停留于社会教化层次，而不能达于形上世界。不是的。若是那样，也就不能建立最高的信仰信念了。礼教不仅在"钟鼓喤喤，磬管将将"（《诗经·周颂·执竞》）、"箫管备举，喤喤厥声"（《诗经·周颂·有瞽》）地郊祭天帝的礼乐中，祭神若神在，与天帝祖先神相交通，更为普遍的形式是通过道德修养，知觉天道至精至神的存在，获得信仰信念与性命之理的。周子讲"主静立人极"（《太极图说》）；陈白沙讲"静中养出端倪"（《与贺克恭黄门》）；以及朱子讲"今而后，乃知宇宙浩浩大化之中，一家自有一个安宅，正是自家安身立命、主宰知觉处"（《答张敬夫》）等，就是讲的通过道德修养获得道德精神境界，获得最高知觉主宰与性命之理，而建立起理性自觉之信仰信念的。

最后，由于礼教和宗教的形而上学存在及人性论基础不同，它们所引申出的伦理道德精神，也是各不相同的。由于西方宗教基于性恶论，而且信教还要买赎罪券，所以由新教伦理引申出来的资本主义精神，把赚钱看作是天职。而中国礼教以天道立教，而且是立于性善论基础上的，所以它所引申出的伦理道德精神，不是视赚钱为天职，而是以养民为天职。"德惟善政，政在养民"（《大禹谟》）；"民之所欲，天必从之"（《泰誓上》）。天子养万民，企业家养职工，皆是天命所在，皆是"天工人其代之"的伦理道德精神所要求的！因此，中国礼教的伦理道德精神，要求有国有天下者，代天理民，不是藏天下于筐箧，而是藏天下于天下；要求企业家不是追求"利益最大化"，而是养好你的职工，为天下人创造更多、更好的服务。此与新教伦理的资本主义精神完全不同也。

礼教者，经天地之大经，立人道之大本者也。"道德仁义，非礼不成；教训正俗，非礼不备；分争辨讼，非礼不决；君臣上下，父子兄弟，非礼不定；宦学事师，非礼不亲；班朝治军，涖官行法，非礼威严不行；祷祠祭祀，供给鬼神，非礼不庄不敬"（《礼记·曲礼》）；夷夏之分，人兽之别，以及君子异于小人，全部在于此，礼教岂是可以废的？天秩即人伦，天命即人性大源也。"天叙有典，天秩有礼"，显诸仁，藏诸用，"缘仁制礼，则仁体也，礼用也；仁以行礼，则礼体也，仁用也"。故整个礼教，乃"仁之经纬斯为礼"（王船山《'礼记'章句序》），全部贯通一个"仁"字，所谓礼教"吃人"云云，是没有任何道理的！《礼记》讲命"司徒修六礼以节民性，明七教以兴民德"（《王制》），乃在于提高人的理性，使其不至于陷入非理性为非作歹，此乃人道之正者也。"致礼以治躬则庄敬，庄敬则严威。心中斯须不和不乐，而鄙诈之心入之矣，外貌斯须不庄不敬,而易慢之心入之矣"(《礼记·乐记》)。惟礼以教之,乐以化之,人才能贞正性命之理!中国的礼教,从根本上说,乃是中华民族文明的人性教典。中国自古即是礼仪之邦,言谈举止,动静语默,皆有礼数,皆有规范,最高的信仰信念也是以此赖以建立的。中国的礼教,虽不是宗教,然却有宗教之大用。然而发展到今天,自然主义、经验实在论哲学流行,富强之说、功利之求、算计之谋,亦纷纷籍籍,争奇斗巧,成了最为时髦的东西。以知物为哲代替知人为哲,小知小识代替天道性命之理,于是遂使天下心失良知,性无主宰,以为这些功利之学就是知识,就是学问,就是高明的理论,就是最好的主义,于是相争以利,相倾以势,相高以技,功名利禄之求嚣嚣于天下,使天下耳目为之眩瞀,精神为之恍惚,信仰信念莫知其终,莫知其所是矣!发展到今天,更是以梦想代替理想,金钱代替信仰,以至于连吃饭、喝汤、如厕一类的行为,也要请西方教官来培训!天理良知丧失如此,礼教文明不复存在如此,一个以天为本,以天道义理为最高信仰的民族,以至于被人指责为无信仰,岂不哀哉!因此,恢复礼教,乃是恢复仁义礼智的人性教典。而"高呼还我礼义之邦"!乃是重建华夏文明的历史起点!

附录二 诗书礼乐教化是国民教育当务之急[①]

摘　要　诗化教育就是以诗的美好境界与人生哲理塑造人的心灵与精神世界，涵养扩充人的先天道德本性，使之沛然浩然，以成绚丽人生。治国安民涉及社会的、政治的、经济的以及科学技术的诸多问题，但最为根本的是伦理道德问题。

听了徐德凝先生《我的诗化教育之路》讲演，很有感触。徐先生作为一个企业家，有一个诗人的心灵是很少见的。他不仅创办了一个成功的企业，写了两万首诗歌，而且从记事起至今，从没有顶撞过父母；结婚36年，夫妇从未有吵过一次架；兄妹几十年，从没有为利益红过脸。这是非常难得的。对徐先生的诗，我还没有好好读，尚提不出具体意见。这里只就徐先生所走过的诗化教育道路，联想到一些问题，谈一点看法。

一是诗化教育的地位问题。写诗、吟诗、诵诗，是美的欣赏，也是人性的张扬。人生不能总是过得干巴巴的，需要音乐，也需要诗。不管是低吟，还是豪唱，是言志，还是抒情，它都是人生过美好生活所不可或缺的东西。诗化，就是把人的内心变成诗的存在，把世界变得像诗一样美好。因此，诗化就是人生的审美化、艺术化。最高的诗化，包含着美的欣赏与人生哲理的思考，包含着大美与崇高、庄严与神圣的境界。因此，诗化教育就是以诗的美好境界与人生哲理塑造人的心灵与精神世界，涵养扩充人的先天道德本性，使之沛然浩然，以成绚丽人生。

诗化教育，在中国古代就是《诗》、《书》、《礼》、《乐》教化。中国

[①]　本文系2010年12月28日在"诗化教育"研讨会上的讲话，发表于《文化学刊》2012年第2期。

几千年来就是以《诗》、《书》、《礼》、《乐》教化天下的。提倡诗化教育，就是恢复《诗》、《书》、《礼》、《乐》教化传统。这实在是必要的。《礼记·乐记》说："人生而静，天之性也；感于物而动，性之欲也。物至知知，然后好恶形焉。好恶无节于内，知诱于外，不能反躬，天理灭矣。"人感物无穷，又好恶无节，一切为了物的存在而存在，人也就被物化了。人被物化、异化为非自我存在，人性中失去天道自然法则，也就成为穷于物欲的存在者了。人心之动，一念即有善恶。失却道德本性，不能涵养扩充，不能成为纯粹至善的存在，于是悖逆之心、诈伪之行、淫乱之事泛滥于天下，也就不足为奇了。现代人的最大弱点，就是迷恋于物的存在。这用过去道家的话说，就是"以足物者为富贵，无物者为贫贱"，而不注意自我精神世界的存在。过去，凡是精神的东西、神圣的东西，都非常高大，如宗庙、寺院、殿堂。而现在呢，凡是物的东西，都非常高大，高楼大厦林立，到处是庞然大物，而精神的东西，都被弄得非常渺小。香港商务大楼摩天而立，而关帝财神却被供奉在楼底层一个小洞洞里。现在，物的存在充斥着一切，无所不在，而精神的东西几乎被驱逐得无影无踪了。至今，人不醒悟。面对此情此景，我们不能不用道家无能子的话再发一次感慨："壮哉！物之力也！"在这种背景下，现代人如何有诗的美好心灵，有大美与崇高、庄严与神圣的精神世界呢？可以说，现代人除了功利目的，除了利欲之心，再也不懂《诗》、《书》为何物，《礼》、《乐》教化是何种境界。现在人的利欲心之嚣嚣于天下，已经到了不能止的地步，再不重建《诗》、《书》、《礼》、《乐》教化，天下何以堪！

《诗》、《书》、《礼》、《乐》教化，就是仁、义、礼、智教化，就是用中国文化的伦理道德与根本精神，重新教育人民，化成天下，就是随着社会转型，自觉地完成文化转型，使整个国家民族教育回归到中国文化价值体系上来，与时偕行，赋予新的内涵与意义，实现现代条件下的国民教育。完成这种文化转型，《诗》、《书》、《礼》、《乐》教化，是非常重要的。汉朝建国之后，七十年所以能够出现文、景之治，虽然历史条件很多，但主要有三条：一是由军事体制转化为文官体制。垓下之战以后，刘邦登基于汜水，那些将军们个个喝得酩酊大醉，挥刀砍柱，肆意妄为。刘邦一看不好，立即解除他们的兵权，封王之后，一个个地反，一个个地灭，以后逐渐建立起了文官政府，完成了由军事体制向文官体制的转换，保证了政治稳定，天下太平。二是休养生息。中国自古实行什一税收，文、景时期，先是实行三什一税收，后来完全免除了土地税收。三是完成文化转型，由韩、申之冷酷法制，转换成儒家文化的《诗》、《书》、《礼》、《乐》教化。这是由偏颇的法家文化回归到中国儒家主流文化。孟子说："徒善不足以为政，徒法不能以自行。"没有法，没有法律，谁也治不了天下。但是，只是靠法律，一切皆断于法，以法律代替伦理道德，甚至不惜破坏整个伦理道德关系，像韩、申那样"不别亲疏，不殊贵贱，一断于法"，使"亲亲尊尊之恩绝"，恐怕也是不行的。故司马迁说"严而少恩"的法家之治，"可以行一时之计而不可长用也"。汉代正是完成了这个文化体系的转型，回归到了中国主流文化上来，由法治转换为德治，由"严而少恩"转换为德惠于天下，人心向汉，天下安定，才出现有名的文、景之治。

治理国家，并不只是修几条路、盖几座房子、税收几何的问题，而是人心教化问题。人心正，天下定！人心邪妄，物欲汹汹，君子失义，小人犯刑，天下还有何安定可言！老子之后，道家有个叫"庚桑楚"的人，写过一本书，人称之为《亢仓子》。什么叫国家？什么叫天下？怎么治理国家天下？他说："所谓天下者，谓其有万物也；所谓有邦国者，谓其有人众也。夫国以人为本，人安则国安。故忧国之主，求理人之术。"治国安民，虽然要开物成务，安天下之业，解决民生问题，但更为主要的是通天下之志，知道人民想什么，要求什么；断天下之疑，以最高性命之理教化天下，解决信仰信念问题。《诗》、《书》、《礼》、《乐》教化，就是解决这些问题的。此乃最为根本的"理人之术也"。人的存在，是国家民族最为根本的存在。人的问题不解决，人心人性问题不解决，人的信仰信念问题不解决，只是在其他方面下功夫，都是表皮子的事。

二是企业文化的中国化问题。中国古代，不论是士大夫、文人，还是政治家、军事家，都会写诗、吟诗、诵诗，都有一种诗人的情怀，连刘邦都会以诗表达自己的感情与胸怀："大风起兮云飞扬，威加海内兮归故乡，安得猛士兮守四方！"所以能够如此，就是他们大都读过圣人的诗书，接受过《诗》、《书》、《礼》、《乐》教化，有诗的心灵与情怀。特别是古代的士大夫、文人，他们把诗看成自己的生命，看成是独抒情性、表达志向的最好形式。因此，诗是胜于其他官样文章与著作形式的。明代陈白沙，他的文集基本上没有其他文章，更没有像样的哲学著作，主要是诗。但他的诗就是哲学，因为诗所表达的全是人生哲理。

现在的企业家大多不懂得诗，也没有诗的心灵与情怀，每天所考虑、所算计的，都是钱，都是利益，除了功利目的，内心几乎再也没有更加美好的东西了。企业家搞企业建设与企业发展，自然要精心经营、精心核算，不然谁的企业也存在不下去。但这不等于说企业家可以没文化，没有美好的心灵与精神气质。一个企业家没有文化，没有诗的心灵与情怀，没有仁心与大爱，也就没有精神气质，没有人格魅力，即使赚几个钱或很多钱，最多也是个充满铜臭气的暴发户。这正是一些人没钱时像个"下三烂"，一有钱就腐败、就堕落的原因所在。所以企业文化建设，一个重要内容就是对企业家进行诗化教育，进行《诗》、《书》、《礼》、《乐》教化。对各级执政集团也是这样，也有个进行《诗》、《书》、《礼》、《乐》教化的问题。

主要参考用书

［1］《周易正义》，孔颖达撰，王弼注，《十三经注疏》上，中华书局1979年影印本

［2］《尚书正义》，孔颖达撰，《十三经注疏》上，中华书局1979年影印本

［3］《毛诗正义》，孔颖达撰，《十三经注疏》上，中华书局1979年影印本

［4］《周礼注疏》，贾公彦等撰，陆德明释文，《十三经注疏》上，中华书局1979年影印本

［5］《仪礼注疏》，贾公彦等撰，《十三经注疏》上，中华书局1979年影印本

［6］《礼记正义》，孔颖达撰，陆德明释文，《十三经注疏》上，中华书局1979年影印本

［7］《大戴礼记解诂》，王聘珍撰，中华书局1983年版

［8］《孝经注疏》，〔宋〕邢昺注疏，《十三经注疏》下，中华书局1980年版。

［9］《春秋左传正义》，杜预注，孔颖达撰，《十三经注疏》下，中华书局1979年影印本

［10］《周易》，〔魏〕王弼，〔晋〕韩康伯注，《汉魏古注十三经》上，中华书局1998年影印本

［11］《尚书》，〔汉〕孔安国，《汉魏古注十三经》上，中华书局1998年影印本

［12］《尚书大传》，〔汉〕伏胜撰，郑玄注，《丛书集成初编》，商务印书馆

［13］《史记》，〔汉〕司马迁撰，中华书局1973年版

［14］《汉书》，〔汉〕班固撰，中华书局2007年版

［15］《老子注》，〔魏〕王弼，《诸子集成》第三册，中华书局1954年版

［16］《墨子间诂》，〔清〕孙诒让，《诸子集成》第四册，中华书局1954年版

［17］《孟子》，〔汉〕赵歧注，《汉魏古注十三经》下，中华书局1998年影印本

［18］《经典释文序录疏证》，〔唐〕陆明德撰，吴承仕疏证，中华书局2008年版

［19］《四书集注》，〔宋〕朱熹撰，岳麓书社1985年版

［20］《荀子集解》，〔清〕王先谦，《诸子集成》第二册，中华书局1954年版

［21］《管子校正》，〔清〕戴望，《诸子集成》第五册，中华书局1954年版

[22]《白虎通德》,《百子全书》第 6 册, 浙江人民出版社 1984 年版。

[23]《春秋繁露》,《二十二子》, 上海古籍出版社 1986 年版。

[24]《韩诗外传集释》,〔汉〕韩婴撰, 许维遹集释, 中华书局 2009 年版。

[25]《楚辞集注》, 朱熹著, 上海古籍出版社 1979 年版。

[26]《二程集》,〔宋〕程颢、程颐著, 中华书局 1981 年版。

[27]《五十奥义书》第 317~318 页, 徐梵澄译, 中国社会科学出版社 1995 年版。

[28]《朱子语类》,〔宋〕黎靖德编, 中华书局 1986 年版。

[29]《近思录》, 朱熹、吕祖谦撰, 江永集, 上海古籍出版社 1994 年版。

[30]《续近思录》, 张伯行撰, 上海古籍出版社 1994 年版。

[31]《黄宗羲全集》第 1 册, 浙江古籍出版社 1985 年版。

[32]《读通鉴论》,《船山全书》第 10 册, 岳麓书社 1996 年版。

[33]《击壤集》,〔宋〕邵雍著,《文渊阁四库全书·集部》台湾影印本。

[34]《张载集》,〔宋〕张载著, 中华书局 1976 年版。

[35]《理想国》,〔古希腊〕柏拉图著, 商务印书馆 1986 年版。

[36]《胡塞尔选集》上下册, 倪梁康编选, 上海三联书店 1997 年版。

[37]《基督教大思想家》,〔德〕汉斯·昆著, 包利民译, 社科文献出版社 2001 年版。

[38]《展望二十一世纪——汤因比与池田大作对话录》, 荀春生等译, 国际文化出版公司 1986 年版。

[39]《科学史及其与哲学和宗教的关系》,〔英〕W. C. 丹皮尔著, 李珩译, 商务印书馆 1975 年版。

[40]《与神的对话》Ⅲ,〔英〕尼尔·唐纳·沃许著, 孟祥森等译, 台北方智出版社 1999 年版。

图书在版编目（CIP）数据

礼教文明：中国礼教的现代性/ 司马云杰著. —北京：华夏出版社，2015.6
ISBN 978-7-5080-8493-0

Ⅰ. ①礼… Ⅱ. ①司… Ⅲ. ①礼仪－研究－中国 Ⅳ. ①K892.26

中国版本图书馆CIP数据核字（2015）第101855号

礼教文明：中国礼教的现代性

作　　者	司马云杰
特约编辑	增　慧
策　　划	陈小兰
出版发行	华夏出版社
经　　销	新华书店
印　　刷	三河市万龙印务有限公司
装　　订	三河市万龙印务有限公司
版　　次	2015年6月北京第1版 2015年7月北京第1次印刷
开　　本	720×1030　1/16开
印　　张	14
字　　数	240千字
定　　价	49.00元

华夏出版社　地址：北京市东直门外香河园北里4号　邮编：100028
网址：www.hxph.com.cn　电话：（010）64663331（转）
若发现本版图书有印装质量问题，请与我社营销中心联系调换。